中国2017年投入产出表编制方法

国家统计局国民经济核算司 编著

图书在版编目(CIP)数据

中国2017年投入产出表编制方法／国家统计局国民经济核算司编．－－北京：中国统计出版社，2021.4
ISBN 978－7－5037－9490－2

Ⅰ．①中… Ⅱ．①国… Ⅲ．①投入产出表－编制－中国－2017 Ⅳ．①F223

中国版本图书馆CIP数据核字(2021)第065801号

中国2017年投入产出表编制方法

作　　者／国家统计局国民经济核算司
责任编辑／梁　超
封面设计／李雪燕
出版发行／中国统计出版社有限公司
通信地址／北京市丰台区西三环南路甲6号　邮政编号／100073
电　　话／邮购(010)63376909　书店(010)68783171
网　　址／http://www.zgtjcbs.com
印　　刷／河北鑫兆源印刷有限公司
经　　销／新华书店
开　　本／880mm×1230mm　1/16
字　　数／429千字
印　　张／15
版　　别／2021年4月第1版
版　　次／2021年4月第1次印刷
定　　价／78.00元

版权所有。未经许可，本书的任何部分不得以任何方式在世界任何地区以任何文字翻印、仿制或转载。
中国统计版图书，如有印装错误，本社发行部负责调换。

《中国 2017 年投入产出表编制方法》

编 委 会

顾　　问	宁吉喆　李晓超

主　　编　赵同录

副 主 编　金　红　徐雄飞　张冬佑　吕　峰　陈　杰

编写人员　陈　杰　曾宪欣　沈　哲　贾俊霞　耿安齐　李益禛

编者说明

根据《国务院办公厅关于进行全国投入产出调查的通知》(国办发〔1987〕18号)精神,每五年进行一次全国投入产出调查,编制国家和地区投入产出表。2017年是我国第七个全国投入产出调查和编表年度。

为了规范投入产出表编制方法,我们在研究历年投入产出表编制方法、普查年度与非普查年度国内生产总值核算方法及各专业统计资料基础上,结合国际标准,以及我国2016年国民经济核算体系,编写了《2017年全国投入产出表编制方法》一书。

2017年投入产出表编制有以下特点:一是采用了新的核算标准,按照2016年中国国民经济核算体系中"研发支出资本化"的要求,2017年投入产出表将各部门开展的研发活动,统一调整到研发部门进行处理;二是实施了新的行业分类,按照2017年国民经济新行业分类标准,制定了投入产出表的部门分类;三是采用了新的编表方法,国内产出表的编制,利用了"四上"建筑和服务企业"主要业务活动收入"调查资料,使得建筑和服务产出核算的基础资料更加丰富,编表方法更加科学,核算结果更加准确;四是分类更细,2017年投入产出表比2012年分类多了10个产品部门,有149个产品部门;五是初步发挥投入产出核算的核算框架作用,协调了不同方法核算的GDP数据,投入产出表中不再单独设置误差项。

本书介绍了投入产出表中各部分的资料来源和核算方法,投入产出表的编制流程,投入产出表平衡及特殊问题的处理;并附有投入产出部门分类、投入产出调查指标与部门的对照关系等参考资料。

由于水平有限,书中难免有不妥或错误之处,欢迎读者批评指正。

2020年12月

目 录

第一章 2017年投入产出表编制综述 1
第一节 投入产出表简介 1
第二节 投入产出表编制的主要工作 3
第三节 2017年编表的主要变化 5

第二章 产出表编制方法 7
第一节 2017年产出表简介 7
第二节 编制方法 8
第三节 主要变化 11

第三章 总投入构成编制方法 12
第一节 农业部门 12
第二节 工业部门 13
第三节 建筑部门 14
第四节 服务部门 15

第四章 最终使用及构成编制方法 17
第一节 最终消费支出 17
第二节 资本形成总额 20
第三节 进口和出口 23

第五章 流通费用矩阵编制方法 31
第一节 各部门流通费的计算 31
第二节 流通费用矩阵的编制方法 33

第六章 投入产出表若干特殊问题的处理 36
第一节 关于投入产出表的价格和税 36
第二节 关于一些特殊处理的说明 37

附件1 2017年投入产出产品部门分类名称及代码 39
附件2 2017年投入产出部门分类解释 43
附件3 投入产出调查指标与投入产出部门对照 70

第一章

2017年投入产出表编制综述

投入产出表以矩阵形式,描述国民经济各部门在一定时期(通常为一年)内生产活动的投入来源和产出的使用去向,揭示国民经济各部门之间相互依存、相互制约的数量关系,是国民经济核算体系的重要组成部分。

1987年3月,国务院办公厅印发《关于进行全国投入产出调查的通知》(国办发〔1987〕18号),决定开展全国投入产出调查,编制1987年投入产出表,以后每五年进行一次。我国的编表工作由此开始制度化和常态化。

第一节 投入产出表简介

一、投入产出表的基本结构

(一)投入产出表的部门分类

投入产出核算的部门分类有两种,即产业部门分类和产品部门分类。投入产出表采用对称分类,行和列既可以是产品部门分类,也可以是产业部门分类。我国编制的是产品部门×产品部门表。

1. 产品部门分类

产品即货物和服务,是生产活动的成果。产品部门分类是按照同质性原则对货物和服务的整合。在投入产出核算中,产品部门分类遵循同质性原则,即同时满足消耗结构相同、生产工艺技术相同和经济用途相同三个条件。一个产品部门理论上应该是满足上述同质性原则的同类货物或服务。但在实际操作中,满足其中的一两个条件即可。我国投入产出表的产品部门根据《统计用产品分类目录》、统计基础情况和投入产出分析的需要确定,2017年投入产出表分为149个产品部门。

2. 产业部门分类

产业部门分类是按照主产品同质性原则对产业活动单位进行的部门分类。由于产业活动单位只从事一种生产活动,或虽然不只从事一种生产,但其主要活动的增加值占有相当大的比例。从生产技术角度来考察生产活动,建立在产业活动单位基础上的产业部门分类可以更好地满足同质性的要求。投入产出核算中的产业部门分类根据《国民经济行业分类标准》和现有统计基础资料情况确定。我国的产业部门分类,主要应用于供给使用表的编制。

(二)投入产出表的基本结构

投入产出表由三部分组成,称为第Ⅰ、Ⅱ、Ⅲ象限,具体表式见表1.1。

1. 第Ⅰ象限

第Ⅰ象限是由名称相同、排列次序相同、数目一致的若干产品部门交叉而成的中间产品矩阵,其主栏为中间投入,宾栏为中间使用。矩阵中的每个数字都具有双重意义:沿行方向看,反映某产品部门生产的货物或服务提供给各产品部门使用的价值量,被称为中间使用;沿列方向看,反映某产品部门在生产过程中消耗各产品部门生产的货物或服务的价值量,被称为中间投入。

第Ⅰ象限是投入产出表的核心,它揭示了国民经济各产品部门之间相互依存、相互制约的技术经济联系,反映各部门之间相互依赖、相互提供劳动对象供生产和消耗的过程。

表 1.1 投入产出表

投入产出		中间使用			最终使用							进口	总产出
					最终消费支出				资本形成总额				
					居民消费支出								
		农产品	...	公共管理和社会组织	中间使用合计	农村居民消费支出	城镇居民消费支出	小计	政府消费支出	合计	固定资本形成总额	存货变动	合计	最终使用合计		
中间投入	农产品	第Ⅰ象限				第Ⅱ象限								
	⋮													
	公共管理和社会组织													
	中间投入合计													
增加值	劳动者报酬 生产税净额 固定资产折旧 营业盈余	第Ⅲ象限												
	增加值合计													
总投入														

2. 第Ⅱ象限

第Ⅱ象限是第Ⅰ象限在水平方向上的延伸,主栏的部门分组与第Ⅰ象限相同;宾栏由最终消费支出、资本形成总额、出口等最终使用项目组成。沿行方向看,反映某产品部门生产的货物或服务用于各种最终使用的价值量;沿列方向看,反映各项最终使用的规模及其构成情况。

第Ⅰ象限和第Ⅱ象限连接组成的横表,反映国民经济各产品部门生产的货物或服务的使用去向,即各产品部门的产品用于中间使用和最终使用的数量。

3. 第Ⅲ象限

第Ⅲ象限是第Ⅰ象限在垂直方向的延伸,主栏由劳动者报酬、生产税净额、固定资产折旧、营业盈余等增加值项目组成;宾栏的部门分组与第Ⅰ象限相同。第Ⅲ象限反映各产品部门的增加值及其构成情况。

第Ⅰ象限和第Ⅲ象限连接组成的竖表,反映国民经济各产品部门在生产经营过程中的各种投入来源及产品价值构成情况,即各产品部门的总投入及其所包含的中间投入和增加值的数量。

二、投入产出表的平衡关系

投入产出表三大部分相互连接,从总量和结构上全面、系统地反映国民经济各部门从生产、再生产到最终使用这一完整经济活动过程中的相互联系。投入产出表满足以下几个基本的平衡关系:

(一)行平衡关系

对每个产品部门来说,该部门的总使用和总供给相等,即每个部门满足以下关系:

中间使用＋最终使用＝总产出＋进口

(二)列平衡关系

对每个产品部门来说,该部门的总投入等于中间投入和初始投入(增加值)之和:

中间投入＋增加值＝总投入

三、总量平衡关系

每个产品部门:

总投入＝总产出

所有产品部门:

中间投入合计＝中间使用合计

第二节　投入产出表编制的主要工作

2017年投入产出表编制工作从2016年开始启动,包括投入产出调查试点、调查布置、数据收集和处理等工作。2017年编表工作还增加了新的内容,即同时编制投入产出表和供给使用表。编表工作于2019年8月底完成,2017年投入产出表在《中国统计年鉴2019》和国家统计局数据库等进行了发布,并且已经印刷成册出版。

一、编表的主要工作

编表工作可以概括为四个方面:一是整体设计,包括确定编表规模,制定部门分类等;二是获取数据,通过投入产出调查、其他统计调查、行政记录等,获得编表需要的基础数据;三是处理数据,根据编表需要,对基础数据,进行部门对照、转换分解和口径调整等处理;四是数据平衡,在投入产出核算和供给使用核算的整体框架中进行编表,并根据表的平衡关系,协调平衡相关数据。

(一)整体设计

根据全国经济总量、投入产出的分析需求和经济管理需要,结合最新的国民经济行业分类,确定编表的规模和具体部门分类。2017年的投入产出表基于《统计用产品分类目录》以及2017年国民经济行业分类,分为149个产品部门。需要注意的是,投入产出表中的产品部门是同质性产品的集成,GDP核算部门分类是同类型生产企业的汇总,产品部门分类与GDP核算的部门分类存在一定差异。

根据各种因素,如企业类型、地域分布以及经费情况等,确定投入产出调查单位数量,并确定整个编表的流程、框架和思路等。

(二)获取数据

编制2017年投入产出表的基础数据包括投入产出调查数据,国民经济核算数据,国家统计局专业统计数据,国家部委的有关数据,如财政支出决算、税收和进出口等,以及部分行业协会的数据资料。其中投入产出调查是主要数据来源。

投入产出调查大致可分为三类。一是独立开展的调查,核算系统在七个具有代表性的省份开展了"农林牧渔业投入构成调查",涉及近700家农林牧渔的企业或单位;规模以上工业制造成本调查,对规上大型工业企业进行全面调查,规上中小微型企业进行重点调查,涉及近15000个调查单位;建筑业成本费用调查,涉及近300个调查单位;服务业成本费用调查,涉及近6000个调查单位。核算系统负责的国家调查点合计22000个。二是国家统计局的内部联合调查,包括核算司和工业司联合开展的规下工业成本费用调查,涉及10个省的规模以下工业企业约2000个;核算司和投资司联合开展的投资构成调查,对计划投资2亿元以上项目全面调查投资构成情况,2亿元以下项目进行抽样调查。三是国家统计局和有关部委、国企联合开展的调查,包括国家统计局与工信部、海关总署和邮政局等联合开展的电信成本费用调查、进口商品使用去向调查和邮政业成本费用调查,以及和铁路总公司联合开展的铁路运输成本费用调查。

(三)数据处理

1. 对收集的数据进行分析和复核

分析投入产出调查填报的数据是否合理,对于各种原因造成的不合理数据,向各省复核有关情况,听取调查企业的反馈,参考反馈意见对主要消耗数据进行调整。

2. 将投入产出调查数据转换为核算指标

各项投入产出调查指标需对应到投入产出部门的中间投入或增加值,但调查指标和投入产出部门具体内容之间的对应关系比较复杂,需要建立调查指标到核算指标的转换分解关系。这里特别要考虑调查指标的经济含义和核算概念、原理对应是否准确。

3. 处理其他来源数据

海关货物进出口数据的归类和处理,建立海关的HS8商品编码和投入产出部门的对应关系,并根据贸易方式对数据进行调整处理。税收数据的处理,包括对国内增值税,进口商品的关税、消费税和增值税,出口退税的处理。

(四)数据平衡

投入产出表和供给使用表的平衡是一项复杂而繁琐的工作,既需要整体的宏观视野,又需要从具体产业和产品的微观视角入手。从操作层面说,一是要编制好供给表,保持供给表数据(产出)基本稳定,同时对于其中相对可靠性较低的"薄弱"数据进行标记。二是对投入产出表的每个部门从生产投入和产品使用两方面进行调整平衡,包括对各部门中间投入数据的清洗和补充,最终使用数据的协调,中间投入数据的反复分析和调整等。三是对供给表中的"薄弱"数据进行协调平衡。

在数据平衡过程中,需要对各类关系进行检验。包括中间投入的非负数检验,各部门列平衡关系的检验,行平衡关系的检验,以及表式之间关系的平衡检验。

最后对整表进行合理性判断。包括居民消费支出的合理性判断,例如某些产品部门是否应该有居民消费支出,城镇居民和农村居民的消费比例是否合理。资本形成的合理性判断,即某些产品部门固定资本形成是否应该有数,存货变动正负数是否合理。另外,检验每个部门的直接消耗系数,部门的主要消耗是否合理,性质相近部门消耗差异是否合理等。

二、编表流程

实际编表时,分别编制供给表、投入产出表和使用表,再进行整体平衡。

(一)供给表编制

供给表的编制,主要利用投入产出调查资料、专业统计资料和行政记录等,分别从国内供给、进口和价格调整(包括生产税和流通费用)模块进行编制,组合形成供给表。

1. 国内供给

国内供给也称产出表,反映国内生产经营活动的总成果。行方向采用产品部门分类,反映属于某一产品部门的货物或服务是由哪些产业部门生产的;列方向采用产业部门分类,反映某一产业部门生产各产品部门货物或服务的价值量。

农业部门采用"纯部门假定"计算,利用生产核算的农业部门产出,剔除国内增值税数据,得到农业部门的供给。工业部门分为"规上工业"和"规下工业(含个体工业)"两部分计算。"规上工业"利用工业司提供的分企业类型的分行业小类的产品产值汇总表作为结构,"规下工业"借鉴了规上小微型企业的产品产值结构。产业部门总量利用生产核算的工业部门产出,剔除国内增值税之后的数据。利用工业产出部门总量和产品产值结构,计算得到工业部门的国内供给。建筑业和服务业分为"四上"企业和"非四上"单位进行计算。"四上"企业的数据来自"主要业务活动收入"(108表)调查,"非四上"单位利用生产核算的各产业部门的产出(剔除国内增值税),扣减"四上"企业的产出数据得到。

2. 进口

利用海关分商品进口数据,以及国际收支平衡表的进口数据,转换为投入产出部门计算得到。

3. 价格调整

进口税利用海关提供的进口关税、消费税等资料计算。不可抵扣增值税利用国内增值税、进口增值税和出口退税资料进行推算。流通费用利用投入产出调查的运输费和商业毛利额等资料,结合各产品部门产出的数据计算得到。

(二)投入产出表编制

1. 总投入构成

总投入包括中间投入和增加值(初始投入)。中间投入是指生产货物或提供服务过程中,消耗和使用的所有非固定资产货物和服务的价值。中间投入也称为中间消耗,一般按购买者价格计算。各产品部门增加值是反映在生产过程中创造的新增加价值和固定资产转移价值的重要指标,是各产品部门生产活动的最终成果。

首先,对各产品部门成本费用构成表进行转换分解,将成本费用指标转化为投入产出部门指标,得到中间投入和增加值结构。中间投入结构是投入产出表的核心部分,利用投入产出重点调查取得中间投入和增加值结构,结合各产品部门的总投入推算总投入构成。

2. 最终使用及其构成

最终使用总量数据取自支出法GDP核算资料,包括农村居民消费支出、城镇居民消费支出、政府消费支出、固定资本形成总额、存货变化、出口、进口,部分项目根据编表规则,需要进行调整,如在出口和进口数据上分别加上我国运输企业为进口商品提供的运输服务价值、进口关税和进口产品消费税,并调整来料加工装配进口和出口。

最终使用各项的构成主要利用农村住户调查、城市住户调查、财政决算、预算外支出、固定资产投资构成专项调查、海关统计、国际收支统计和有关部门的财务统计等资料计算。

3. 数据平衡与修订

在得到按购买者价格计算的中间投入构成、增加值构成、最终使用构成和总产出初步数据后,对不同资料来源计算的上述指标进行平衡和修订。平衡修订工作分为以下三个步骤:首先从最终使用项出发,研究各项构成是否合理,对不合理的数据进行调整;其次是研究中间使用的部门比例是否合理,对不合理的数据进行调整;再次是研究中间投入中的主要消耗是否合理,对不合理的数据进行调整。以上平衡和调整,反复进行多次直至合理。如有必要,还可通过数学方法进行最终平衡,得到平衡后的购买者价格的投入产出表。

4. 编制生产者价格投入产出表

为了编制生产者价格投入产出表,需要编制流通费用矩阵,将流通费用矩阵和购买者价格投入产出表结合起来,进行流通费的扣除和调整,得到生产者价格投入产出表。

需要说明的是,投入产出表使用我国的生产者价格进行编制,即生产税净额中包含SNA定义的全部生产税(净额)。

(三)使用表编制

在一定假设条件下,利用供给表和投入产出表,推算得到使用表的初表。利用投入产出表和使用表的关联性,在平衡调整投入产出表时,同步调整使用表数据,并根据部分行业协会统计资料和宏观经济数据进一步平衡,得到使用表。

第三节 2017年编表的主要变化

2017年之前,我国的编表工作是以编制投入产出表为主。2017年的编表工作基本上是投入产出表和供给使用表编制并重。本次编表工作,与以往做法相比有五个方面的变化,特别是根据基础资料情况,制定了"五步骤"编表方法。

一、编表的主要变化

1. 核算标准的变化

为实施2008年SNA,2016年中国国民经济核算体系增加了"研发支出资本化"和"经济所有权"等概念。

按照"研发支出资本化"的要求,2017年投入产出表和供给使用表对各部门开展的研发活动,统一调整到研发部门进行处理。同时根据"经济所有权"概念,在编表时对海关统计的来料加工进出口数据进行了调整。

2. 部门分类的变化

按照最新的2017年国民经济行业分类标准,我们制定了2017年投入产出表和供给使用表的部门分类。2017年表比2012年表在分类上多了10个产品部门。由于行业分类的变化,2017年度许多的基础数据处于新旧分类过渡阶段,给编表工作带来新的挑战。

3. 编表框架的变化

2017年的编表工作,是在投入产出核算和供给使用核算整体框架下进行的,而不是仅侧重于投入产出表的编制。虽然我们未完全按照国际推荐做法,先编制供给使用表,再推算投入产出表,但实现了二者编制工作的并重。另外,投入产出表中不再单独设置生产法和支出法GDP数据误差项,利用供给使用表的平衡关系,解决了专业和核算数据不衔接、核算内部方法不协调的问题,初步发挥了供给使用表的核算框架作用。

4. 基础数据和编表方法的变化

为了在供给表中更加准确反映建筑和服务部门产品供给的情况,通过"主要业务活动收入"调查,获取"四上"建筑业和服务业企业生产的不同类型产出的数据。改变了以往建筑和服务部门供给表(矩阵)只有主对角线有数据的情况,提高了供给表的精度和质量。全面对接"营改增"新税收政策,全国各行各业全面实施"营改增"后,2017年投入产出表和供给使用表数据收集和编制方法也进行了相应调整。为同时完成投入产出表和供给使用表的编制,制定了"五步骤"编表方法,提高了投入产出编表工作的整体性和投入产出表的数据质量。

5. 时效性的变化

编表时效性更强,在参考年后20个月完成编表工作,比以往至少提前4个月完成。

二、"五步骤"法编制投入产出表和供给使用表

在编制中国2017年投入产出表和供给使用表时,按照国际核算标准,根据我国基础资料的实际情况,采用投入产出表和供给使用表同步编制和平衡的原则,我们研究制定了"五步骤"编制方法,开展投入产出表和供给使用表的编制工作。

第一步先编制供给表初表。利用各产业部门产品生产信息,以及产品进口、税收和流通费用等数据进行编制。

第二步编制投入产出表初表。利用投入产出调查资料,得到各产品部门生产过程中对产品的消耗。

第三步编制使用表初表。通过整合供给表和投入产出表,得到产业部门生产对产品的消耗信息。

第四步对投入产出表和使用表进行同步平衡调整。利用投入产出表和使用表关联性,在平衡调整投入产出表时,同步调整使用表数据。

第五步编制完成投入产出表和供给使用表。在投入产出表基本平衡时,断开投入产出表和使用表的关联,利用其他资料和信息分别平衡投入产出表和供给使用表,完成投入产出表和供给使用表的编制。

三、采用"五步骤"法更符合我国基础统计现状

与直接编制供给使用表、再推算投入产出表的国际推荐做法相比,"五步骤"编制方法较好地兼顾了国际标准和我国基础资料实际,编制的供给使用表和投入产出表数据质量较以往有了进一步提高,并初步发挥了核算协调框架作用。

目前我国还不能直接编制供给使用表,主要的困难在于无法直接编制使用表。使用表最重要的是反映各产业部门对各种产品的消耗信息。目前我国产业部门是由主要业务活动或主要产品相同的法人单位集合而成,由于产业部门内部的法人单位生产活动差异性较大,难以通过对少数法人单位中间消耗调查推断整个产业部门对产品部门的消耗。如果开展全面调查,收集全部产业部门的消耗情况,成本巨大;如果通过对少数法人单位中间消耗调查推断整个产业部门的消耗,数据可靠性较差,难以满足编表需要。

第二章
产出表编制方法

总产出是指一个国家（或地区）所有常住单位在一定时期内生产的所有货物和服务的价值。产出表是供给表的一部分，也称国内供给表，它反映国民经济各部门生产的产出状况，主栏是产品部门，宾栏是产业部门。从行方向看，反映各种货物或服务是由哪些产业部门生产的；从列方向看，反映各产业部门具体生产了哪些货物或服务。同时产出表中产品部门的总产出合计数，就是投入产出表的产品部门产出控制数。与以往年度编表相比，2017年投入产出表编制过程中，在建筑和服务部门的产出表、以及国内增值税处理方面作出了改进。

第一节 2017年产出表简介

产出表也称国内供给表，是供给表的一部分，主要反映国民经济各部门的产出情况。产出表的形式如表2.1所示。主要资料是GDP生产核算的产业部门总产出，以及分行业规模以上工业产值表、规模以下工业营业收入、建筑和服务"主要业务活动收入"资料。以下分别从农业部门、工业部门、建筑部门和服务部门分别介绍产出表的编制。

表 2.1 产出表

产品部门＼产业部门	产业部门1	…	产业部门m	产品部门总产出
产品部门1				
…				
产品部门n				
产业部门总产出				

1. 农业部门产出表

其产业部门总产出即为相应产品部门总产出，将农业各产业部门的总产出放在矩阵对角线上即可得到农业部门的产出表。记农业产出表为 V_1，结构如下（除主对角线外，其他元素都为0）：

$$V_1 = \begin{pmatrix} a_{1,1} & \cdots & 0 \\ \vdots & \ddots & \vdots \\ 0 & \cdots & a_{5,5} \end{pmatrix}$$

2. 工业部门产出表

根据资料来源不同，按照规模以上工业和规模以下工业分别编制。其中，规模以上工业产出表可直接从工业统计数据得到。规模以下工业产出表编制时，仅能获得行业大类的产出数据，需利用规模以上小微企业产出表结构，计算得到较细分类规下工业产出，并按照产业部门和产品部门同质性假设，将产出分配在主对角线上。将规上工业与规下工业产出表合并相加，得到工业产出表。该表每行的合计数是工业产品部门的总产出，每列的合计数是产业部门的总产出。

记工业产出表为 V_2，结构如下：

$$V_2 = \begin{pmatrix} b_{1,1} & \cdots & b_{1,95} \\ \vdots & \ddots & \vdots \\ b_{95,1} & \cdots & b_{95,95} \end{pmatrix}$$

3. 建筑部门产出表

对于建筑部门的"四上"单位,直接利用"主要业务活动收入"(108表)推算得到类似工业部门的产品×产业表。对于"非四上"单位,将各部门产业部门的总产出进行对角化得到分产品部门的总产出表,二者合并相加即可得到全部产出表。

记建筑部门产出表为 V_3,结构如下:

$$V_3 = \begin{pmatrix} c_{1,1} & \cdots & c_{1,4} \\ \vdots & \ddots & \vdots \\ c_{4,1} & \cdots & c_{4,4} \end{pmatrix}$$

4. 服务部门产出表

对于服务部门的"四上"单位,直接利用"主要业务活动收入"(108表)推算得到类似工业部门的产品×产业表。对于"非四上"单位,将各部门产业部门的总产出进行对角化得到分产品部门的总产出表,二者合并相加即可得到全部产出表。

记服务部门产出表为 V_4,结构如下:

$$V_4 = \begin{pmatrix} d_{1,1} & \cdots & d_{1,45} \\ \vdots & \ddots & \vdots \\ d_{45,1} & \cdots & d_{45,45} \end{pmatrix}$$

工业、建筑、服务部门的产出表均不是对角阵。将农业、工业、建筑和服务各部门产出表放在一个矩阵里,形成如表2.1所示的产出表,初步结构如下:

$$V = \begin{pmatrix} V_1 & 0 & 0 & 0 \\ 0 & V_2 & 0 & 0 \\ 0 & 0 & V_3 & 0 \\ 0 & 0 & 0 & V_4 \end{pmatrix}$$

第二节 编制方法

目前我国的GDP生产核算,各产业部门生产者价格的产出(以及增加值)均包含了"应交增值税"。

编制产出表时,首先利用《中国税务年鉴2018》中分行业的国内增值税数据,按照对应关系计算得到各产业部门的国内增值税,并从GDP生产核算的产出中扣减后得到各产业部门不含增值税的产出数据。利用不含增值税的产业部门产出,及生产的(产品)结构信息,推算得到产出表。

根据2017年投入产出表的产品部门分类,按农业部门、工业部门、建筑部门和服务部门分别进行编制。

一、农业部门

(一)核算范围

2017年投入产出表中,农业部门包括农产品、林产品、畜牧产品、渔产品和农林牧渔服务产品5个部门。

1. 农产品

农产品是指对各种农作物的种植活动,包括谷物,豆类、油料和薯类,棉、麻、糖、烟草,蔬菜、食用菌及园艺作物,水果、坚果、含油果、香料和饮料,中草药,种植草及割草和其他农产品。

2. 林产品

林产品是指林木育种和育苗,造林和更新,森林经营、管护和改培,木材和竹材采运和林产品采集。

3. 畜牧产品

畜牧产品是指牲畜、家禽、狩猎和捕捉动物以及其他畜牧业产品。

4. 渔产品

渔产品是指养殖水产品和捕捞水产品。

5. 农林牧渔服务产品

农林牧渔服务产品是指对农、林、牧、渔业生产活动进行的各种支持性服务活动。包括农业专业及辅助性服务、林业专业及辅助性服务、畜牧业专业及辅助性服务、渔业专业及辅助性服务,不包括各种科学技术和专业技术服务活动。

(二)资料来源

国家统计局核算司 GDP 生产核算资料

(三)核算方法

农业部门总产出,是指农业每个产品部门的产出,利用 GDP 生产核算的农业产业部门产出推算得到。受基础资料的限制,农业部门采用产业生产活动同质性的假定,即某个产业部门的生产活动成果都是该部门的产品,产业部门的产出就是产品部门的产出。

二、工业部门

(一)核算范围

在 2017 年投入产出表产品部门分类中,工业部门共分 95 个,包括采矿业产品及服务、制造业产品和电力、燃气及水的生产和供应。其中,采矿业产品及服务包括 6 个产品部门,制造业产品包括 86 个产品部门,电力、燃气及水的生产和供应包括 3 个产品部门。

1. 采矿业产品及服务

采矿业产品包括煤炭采选产品,石油和天然气开采产品,金属矿采选产品,非金属矿采选产品,其他矿采选产品和开采辅助服务。

2. 制造业产品

制造业产品包括食品和烟草,纺织品,纺织服装鞋帽皮革羽绒及其制品,木材加工产品和家具,造纸印刷和文教体育用品,石油、炼焦产品和核燃料加工产品,化学产品,非金属矿物制品,金属冶炼和压延加工产品,金属制品,通用和专用设备,交通运输设备,电气机械和器材,通信设备、计算机和其他电子设备,仪器仪表,其他制造产品,废品废料,金属制品、机械和设备修理服务。

3. 电力、燃气及水的生产和供应

电力、燃气及水的生产和供应包括电力、热力的生产和供应,燃气生产和供应,水的生产和供应。

(二)资料来源

1. 国家统计局工业司工业产销总值及主要产品产量(B204-1 表)
2. 国家统计局工业司规模以下工业及个体统计资料
3. 国家统计局核算司 GDP 生产核算资料

(三)核算方法

工业部门总产出,是指工业每个产品部门总产出,按照规模以上工业和规模以下工业两部分进行核算。

1. 规模以上工业产出表

根据工业统计资料(B204-1 表),得到规模以上工业大型企业、中型企业、小微型企业产值表,主栏是产品所属国民经济行业小类,宾栏是企业所属小类。将产值表进行汇总即可得到规模以上工业产出表,其中主栏为投入产出部门、宾栏为行业大类。

2. 规模以下工业产出表

对于规模以下工业,可获取的资料是规下企业和个体工业的营业收入,利用规模以上小微型企业产值表的产业部门产出结构,推算得到规模以下工业分产业的产值。再按照产业生产活动同质性的假定,将各部门产值对角化得到规下工业产出表。

3. 全部工业产出表

将规模以上工业大型、中型、小微型企业产出表和规模以下工业产出表合并,得到工业产值表。将GDP生产核算中扣除了应交增值税的产业部门产出作为总量,工业产值表作为结构,推算得到按投入产出部门分类的工业产出表,该表的行合计是工业产品部门产出。

三、建筑部门

(一)核算范围

建筑部门包括房屋建筑,土木工程建筑,建筑安装,建筑装饰、装修和其他建筑服务四个部门。

1. 房屋建筑

指房屋主体工程的施工活动,不包括主体工程施工前的工程准备活动。

2. 土木工程建筑

指土木工程主体的施工活动,不包括施工前的工程准备活动。

3. 建筑安装

指建筑物主体工程竣工后,建筑物内各种设备的安装活动,以及施工中的线路敷设和管道安装活动;不包括工程收尾的装饰,如对墙面、地板、天花板、门窗等处理活动。

4. 建筑装饰、装修和其他建筑服务

指对建筑工程后期的装饰和装修,建筑物拆除和场地准备活动,以及对居室的装修活动与其他建筑活动。

(二)资料来源

1. 国家统计局投资司建筑业企业一套表"主要业务活动收入"(108表)
2. 国家统计局核算司GDP生产核算资料

(三)核算方法

建筑部门总产出,是指建筑每个产品部门总产出。此次建筑部门产出表及总产出的计算与以往方法不同,按照资质内和资质外建筑业企业分别计算,二者相加即为全部建筑产出表,与工业做法类似。

1. 资质内建筑业企业

根据"主要业务活动收入"(108表)的汇总数,得到资质内建筑分产品部门的产出。

2. 资质外建筑业企业

利用GDP生产核算的不含应交增值税的建筑业产业部门产出,减去资质内企业的产业部门产出,得到资质外建筑业产业部门产出。再根据产业生产活动同质性的假定,认为资质外建筑业产业部门的产出就是产品部门的产出。

3. 全部建筑部门总产出

将资质内建筑分产品部门产出与资质外建筑分产品部门产出合并,得到建筑部门的产出表,该表的行合计是建筑产品部门产出。

四、服务部门

(一)核算范围

在2017年投入产出表部门分类中,服务部门细分为45个部门,包括批发和零售,交通运输、仓储和邮政,住宿和餐饮,信息传输、软件和信息技术服务,金融,房地产,租赁和商务服务,科学研究和技术服务,水利、环境和公共设施管理,居民服务、修理和其他服务,教育,卫生和社会工作,文化、体育和娱乐,公共管理、社会保障和社会组织。

(二)资料来源

1. 国家统计局服务业司服务业企业一套表"主要业务活动收入"(108表)
2. 国家统计局核算司GDP生产核算资料

3. 中国铁路总公司汇总损益表
4. 交通运输行业法人企业财务状况汇总表
5. 中国民航统计年鉴

(三)核算方法

服务部门的核算分为两部分,一部分是纳入"主要业务活动收入"(108表)调查的服务部门,另一部分是金融,公共管理、社会保障和社会组织等没有纳入一套表的"主要业务活动收入"(108表)调查的服务部门。

1. 纳入"主要业务活动收入"(108表)调查的服务部门

对于在"主要业务活动收入"(108表)调查范围内的部门,按照"四上"企业和"非四上"企业分别核算。

"四上"企业,根据"主要业务活动收入"(108表)调查的汇总数据,计算得到分产品部门的服务产出数据。

批发和零售业与房地产开发经营业的产出与其他服务业部门不同,需要进行特殊的处理。对于批发和零售业,按照主营业务收入与主营业务成本的差额占主营业务收入的比例,推算得到批发和零售业产品部门产出。对于房地产开发经营业,用GDP生产核算的产出替代"主要业务活动收入"(108表)中的产业部门产出,按"主要业务活动收入"(108表)结构推算得到房地产业产品部门产出。

与建筑部门类似,假定"非四上"单位的产品部门总产出等同于产业部门总产出。可利用GDP生产核算的不含应交增值税的产业部门产出,减去"主要业务活动收入"(108表)中的产业部门产出得到。

对于运输部门,分别参考中国铁路总公司汇总损益表、交通运输行业法人企业财务状况汇总表和中国民航统计年鉴相关客货运指标,对客货运服务产出进行推算。

2. 对于未纳入"主要业务活动收入"(108表)调查的服务部门

假定产品部门总产出就等同于产业部门总产出,数据来源于GDP生产核算的产出数据。

3. 全部服务部门总产出

将纳入"主要业务活动收入"(108表)调查的服务部门产出与未纳入"主要业务活动收入"(108表)调查的服务部门产出合并,得到服务部门的产出表,该表的行合计是服务产品部门产出。

第三节 主要变化

与以往编制产出表相比,本次产出表的编制主要变化有两点,一是拓展了资料来源,改进了编制方法;二是根据税收资料,单独处理了增值税。

一、建筑业、服务业不再是纯部门假定

考虑到2017年投入产出表的编制,针对一套表中的建筑业和服务业设计了"主要业务活动收入"(108表)调查表。结合全部资质以内建筑业、限额以上批发零售和住宿餐饮业、房地产开发经营业和规模以上服务业产出分行业中类的营业收入,为进一步细化建筑业和服务业的产出构成提供了基础资料。建筑业和服务业不再是纯部门假定,而是和工业类似,按照"四上"单位和"非四上"单位分别编制。

二、单独处理了增值税

在编制2017年投入产出表时,利用税收资料将产业部门增值税先行处理。再利用产业部门增值税数据及国内产出表结构,推算得到分产品部门的增值税。这也是编制供给表的需求,在此不展开叙述。

编制的产出表,除农业部门的形式仍为对角矩阵外,工业、建筑和服务部门产出均为非对角矩阵,产出信息更加丰富。分产业部门的增值税可单独列示,分产品部门的增值税则用于编制供给表。

第三章
总投入构成编制方法

总投入包括中间投入和增加值（初始投入）。中间投入是指生产货物与服务过程中，消耗和使用的所有非固定资产货物和服务的价值，反映了生产过程中价值的转移。中间投入也称为中间消耗，一般按购买者价格计算。增加值是反映各产品部门在生产过程中创造的新增价值和固定资产转移价值的重要指标，是各产品部门生产活动的最终成果。

总投入构成按投入产出产品部门分别计算，主要步骤是：首先，根据第二章得到的分产品部门的总产出，按照总投入等于总产出的平衡关系，直接得到每个产品部门的总投入。其次，按照调查指标与投入产出核算指标的对照关系，将投入产出调查汇总表的调查数据进行转换分解（转换分解关系可见附件3），得到总投入构成比重（投入结构），即每一单位总投入里，中间投入和增加值各分项的值。所有分项值构成的矩阵在投入产出分析中也称为直接消耗系数。最后，用各投入产出部门的总投入分别乘以对应部门中间投入和增加值各分项的值，得到每个投入产出部门实际生产中的中间投入和增加值，将其按投入产出部门顺序逐列放在投入产出表中，即得到投入产出表第一、三象限的初步数据。

下面分别就农业部门，工业部门，建筑部门，服务部门总投入构成的资料来源和核算方法进行说明。

第一节 农业部门

农业部门划分为5个产品部门，即农产品、林产品、畜牧产品、渔产品、农林牧渔服务产品。各部门核算方法相同。

一、资料来源

1. 2017年投入产出调查的农林牧渔业中间投入构成调查
2. 国家统计局核算司GDP生产核算资料

二、核算方法

（一）总投入

按照投入产出平衡关系，各产品部门总投入等于总产出。

$$农林牧渔各产品部门的总投入＝农林牧渔各产品部门的总产出$$

其中，各产品部门的总产出核算方法详见第二章。

（二）中间投入

农林牧渔业中间投入，是指农林牧渔业产品部门生产过程中投入的各投入产出产品部门产品。

1. 各产品部门中间投入

农林牧渔业各部门采用产品部门和产业部门同质性假定，即每个产业部门只生产自己部门的产品，因此，产品部门的中间投入和增加值均为相应产业部门数据。产业部门中间投入来自GDP生产核算资料。

农林牧渔各产品部门的中间投入＝农林牧渔业各产业部门的中间投入

2. 根据调查得到的各产品部门中间投入结构

得到各投入产出部门的中间投入后,利用调查资料,需要将中间投入分解为生产过程中投入的各投入产出产品部门数值。2017年投入产出调查的种植业、林业、牧业、渔业、农林牧渔服务业投入构成汇总表(投311—投315表),通过转换分解关系转换为投入产出核算相关指标,可以得到农产品、林产品、畜牧产品、渔产品和农林牧渔服务调查的中间投入结构,即中间投入各项占中间投入总量的比重。

3. 各产品部门中间投入构成

利用农产品、林产品、畜牧产品、渔产品和农林牧渔服务各投入产出部门中间投入及中间投入结构,分别推算农产品、林产品、畜牧产品、渔产品、农林牧渔服务产品的中间投入构成(即中间投入中各投入产出部门的投入)。

各投入产出产品部门,农产品(林产品、畜牧产品、渔产品、农林牧渔服务产品),中间投入构成计算公式如下:

中间投入中各产品部门的投入构成＝中间投入×中间投入结构中对应的产品部门的比重

(三)增加值

如前所述,农林牧渔业各投入部门增加值即为相应产业部门增加值。产业部门增加值来自GDP生产核算资料。

农林牧渔各投入产出部门的增加值＝农林牧渔业GDP生产核算对应产业部门的增加值

农林牧渔各投入产出部门的增加值构成项＝农林牧渔业GDP生产核算对应产业部门的增加值构成项

将每个投入产出部门中间投入构成、中间投入、增加值构成、增加值、总投入依次放在一列,并放入投入产出表的农林牧渔各投入产出部门的相应列,即可得到投入产出表一、三象限农产品、林产品、畜牧产品、渔产品和农林牧渔服务部门的数据。

第二节 工业部门

工业部门划分为95个投入产出产品部门,与总产出计算原则类似,将95个产品部门作为整体,按照规模以上工业和规模以下工业分别核算。

一、资料来源

1. 2017年投入产出调查的规上工业制造成本构成调查
2. 2017年投入产出调查的规下工业成本费用调查
3. 国家统计局工业司规上工业成本费用资料

二、核算方法

(一)总投入

按照投入产出平衡关系,工业各投入产出产品部门总投入等于总产出。

工业各产品部门的总投入＝工业各产品部门的总产出

其中,各产品部门的总产出的核算方法详见第二章。

(二)中间投入和增加值

从工业产出表的计算过程可知,工业部门的产业和产品部门不是同质性的,即每个工业产业部门既可以生产工业活动中本部门产品,也可以生产其他部门产品。因此,工业产品部门的中间投入和增加值不等于相应产业部门数据,需要将工业作为整体进行计算。

2017年投入产出调查对规模以上工业企业开展了制造成本调查,对规模以下工业企业开展了成本费用抽样调查。开展制造成本调查的规模以上工业企业,同时填报工业年报中的成本费用调查报表。具体计算时,规模以上工业和规模以下工业各自分别计算,然后相加,得到全部工业中间投入和增加值。

1. 规模以上工业

(1)规模以上工业总投入构成比重

将规模以上工业的制造成本调查表与成本费用调查表进行衔接计算,得到按产品部门汇总的"规模以上工业企业产品成本和费用汇总表"(投316-1表)。具体计算时,分别按大型、中型和小微型工业企业进行汇总,可以得到"规模以上大型工业企业产品成本和费用汇总表""规模以上中型工业企业产品成本和费用汇总表"和"规模以上小微型工业企业产品成本和费用汇总表"三张汇总表。对这三张汇总表进行转换分解,可以得到大型、中型、小微型工业产品部门的中间投入结构和增加值四项构成的初步数据,即得到大型、中型、小微型工业分产品部门的总投入构成比重。

需要注意的是,转换分解时利用财务资料直接计算营业盈余,中间投入和增加值分项数据与合计数可能存在一些差异,此部分数据差异将在投入产出表的平衡过程中逐步调整。

(2)规模以上工业总投入构成

利用之前计算得到的规模以上工业分大型、中型和小微型企业的产品部门产出,分别乘以大型、中型、小微型工业分产品部门的总投入构成比重,得到规模以上工业分大型、中型和小微型工业分产品部门的中间投入和增加值构成。三者相加,得到规模以上工业分产品部门的总投入构成、中间投入和增加值构成。

2. 规模以下工业

(1)规模以下工业总投入构成比重

将投入产出调查的规模以下工业企业成本费用调查表,按照行业大类进行汇总,得到"规模以下工业企业成本费用汇总表"(投319表)。对汇总表进行转换分解,得到分行业大类的规模以下工业产品部门,每单位产出(投入)时,中间投入里各投入产出部门投入以及增加值四项构成,即规模以下工业分行业大类的总投入构成比重。

(2)规模以下工业总投入构成

利用之前计算得到的规下工业产品部门产出,以及分工业大类的总投入构成比重,相乘得到规模以下工业部门的总投入构成,中间投入和增加值构成。其中,属于同一行业大类的投入产出部门使用本行业大类总投入构成比重。

3. 全部工业

将规模以上和规模以下的工业总投入构成合并,得到全部工业投入产出部门的总投入构成初步数据,将此部分数据放入投入产出表的各工业部门相应列,得到投入产出表一、三象限工业部门的数据。此时,由于营业盈余的计算问题,总投入构成初步数据可能并不平衡,需要在投入产出表整体平衡时进行调整。

第三节 建筑部门

建筑部门划分为4个投入产出部门:房屋建筑,土木工程建筑,建筑安装,建筑装饰、装修和其他建筑服务。

一、资料来源

2017年投入产出调查的建筑业制造成本、期间费用和利润调查表

二、核算方法

(一)总投入

按照投入产出平衡关系,各投入产出产品部门总投入等于总产出。

建筑各产品部门的总投入=建筑各产品部门的总产出

其中,各产品部门的总产出核算方法详见第二章。

(二)中间投入和增加值

根据产出表计算过程可知,建筑部门的产业和产品部门不是同质性的,即每个建筑产业部门可以生产建筑活动中本部门产品,也可以生产其他部门产品。因此,建筑产品部门的中间投入和增加值不等于相应产业部门数据,需要将建筑活动作为整体进行计算。

将建筑业的成本构成、期间费用和利润表,按产品部门汇总,得到建筑部门的主营业务成本、期间费用和利润构成汇总表(投320、投321以及投322表),对汇总表进行转换分解,得到每单位总投入里,各中间投入产品部门的投入和增加值四项构成数据,从而得到建筑业分产品部门的总投入构成比重。

利用之前计算得到的建筑业产品部门产出,乘以对应产品部门的总投入构成比重,即得到建筑业分产品部门的总投入初步构成、中间投入和增加值构成,并将此部分数据放入投入产出表的建筑各产品部门相应列,即得到投入产出表一、三象限建筑部门的数据。

第四节 服务部门

在2017年投入产出表部门分类中,服务部门共分45个,包括批发和零售,交通运输、仓储和邮政,住宿和餐饮,信息传输、软件和信息技术服务,金融,房地产,租赁和商务服务,科学研究和技术服务,水利、环境和公共设施管理,居民服务、修理和其他服务,教育,卫生和社会工作,文化、体育和娱乐,公共管理、社会保障和社会组织等。

一、资料来源

1. 2017年投入产出调查的服务业企业制造成本、期间费用和利润调查表
2. 2017年投入产出调查的卫生、行政事业单位收入构成调查表

二、核算方法

(一)总投入

按照投入产出平衡关系,各投入产出产品部门总投入等于总产出。

$$服务各产品部门的总投入 = 服务各产品部门的总产出$$

其中,各投入产出产品部门的总产出核算方法详见第二章。

(二)中间投入和增加值

根据产出表计算过程可知,服务部门的产业和产品部门不是同质性的,即每个服务业产业部门可以生产本部门产品,也可以生产其他部门的产品(或提供服务)。因此,服务业产品部门的中间投入和增加值不等于相应产业部门数据,需要将服务部门作为整体进行计算。

与建筑部门类似,服务部门也是对投入产出调查相应汇总表进行转换分解,得到总投入构成比重。但不同的是,对部分服务部门设置了单独的调查表,还有部分服务部门的调查整合在"其他服务业主营业务成本和期间费用构成"或者"行政事业单位收入和支出构成"调查中。因此服务部门总投入构成需要分别计算。

服务部门总投入结构有以下三种情况。一是某个服务业投入产出部门的调查数据,只出现在单独设置的调查表、其他服务业或者行政事业调查表三者之一;二是设置了单独调查表的部门,除了本部门的调查表外,可能在"其他服务业调查"或者"行政事业收支调查"也有数据。三是部分服务业在"其他服务业调查"或者"行政事业收支调查"中同时出现。

对于第一种情况,可以参考建筑部门的方法进行计算。对于第二和第三种情况,即在不同调查表中出现数据的部门,需考虑在不同调查表汇总后,分别经转换分解得到总投入构成比重,并进行简单平均或者是加权平均,再利用之前相应投入产出产品部门的总投入,乘以对应总投入构成比重,得到各服务部门的总投入初步构成。

将上述三种情况计算得到的总投入初步构成数据（服务业投入矩阵）放入投入产出表的服务业各投入产出部门相应列，即可得到投入产出表一、三象限服务业部分的数据。

需要注意的是，各投入产出产品部门总投入，均不含增值税。转换分解计算总投入构成比重时，也不处理增值税。农业部门主要处理的是中间投入及其构成，应交增值税包含在GDP生产核算的总投入和增加值，不影响中间投入构成的计算。

第四章
最终使用及构成编制方法

最终使用包括最终消费支出、资本形成总额、货物和服务的出口。货物和服务的进口编制方法和出口类似,也在本章一并说明。

第一节 最终消费支出

最终消费支出是指常住单位为直接满足个人或公共消费需求而对货物和服务的支出总额。包括常住单位在本国经济领土和国外购买的消费性货物和服务的支出,不包括非常住单位在本国经济领土内的购买支出。最终消费支出按支出主体不同分为居民消费支出和政府消费支出。

一、居民消费支出

(一)核算范围

居民消费支出是指常住居民在一定时期内对货物和服务的全部最终消费支出,主要包括以货币形式购买的货物和服务支出,以实物报酬方式获得的货物和服务支出,自产自用的消费性货物价值,自有住房服务支出,以及间接计算的金融和保险服务支出。居民消费支出分为农村居民消费支出和城镇居民消费支出。

居民消费支出根据用途不同,可划分为食品烟酒、衣着、居住、生活用品及服务、交通通信、教育文化娱乐、医疗保健、其他用品及服务八大类;根据来源不同,可划分为现金消费支出、实物消费支出(含自产自用、来自单位、来自政府和其他社会组织)。

(二)资料来源

1. 国家统计局住户办住户收支调查资料
2. 国家统计局人口司城镇、农村人口调查资料
3. 国家统计局核算司支出法GDP核算资料
4. 人力资源与社会保障部社会保险基金支出资料

(三)核算方法

1. 城镇居民消费支出

城镇居民消费支出分为住户调查的居民消费支出,以及住户调查以外的消费支出来计算。住户调查的居民消费支出中,计入到国民经济核算的部分包括居民现金消费支出、从单位和雇主获得的实物和服务,自产自用产品(等于消费支出扣除现金消费支出、来自单位、政府和其他社会组织的实物和服务,自有住房折算租金后的部分)。住户调查以外的居民消费支出,包括自有住房服务、金融和保险服务。具体核算方法如下,其中(1)至(8)类依据国家统计局住户办住户收支调查中现金消费支出调查表进行计算。

(1)食品烟酒:指城镇居民在食品、烟酒和饮食服务方面的支出。食品包括了谷物、薯类等14个类别,烟酒包括了烟草和酒类2个类别,饮食服务包括了3个类别。根据具体项目类别,分别归入农产品、畜牧产品、谷物磨制品等投入产出部门。计算公式为:

$$食品烟酒(具体项目)消费支出 = 城镇居民人均食品烟酒(具体项目)消费支出 \times 城镇居民年平均人数$$

其中，

城镇居民年平均人数＝(年初城镇居民人数＋年末城镇居民人数)÷2

(2)衣着：指城镇居民购买的各种穿着用品及加工穿着品的各种材料及衣着加工服务费消费支出，分为衣类和鞋类。衣类包括服装、服装材料等，鞋类包括鞋、鞋类配件及加工服务费，根据材料质地，分别归入纺织业部门以及纺织服装服饰，鞋、皮革、毛皮、羽毛及其制品等投入产出部门。

衣着(具体项目)消费支出＝城镇居民人均衣着(具体项目)消费支出×城镇居民年平均人数

(3)居住：指城镇居民与居住有关的支出，分为租赁房房租、住房维修及管理、水电燃料及其他。其中，租赁房房租指租赁公房或私房所支付的房租，不包括外出住旅店、宾馆或招待所支付的住宿费。住房维修及管理中的"住房装潢"和"住房维修"支出，其中大额的支出不纳入居民消费(认为是资产大修，属于固定资本形成)。对于额度较小的"住房装潢"或"住房维修"，房客负责的部分，按照2008 SNA的定义(段落9.66—9.68)，将支出的材料和服务费计入相应部门的消费支出；房东负责的部分，其支出属于生产活动的中间投入。

居住类消费支出按支出项目类别分别归入对应的投入产出部门。例如，将房租归入房地产部门，将维修用建筑材料归入木材加工品和木、竹、藤、棕、草制品，水泥、石灰和石膏等建筑材料部门，将水电燃气等支出归入水的生产和供应等部门，将住房装潢支出归入建筑装饰和其他建筑服务部门。

居住类(具体项目)消费支出＝城镇居民人均居住(具体项目)消费支出×城镇居民年平均人数

(4)生活用品及服务：指家庭及个人的各类生活品及家庭服务。包括家具及室内装饰品、家用器具、家用纺织品、家庭日用杂品、个人护理用品和家庭服务。不含个人用品和服务。按支出项目类型，将生活用品类消费支出分别归入对应的家具、家用器具、纺织制成品等部门，将家庭服务类消费支出归入居民服务和其他服务部门。

生活用品及服务类(具体项目)消费支出＝城镇居民人均生活用品及服务(具体项目)消费支出
×城镇居民年平均人数

(5)交通和通信：指用于交通和通信工具及相关的各种服务费、维修费和车辆保险等支出。

其中，交通指购置交通工具及零配件、支付各种交通费、修理服务费、油料费等支出。包括交通工具，交通费，交通工具用燃料，交通工具使用及维修，不包括购买经营用交通工具。交通费指家庭成员乘坐各种交通工具所支付的交通费，不包括因公出差暂由个人垫付的交通费。购置交通工具及零配件的消费支出归入对应的运输设备部门，交通费归入对应的运输服务部门。

通信指家庭用于通信方面的全部支出。分为通信工具和通信服务。通信工具指购买各种通信工具所支付的费用，包括固定电话机、移动电话机、寻呼机和传真机等。通信服务指家庭用于电信费、电话初装费、入网费、电信费、邮费等方面的服务支出。通信工具消费支出归入通信设备部门，通信服务支出按具体项目类别分别归入电信、邮政等服务部门。

交通和通信类(具体项目)消费支出＝城镇居民人均交通和通信(具体项目)消费支出
×城镇居民年平均人数

(6)教育、文化和娱乐服务：指城镇居民用于教育和文化娱乐方面的支出。教育指按一定的目的要求，对受教育者的德育、智育、体育、爱好、技能等诸方面施以影响的一种有计划的活动，与这一活动直接相关的支出即为教育支出。文化和娱乐包括文娱耐用消费品、其他文娱用品和文化娱乐服务。其中，购置文娱耐用消费品和其他文娱用品的消费支出分别归入计算机、文化办公用机械等投入产出部门，文化娱乐服务归入文化艺术、体育、教育等投入产出部门。

教育、文化和娱乐服务类(具体项目)消费支出＝城镇居民人均教育、文化和娱乐服务(具体项目)
消费支出×城镇居民年平均人数

(7) 医疗保健：指城镇居民用于医疗和保健的药品、用品和服务费用支出。在住户调查中，包括医疗器具及药品、医疗服务两大类。医疗器具及药品包括药品、滋补保健品、医疗卫生器具及用品和保健器具。医疗服务消费支出指门诊和住院的医疗总费用，包括从各种医疗保险或其他医疗救助计划中获得的医药费和医疗费的报销款额。其中，医疗器具及药品消费支出分别归入其他专用设备、医药制品等部门，医疗服务归入卫生等部门。

$$医疗保健类（具体项目）消费支出＝城镇居民人均医疗保健（具体项目）消费支出\\×城镇居民年平均人数$$

为与支出法 GDP 核算方法保持一致，除住户调查资料外，医疗保健支出还补充了社保基金和商业保险数据。社保基金的支出取自人力资源与社会保障部的社会保险基金支出资料，商业保险的支出取自统计年鉴。社保基金和商业保险支出归入卫生部门。需要说明的是，在 2017 年支出法 GDP 核算中，城镇居民医疗支出中的社保基金和商业保险与住户调查的数据在概念上有交叉，考虑到历史数据的延续，编表时仍按原来方法处理。

(8) 其他用品及服务：指无法直接归入上述各类支出的其他用品与服务支出。其他用品指七大类支出以外的各种其他用品，具体包括首饰、手表和其他杂项用品。其他服务包括旅馆住宿、美容美发洗浴和其他杂项服务，其中其他杂项服务支出包括迷信服务费、丧葬费、请律师的诉讼费、公证费和房地产中介服务费等，按照具体内容分别归入相应的投入产出部门。

$$其他用品及服务类（具体项目）消费支出＝城镇居民人均杂项商品和服务（具体项目）消费支出\\×城镇居民年平均人数$$

(9) 实物消费及自产自用的消费品：实物消费支出指城镇居民从工作单位或雇主等处免费或低价得到的各种商品及服务支出，其中低价得到的商品及服务按扣除付费后的差价计算。参照城镇居民家庭消费的现金支出情况，将非现金收入调查表中的分项资料对应到不同的投入产出部门，即得到实物消费支出的结构。自产自用的消费品指调查户自己生产的各种农副产品，如肉、禽、菜、蛋等，分别归入农产品、畜牧产品等部门。

(10) 银行中介服务：包括城镇居民消费的间接计算的银行中介服务和直接付费的银行服务，数据直接取自支出法 GDP 核算的结果。城镇居民银行中介服务归入货币金融和其他金融服务部门。

(11) 保险服务：指城镇居民参与日常生活中的保险活动，消费的保险机构提供的保险服务，数据直接取自支出法 GDP 核算的结果。保险服务消费归入保险部门。

(12) 自有住房服务：城镇居民自有住房服务虚拟消费支出指城镇居民因自己拥有住房而虚拟计算的住房服务消费支出，直接采用支出法 GDP 核算的结果。城镇居民自有住房服务虚拟消费支出归入房地产部门。

2. 农村居民消费支出

农村居民消费支出同样要考虑居民直接以现金支出购买的货物服务，从单位和雇主获得的食物和服务，自产自用产品，以及住户调查以外的居民消费支出情况。农村居民消费的核算方法与城镇居民消费基本相同，但医疗保健支出的补充部分只包含新农合支出，并归入卫生部门。

二、政府消费支出

(一) 核算范围

政府消费支出指政府（机构）部门为全社会提供公共服务的支出，以及政府部门免费或以无经济意义价格向居民提供货物和服务的净支出。其中，公共服务支出包括国家安全和国防、行政管理、制定法律规章、维护社会秩序和环境保护等方面的支出，它等于政府服务的产出价值减去政府机构有偿提供服务所获收入的差额。为居民（个人）提供的货物和服务支出等于政府部门免费或以没有显著经济意义的价格向居民提供的货物和服务的价值减去向居民收取的费用，主要包括政府针对医疗卫生、教育、文化娱乐和社会保障等方面的支出。

(二)资料来源

1. 财政部行政事业单位决算资料
2. 财政部全国预算单位支出决算明细表
3. 财政部全国预算单位收入决算表

(三)核算方法

1. 政府消费支出的核算方法

与支出法GDP核算方法一致,政府消费支出根据国家财政经常性支出进行计算,即政府消费支出等于财政经常性业务支出减去政府部门市场性收入加上政府部门固定资产折旧。财政经常性支出是指政府部门的工资福利性支出、商品和服务性支出以及部分对个人和家庭的补助支出。政府部门市场性收入是指行政事业单位在提供教育、医疗卫生等服务中对居民收取的各种费用和参与市场活动获得的经营性收入。

2. 各产品部门的政府消费支出的核算方法

在2017年投入产出表中,政府消费支出涉及到的产品部门,主要是指政府机构出资负担或者购买其产品(包括货物和服务),并用于公共或者特定居民群体的部门。主要包括:农、林、牧、渔服务,科学研究和技术服务,水利、环境和公共设施管理,居民服务、修理和其他服务业中的托儿所和殡葬服务,教育,卫生和社会工作,文化、体育,公共管理、社会保障和社会组织等。其中,可能产生市场性收入的有关部门共有7个,包括:生态保护和环境治理,公共设施及土地管理,教育,卫生,文化艺术,体育和娱乐。

各产品部门的政府消费支出分别进行核算,具体方法为:第一,根据财政部支出决算明细表中千余种功能分类,分别对应至相应的投入产出部门,如水土保持支出对应至水利管理部门,机关服务支出对应至公共管理和社会组织部门等,并汇总得到该部门的经常性业务支出。第二,可能产生市场性收入的有关部门,按照各部门经常性业务支出占比,分摊财政部收入决算表中的事业收入和经营收入,得到各部门的政府部门市场性收入数据。第三,按照各部门经常性业务支出占比,分摊财政部行政单位、事业单位、民间非营利组织的固定资产原值,并乘以折旧率,得到各部门固定资产折旧。第四,将各部门经常性业务支出,减去该部门政府部门市场性收入,加上该部门固定资产折旧,得到该部门政府消费支出数据。

核算公式为:

政府消费支出 = 经常性业务支出 − 政府部门市场性收入 + 固定资产折旧

其中,

经常性业务支出 = 工资福利支出 + 商品和服务支出 + 对个人和家庭补助支出 − 抚恤金
       − 生活补助 − 救济费 − 医疗费 − 助学金奖励金 − 生产补贴
       − 其他政府部门的市场性收入
      = 全国预算单位经营收入固定资产折旧
      = 固定资产原值 × 折旧率(4%)
      = [(年初固定资产原值 + 年末固定资产原值) ÷ 2] × 折旧率(4%)

第二节 资本形成总额

资本形成总额反映常住单位在核算期内非金融生产资产的积累情况,包括固定资本形成总额和存货变动两部分。

一、固定资本形成总额

(一)核算范围

固定资本形成总额指常住单位在核算期内固定资产获得减处置的价值总额。固定资产是通过生产活动生产出来的,且使用年限在一年以上、单位价值在规定标准以上的资产。固定资本形成总额包括住宅、其他建筑和构筑物、机器和设备、培育性生物资源、知识产权产品等固定资产的获得减处置，理论上非生产资产所有权转移费用也应该包含其中。

(二)资料来源

1. 2017投入产出调查的固定资产投资构成调查
2. 国家统计局投资司固定资产投资(不含农户)调查数据
3. 国家统计局核算司支出法GDP核算资料
4. 《住户调查统计年鉴2018》

(三)核算方法

根据资料来源情况，固定资本形成总额分四部分计算：一是固定资产投资(不含农户)形成的固定资产；二是农户固定资产投资形成的固定资产；三是支出法GDP核算中补充的固定资产，包括商品房销售增值、土地改良支出、矿藏勘探费支出、计算机软件、研究与开发等；四是其他，主要包括固定资产投资额中"其他费用"应纳入固定资本形成总额的部分，以及500万元以下固定资产投资所形成的固定资产。

1. 固定资产投资(不含农户)形成的固定资产

计算步骤为：

第一，对2017年投入产出调查投资构成调查数据进行汇总，得到建筑工程、安装工程、设备工器具购置、其他费用等项目的投资构成。

第二，将投资司固定资产投资(不含农户)调查数据，按第一步得到的结构分劈至建筑工程、安装工程、各类设备工器具购置及其他费用。

第三，将第二步得到的各项目数据计入相应的产品部门。其中，建筑工程按房屋建筑和土木工程建筑的总产值比例分别计入房屋建筑和土木工程建筑部门，安装工程计入建筑安装，设备工器具购置按设备类型分别计入相应的产品部门。

2. 农户固定资产投资形成的固定资产

按以下步骤将农户投资形成的固定资产计入相应的产品部门。一是将建筑工程中的水利工程计入土木工程建筑部门，其余的部分计入房屋建筑部门。二是将安装工程计入建筑安装部门。三是将设备工器具购置中的生产设备计入农、林、牧、渔专用机械部门，将其他部分计入畜牧产品部门。数据取自《住户调查统计年鉴2018》。

3. 支出法核算中补充计算的固定资本形成

主要是不在投资统计范围，但又属于固定资本形成的一些项目。

(1)土地改良支出。土地改良支出指为增加土地数量、改善土地质量或提高土地生产率，以达到符合农业用地和各种建筑用地的要求而进行的支出，资料取自2017年支出法GDP核算资料。土地改良支出计入建筑装饰、装修和其他建筑服务部门的固定资本形成总额。

(2)计算机软件。计算机软件指企业从事开发、研制和销售计算机软件所获得的收入，资料取自2017年支出法GDP核算资料。计算机软件计入软件服务部门的固定资本形成总额。

(3)商品房销售增值。商品房销售增值包括住宅销售增值和非住宅销售增值两部分。商品房销售增值指在核算期内商品房销售价值与相应的投资完成额(即出售前的工程造价)之间的差额，资料取自2017年支出法GDP核算资料。商品房销售增值计入房地产部门的固定资本形成总额。

(4)矿藏勘探费。矿藏勘探费指全社会勘探地下矿产资源投入的资金，属于无形固定资产。资料取自2017年支出法GDP核算资料。矿藏勘探费计入专业技术服务部门的固定资本形成总额。

(5)研究与试验发展。研究与试验发展(R&D)指在科学技术领域，为增加知识总量、以及运用这些知识去创造新的应用进行的系统的创造性的活动，包括基础研究、应用研究、试验发展三类活动。研究与试验发展资料取自2017年支出法GDP核算资料，计入研究和试验发展部门的固定资本形成总额。

4. 其他

其他包括两部分。一是指固定资产投资额"其他费用"中应纳入固定资本形成总额的部分，主要是培育性生物资源，应将其分配到农产品、林产品和畜牧产品部门。二是500万元以下固定资产投资所形成的固定资本,总量和结构可参考全社会固定资产投资额的比例推算。

二、存货变动

(一)核算范围

存货包括生产单位购进的原材料、燃料和储备物资等存货,以及生产单位生产的产成品、在制品和半成品等存货。存货变动指常住单位在一定时期内存货实物量变动的市场价值,即期末价值减期初价值的差额,再扣除当期由于价格变动而产生的持有收益。存货变动可以是正值,也可以是负值。正值表示存货增加,负值表示存货减少。需要说明的是,由于服务产品不形成存货,因此在投入产出表中,除了受价格调整影响的流通部门外,仅有货物部门(即农业和工业产品部门)存在存货变动。

(二)资料来源

1. 《农村统计年鉴2018》
2. 国家统计局工业司工业企业财务资料
3. 国家统计局投资司年报
4. 国家统计局服务业司统计年鉴
5. 国家统计局住户办住户调查资料
6. 国家统计局人口司人口调查资料
7. 国家统计局贸经司统计年鉴

(三)核算方法

存货变动主要根据财务资料中的期末、期初价值计算。但由于财务核算中的存货价值包含了核算期内价格变动引起的存货持有收益,因此,在计算存货变动时需要剔除价格变化因素。剔除方法为:利用核算期有关价格指数,将财务核算的期初存货价值调整为按核算期期末价格计算的存货价值。

$$存货变动=年末存货价值-调整后的年初存货价值$$

其中,

$$调整后的年初存货价值=财务核算的年初存货价值\times相关价格指数$$

从资料来源看,财务资料中的存货变动数据为分行业统计,因此,存货变动按照农业、工业、建筑业和服务业分别进行核算,再按照一定的对照关系,将分行业的存货变动归入相应的产品部门。最后,将按照农业、工业、建筑业、服务业分别计算得到的产品部门存货变动加总,得到各产品部门存货变动。核算方法为:

1. 农业存货变动

受基础资料的限制,目前只计算农户存货变动,包括农户饲养猪、羊、家禽形成的存货变动以及粮食储备形成的存货变动。

(1)饲养猪、羊、家禽形成的存货变动

$$猪、羊、家禽存货变动=(年末存栏数-年初存栏数)\times年末平均单价$$

年初年末存栏数取自农村司《农村统计年鉴2018》,平均单价为市场交易价格。饲养猪、羊、家禽形成的存货变动归属至畜牧产品部门。

(2)农户粮食储备形成的存货变动

$$粮食储备存货变动=(年末粮食库存-年初粮食库存)\times年末平均单价$$

其中,

$$农户年末粮食库存=年末农户人均存粮\times年末农村人口$$
$$农户年初粮食库存=上年末农户人均存粮\times上年末农村人口$$

农户人均存粮取自住户办"住房和耐用消费品拥有情况"(T101表),农村人口取自人口司人口调查资料,年末平均单价取自市场交易价格。农户粮食储备形成的存货变动归属至农产品部门。

2. 工业存货变动

受基础资料限制,只计算规模以上工业企业存货变动,包括产成品存货变动和原材料、半成品的等存货变动。核算方法为:

(1)产成品的存货变动

将规模以上工业企业的分行业小类的产成品存货变动,按照行业小类和产品部门的对应关系进行汇总,得到各产品部门的产成品存货变动数据,归属至本部门的存货变动。

(2)原材料、半成品的存货变动

首先,将规模以上工业企业的存货变动减去产成品,得到规模以上工业企业的分行业小类的原材料及半成品的存货变动,按照行业小类和产品部门的对应关系,汇总得到95个工业部门的原材料及半成品的存货变动;其次,将95个工业部门的原材料及半成品的存货变动作为列向控制数,利用各工业部门列向的物耗结构(即该工业部门的中间投入中农业和工业产品的结构,通过投入产出调查转换分解得到),推算出规模以上工业企业原材料及半成品的存货变动所属的农业和工业产品部门,并汇总得到相应产品部门数据。

存货资料取自国家统计局工业司工业企业财务资料。

3. 建筑业存货变动

主要计算建筑业企业原材料、半成品的存货变动,计算方法和工业类似。首先,从投资司财务资料中获取建筑业企业的原材料及半成品的存货变动数据,归并至4个建筑部门;再利用各建筑部门的物耗结构(即该建筑部门中间投入中农业和工业产品的结构,通过投入产出调查转换分解得到),推算出建筑业企业原材料和半成品的存货变动所属的农业和工业产品部门,并汇总得到相应产品部门数据。

4. 服务业存货变动

计算服务业存货变动时,主要计算"四上"企业的存货变动情况,分批发零售业和其他服务业进行计算。

(1)批发零售业的存货变动

批发零售业的存货变动数据通过专业统计年鉴收集,并按照具体所属的批发零售活动,将其存货归到对应的产品部门,如林业产品批发的存货变动归入林产品部门,烟草制品批发的存货变动归入烟草制品部门。

(2)其他服务业的存货变动

对于其他服务业"四上"企业的存货变动,计算方法与工业、建筑业原材料及产成品存货变动的计算方法类似。其中,总量数据取自各专业统计年鉴,然后利用对应服务部门的物耗结构(即该服务部门中间投入中农业和工业产品的结构,通过投入产出调查转换分解得到),推算出其他服务业企业存货变动所属的农业和工业产品部门,并汇总得到相应产品部门数据。

第三节　进口和出口

投入产出核算中,各产品部门进口和出口是根据海关货物进出口统计数据、国际收支平衡表和其他相关统计资料计算得到。进口是投入产出表中各部门中间使用的来源之一,出口是最终使用的一部分。

一、海关进出口货物统计与国际收支平衡表中货物贸易关系

国际收支平衡表中,货物贸易以海关的进出口贸易数据为基础,但是二者存在一些差异。

一是记录价格不同。国际收支统计中的货物进出口都按离岸价格记录,而海关统计中出口按离岸价格记录,进口按到岸价格记录。在编制国际收支平衡表时,对海关的进口数据进行了调整,用海关统计的到岸价格进口额减去其中的运输和保险费用,得到国际收支核算的货物进口,同时把发生的运输和保险支出计入到服务项目中的运输和保险项。

二是统计原则和范围不一致。国际收支核算中货物贸易以所有权转移为统计原则,海关统计以货物实际进出我国的关境为统计原则。因此,国际收支统计包括了发生在运输工具、钻井平台和远洋渔船等不是固定在特定位置的活动设施上的进出口活动,以及各种运输工具在港口购买的货物。此外,国际收支平衡表还包含海关进出口退货和查获走私数据,这部分数据虽然规模较小,但需在国际收支统计中进行区分和记录。

二、投入产出表中进口的计算

(一)核算范围

进口是指非常住单位(非本国居民)向常住单位(本国居民)出售或无偿转让的各种货物和服务,实际包括:(1)经海关进口的商品;(2)中国居民在中国境外直接购买的商品;(3)中国居民在境内、境外向外国居民购买的服务。

(二)资料来源

1. 海关总署分商品类别进口数据
2. 《海关统计商品目录》
3. 国家外汇管理局《国际收支平衡表》
4. 《2018中国统计年鉴》中的国际旅游收入及构成表
5. 《2018中国建筑业统计年鉴》

(三)核算方法

进口总额等于国际收支平衡表中进口的总数。根据资料来源的不同,以及购买主体、购买对象的差异,分别按海关货物进口、中国居民在中国境外直接购买的货物和服务,以及中国居民在境内、境外向外国居民购买的服务计算。计算公式为:

$$进口总额＝海关货物进口总额＋中国居民在中国境外直接购买的货物和服务\\＋外国居民向中国居民提供的服务$$

1. 海关货物进口总额

海关货物进口总额指经海关进口的商品价值,具体指一年内国外(含港、澳、台地区)货物的进口,包括国家间、联合国及国际组织无偿援助物资和赠送品、华侨及港澳同胞等华人捐赠品、加工装配的材料、零配件的进口等。

海关货物进口主要包括三个方面。首先,根据海关总署《海关统计商品目录》与投入产出表产品部门分类,编制海关商品与产品部门对照表。并根据对照表汇总得到按投入产出产品部门分类的海关商品进口额(到岸价)。其次,根据国民经济核算对"经济所有权"的要求,"来料加工装配贸易"进口数据,由于所有权没有发生变更,不核算为进口,需要进行剔除。再次,部分以"来料加工装配贸易"进口的货物,后来通过变更进口手续在中国境内进行生产出售,即"来料进口转内销"货物,这部分货物进口数据需要补充记录。即,海关货物进口总额是在进口合计的基础上,减去"来料加工装配贸易"进口数据,再加上"来料进口转内销"进口数据。计算公式为:

$$海关货物进口＝分贸易方式进口合计－来料加工进口＋来料进口转内销$$

需要说明的是,经海关进口的商品价值是按到岸价格计算的,可以理解为对应进口流量的基本价格,在生产者价格投入产出表中的商品进口还需要在到岸价格基础上进行相应调整,加上进口关税、消费税和增值税部分。

2. 中国居民在中国境外直接购买的货物和服务

中国居民在中国境外直接购买的商品是指中国短期出国人员在境外购买的货物。由于基础资料情况,在实际计算时只限于国际收支平衡表中"旅游"项下的数据。按照国际旅游收入的商品比例,计算中国居民在国外旅游时直接购买的各种货物和服务。货物部分直接归入相应的投入产出部门,服务部分与"中国居民在境内向外国居民购买的服务"合并后归入相应的投入产出部门。

3. 服务进口(含建筑)

主要利用国际收支平衡表中的数据,分不同服务项目进行核算。

在国际收支平衡表中,货物进口是按离岸价计算的,在服务的进口(借方)数据中,包括了对进口货物进行到岸价和离岸价调整的运输和保险费用,为避免重复计算,需要从服务的进口总量中扣除这一部分,得到运保费调整后的服务进口数据,并利用调整后数据进行核算。

(1) 建筑服务进口

建筑服务进口是指非常住单位在中国境内完成的建筑和安装工程等。资料取自国际收支平衡表中"建设"借方数据。同时,再根据《中国建筑业统计年鉴》中的产值比例,将建筑服务的进口区分为房屋建筑、土木工程建筑、建筑安装以及建筑装饰、装修和其他建筑服务四个部门的进口数据。

(2) 铁路旅客运输服务进口

铁路旅客运输业服务进口是指外国居民为中国居民提供的铁路旅客运输服务,分两部分计算:一部分根据调整后的国际收支平衡表中运输项下的"其他运输方式"借方数据,以及铁路运输所占比重计算;另一部分数据,通过对"旅行"借方数据的分解计算得到。两部分数据的合计,就是铁路旅客运输服务进口的数据。

(3) 道路旅客运输服务进口

道路旅客运输服务进口是指外国居民的汽车运输、公路管理以及在公共电汽车、轨道交通、出租车、城市轮渡等方面向中国居民提供的服务,分两部分计算:一部分根据调整后的国际收支平衡表中运输项下的"其他运输方式"借方数据,以及道路运输所占比重计算;另一部分数据,通过对"旅行"借方数据的分解计算得到。两部分数据的合计,就是道路旅客运输服务进口的数据。

(4) 水上旅客运输服务进口

水上旅客运输进口是指外国居民向中国居民提供远洋、沿海和内河等水上运输服务,分两部分计算:一部分根据调整后的国际收支平衡表中运输项下的"海运"借方数据计算得到;另一部分数据,通过对"旅行"借方数据的分解计算得到。两部分数据的合计,就是水上旅客运输服务进口的数据。

(5) 航空旅客运输服务进口

航空旅客运输服务进口是指外国居民为中国居民提供航空飞行服务支付的费用,分两部分计算:一部分根据调整后的国际收支平衡表中运输项下的"空运"的借方数据计算得到;另一部分数据,通过对"旅行"借方数据的分解计算得到。两部分数据的合计,就是航空旅客运输服务进口的数据。

(6) 其他运输、装卸搬运和仓储服务的进口

其他运输、装卸搬运和仓储服务是指外国居民为中国居民提供的其他运输、装卸搬运和仓储服务,根据调整后的国际收支平衡表中运输项下的"其他运输方式"借方数据,以及其他运输、装卸搬运和仓储服务所占比重计算。

(7) 邮政服务进口

邮政服务进口是指外国邮电部门为中国居民提供邮政服务,具体包括对国外发生的邮电业务结算的外汇支出和中国人在外国的邮政支出两部分。一部分根据调整后的国际收支平衡表中运输项下的"邮政及邮递服务"借方数据以及国家外汇管理局的相关资料计算;另一部分数据,通过对"旅行"借方数据的分解计算得到。两部分数据的合计,就是邮政服务进口的数据。

(8) 住宿服务进口

住宿服务进口是指外国居民为中国居民提供的宾馆、旅馆服务。通过对"旅行"借方数据的分解计算得到。

(9) 餐饮服务进口

餐饮服务进口是指外国的宾馆、饭店及各种饮食部门为中国居民提供的就餐服务。通过对"旅行"借方数据的分解计算得到。

(10) 电信和其他信息传输服务进口

电信服务进口是指外国邮电部门为中国居民提供电信服务,包括对国外发生的信息传输业务结算的外汇支出和中国人在外国的信息传输费支出,分两部分计算:一部分根据调整后的国际收支平衡表中服务项下的"电信、计算机和信息服务"项目中的"电信服务"借方数据,以及国家外汇管理局的相关资料计

算;另一部分数据,通过对"旅行"借方数据的分解计算得到。两部分数据的合计,就是电信进口的数据。

(11)软件和信息技术服务进口

根据国际收支平衡表中服务项目下的"电信、计算机和信息服务"项目中的"计算机服务"借方数据以及"服务"项目下的"知识产权使用费"借方数据计算得到。

(12)货币金融和其他金融、资本市场服务进口

货币金融和其他金融、资本市场服务进口是指外国居民包括外国的银行、非银行金融机构等为中国居民提供的金融服务,即外国居民向中国各种金融机构交纳的实际服务费和虚拟服务费,分两部分计算:一部分根据国际收支平衡表中"服务"项目的"金融服务"借方数据计算;另一部分数据,通过对"旅行"借方数据的分解计算得到。两部分数据的合计,就是货币金融和其他金融、资本市场服务进口的数据,按比例分劈至货币金融和其他金融、资本市场服务两个部门。

(13)保险进口

保险进口是指外国保险公司向中国居民收取的保费及支付的赔款收入、退保金收入、分保费收入和分保赔款收入等,分两部分计算:一部分根据调整后的国际收支平衡表中"保险和养老金服务"借方数据计算;另一部分数据,通过对"旅行"借方数据的分解计算得到。两部分数据的合计,就是保险服务进口的数据。

(14)租赁和商务服务进口

租赁和商务服务进口是指外国居民向中国居民提供的租赁、法律、公证服务、信息咨询服务,以及广告业等服务。

租赁进口根据国际收支平衡表中服务项目的"其它商业服务"的借方数据计算。

商务服务进口分两部分计算:一部分根据国际收支平衡表中服务项目的"知识产权使用费"和"其他商业服务"的借方数据来计算;另一部分数据,通过对"旅行"借方数据的分解,相关的服务进口归入到商务服务部门。两部分数据的合计,就是商务服务进口的数据。

(15)研究和试验发展服务进口

在国际收支平衡表中,"知识产权使用费"是居民和非居民之间经许可使用的无形的非生产或非金融资产和专有权,以及经特许安排使用已问世的原作或原型的行为。在2017年投入产出表编制中,受基础资料的限制,难以细分到更多的投入产出部门,这些全部作为"研究与试验发展"的服务进口。资料取自国际收支平衡表中"知识产权使用费"的借方数据以及"其他商业服务"项目下的"研究和开发服务"的借方数据。

(16)公共设施管理服务进口

公共设施管理服务进口是指我国居民在境外的公共交通、出租车、公园、动物园、植物园、环境卫生等方面的支出,如车票、门票、卫生管理费等。公共设施管理服务分两部分计算:一部分根据国际旅游收入表中"游览"项目数据计算;另一部分根据"旅行"的借方数据计算。

(17)教育服务进口

教育服务进口是指外国教育部门向中国居民收取的学杂费,具体指中国留学生、中国驻外使馆领馆的工作人员及其家属等向国外教育机构支付的学杂费。根据国际收支平衡表中服务项目下"个人、文化和娱乐服务"下的"视听和相关服务"的借方数据按一定比例计算。

(18)广播、电视、电影和影视录音制作进口

广播、电视、电影和影视录音制作进口是指外国广播、电影、电视等部门向中国居民收取的费用。具体指中国居民购买电影片、电视片、图书、音像、磁盘、光盘等各种艺术品的版权、放映权、使用权所支出的费用,以及对外支付的经纪费、代理费等。根据基础资料情况,文化艺术和广播电影电视事业进口仅计算电影、音像进口,根据国际收支平衡表中服务项目的"知识产权使用费"借方数据的一定比例,以及"个人、文化和娱乐服务"下的"视听和相关服务"项目的借方数据的一定比例计算。其他文化艺术和广播电影电视事业方面的进口,因缺乏基础资料,按零处理。

(19)娱乐服务进口

娱乐服务进口指中国居民在外国酒吧、游乐场等娱乐场所的支出。一部分取自国际旅游收入构成的"娱乐"项目;另一部分根据国际收支平衡表"个人、文化和娱乐服务"借方数据计算。

(20)公共管理和社会组织服务进口

公共管理和社会组织服务进口是指外国政府、社会团体或非营利组织提供公共服务向中国居民收取的费用。根据国际收支平衡表中服务项下的"别处未提及的政府服务"借方数据计算。

除上述项的进口外,其他服务的进口因缺乏基础资料,在编制投入产出表时,按零处理。

三、投入产出表中出口的计算

(一)核算范围

出口是指常住单位(本国居民)向非常住单位(非本国居民)出售或无偿转让各种货物和服务。实际包括:(1)经海关出口的商品;(2)外国居民在中国境内直接购买的商品;(3)外国居民涉及中国境内、境外的服务消费。

(二)资料来源

1. 海关总署分商品类别出口数据
2. 《海关统计商品目录》
3. 国家外汇管理局《国际收支平衡表》
4. 《2018中国统计年鉴》中的国际旅游收入及构成表
5. 《2018中国建筑业统计年鉴》

(三)核算方法

出口总额包括海关货物出口总额,外国居民在中国境内直接购买的货物和服务价值,中国居民向外国居民提供的服务三部分。计算公式为:

$$出口总额=海关货物出口总额+外国居民在中国境内直接购买的货物和服务价值\\+中国居民向外国居民提供的服务$$

1. 海关货物出口总额

海关货物出口总额是指经海关出口的商品价值。根据海关总署《海关统计商品目录》与2017年投入产出表产品部门分类的对照表,将海关出口货物数值汇总到投入产出部门。与进口数据的处理类似,海关出口数据需要减去"来料加工装配贸易"的出口,加上来料加工出口包含的加工费(预先处理分解到相关工业部门),得到出口总额。

在海关统计中,出口商品是按离岸价格计算的,离岸价格是出口商品离开中国国境时的实际价格,不是国内生产者价格。在编制生产者价格投入产出表时,需要扣除相关流通费用,转换成国内生产者价格的出口额。

2. 外国居民在中国境内直接购买的货物和服务价值

国际旅游外汇收入表中的"提供对外国旅客商品销售收入"和"提供的服务"的有关数据,是核算该部分的依据。外国居民在中国境内直接购买的货物价值,由于缺少具体商品销售收入构成的资料,只能依据国内居民的消费结构将外国居民商品消费按照投入产出部门进行细分,分别对应到相应的投入产出部门。外国居民在中国境内直接购买的服务价值,则根据这些服务项目和投入产出部门的对应关系,分别归入有关部门的服务出口。

3. 中国居民向外国居民提供的服务

(1)建筑服务出口

建筑服务出口是指中国居民在境外完成的一年以内的建筑项目和安装项目所获得的收入。资料取自国际收支平衡表中"建设"贷方数据。同时,再根据《中国建筑业统计年鉴》中的产值比例,将建筑服务的出口区分为房屋建筑、土木工程建筑、建筑安装以及建筑装饰、装修和其他建筑服务四个部门的出口数据。

(2)批发和零售服务出口

批发和零售服务出口是指我国批发和零售贸易业企业为出口商品提供的服务的价值。批发服务出口根据各类货物离岸价出口中扣除的批发业的价值来计算。零售服务出口,利用国际旅游收入的商品销售总量,以及商品销售构成和相应的商品零售毛利率计算得到。

(3)铁路旅客运输服务出口

铁路旅客运输服务出口是指中国居民为外国居民提供的铁路运输服务所获得的收入,包括在境内和境外为外国居民提供的铁路运输服务,分两部分计算:一部分根据国际收支平衡表中"其他运输方式"中的"客运"、"货运"和"其他"贷方数据的一定比例计算,具体比例根据国家外汇管理局相关资料计算;另一部分数据,通过对"旅行"贷方数据的分解计算得到。两部分数据的合计,就是铁路旅客运输服务出口的数据。

(4)道路旅客运输服务出口

道路旅客运输服务出口是指中国汽车运输、公路管理部门向外国居民提供服务所获得的收入,以及中国的公共电汽车、轨道交通、出租车、城市轮渡等向乘坐的外国居民收取的费用,分两部分计算:一部分根据国际收支平衡表"其他运输方式"中的"客运"、"货运"和"其他"贷方数据的一定比例计算,具体比例根据国家外汇管理局相关资料计算;另一部分数据,通过对"旅行"贷方数据的分解计算得到。两部分数据的合计,就是道路旅客运输服务出口的数据。

(5)水上旅客运输服务出口

水上旅客运输服务出口是指中国居民为外国居民提供的远洋运输、沿海运输和内河运输等服务所获得的收入,包括在中国境内和境外为外国居民提供的水上运输服务以及我国水上运输企业为进口商品提供的运输服务两部分。前者取自国际旅游收入中"长途交通"的"轮船"项目和外管局的相关资料;后者通过对"海运"贷方数据的分解得到。两部分数据的合计,就是水上旅客运输服务出口的数据。

(6)航空旅客运输服务出口

航空旅客运输服务出口是指中国的航空公司为外国居民提供服务所获得的收入,包括在中国境内和境外乘坐飞机两部分。一部分取自国际旅游收入中"长途交通"的"民航"项目和外管局相关资料;另一部分数据,已通过对"空运"贷方数据的分解计算得到。两部分数据的合计,就是航空旅客运输服务出口的数据。

(7)管道运输服务出口

管道运输服务出口是指中国居民为外国居民提供的原油、天然气、水等管道运输服务所获得的收入。根据国际收支平衡表中"其他运输方式"的"其他"项贷方数据进行计算。

(8)其他运输、装卸搬运和仓储服务出口

其他运输、装卸搬运和仓储服务出口是指中国居民为外国居民提供的其他运输、装卸搬运和仓储服务,根据国际收支平衡表中运输项下的"其他运输方式"中的贷方数据,以及其他运输、装卸搬运和仓储所占比重计算。

(9)邮政服务出口

邮政服务出口是指中国居民通过各种方式向外国居民提供的邮寄信件、资料、包裹;订阅报刊、集邮活动等所获得的收入。此处的邮政服务不仅包括中国的邮政部门在境内为外国居民提供的服务,即国内邮递部分,也包括中国邮政部门在境外为外国居民提供的服务,即国际邮递部分。根据国际收支平衡表中"服务"项下"运输"项下的"邮政及邮递服务"贷方数据计算。

(10)住宿服务出口

住宿服务出口是指中国为外国居民提供宾馆、饭店服务而得到的收入。通过对"旅行"贷方数据的分解计算得到。

(11)餐饮服务出口

餐饮服务出口是指中国居民为外国居民提供宾馆、饭店及各种饮食服务所获得的收入。通过对"旅行"贷方数据的分解计算得到。

(12)电信服务出口

电信服务出口是指中国居民向外国居民提供的电信服务获得的收入,既包括中国居民在国内为外国居民提供的信息传输服务,也包括在境外为非居民提供的电信服务。电信服务出口分两部分计算:一部分根据国际收支平衡表中服务项下的"电信、计算机和信息服务"项下的"电信服务"贷方数据计算;另一部分数据,通过对"旅行"贷方数据的分解计算得到。两部分数据的合计,就是电信服务出口的数据。

(13)软件服务和信息技术服务出口

根据国际收支平衡表中服务项下的"电信、计算机和信息服务"下的"计算机服务"贷方数据,以及"知识产权使用费"贷方数据的一定比例计算。

(14)货币金融和其他金融、资本市场服务出口

货币金融和其他金融、资本市场服务出口是指中国居民为外国居民提供的金融服务。此处的中国居民指中国的银行、非银行金融机构和信用合作组织。由此,中国居民为外国居民提供的金融服务是指外国居民向中国各种金融机构交纳的实际服务费和虚拟服务费,分两部分计算:一部分取自国际收支平衡表中服务项下的"金融服务"贷方数据;另一部分数据,通过对"旅行"贷方数据的分解计算得到。将两部分数据加总,得到该部分的出口数据,并按比例分劈至货币金融和其他金融、资本市场服务两个部门。

(15)保险服务出口

保险服务出口是指中国保险公司获得的外国居民向其投保的各种(人身险、财产险)保费收入,包括中国保险公司从外国、港澳台地区的客商投保商品处获得的保费收入,对外国、港澳台地区保险公司的分出分入业务中,收入的货运保险费、手续费,扣减支付的赔款。一部分取自国际收支平衡表中服务项下的"保险和养老金服务"贷方数据;另一部分数据,通过对"旅行"贷方数据的分解计算得到。两部分数据的合计,就是保险服务出口的数据。

(16)租赁和商务服务出口

租赁和商务服务出口是指中国居民向外国居民提供的租赁、律师、公证服务、信息咨询服务,以及广告服务等。

租赁出口根据国际收支平衡表中服务项目的"其它商业服务"的贷方数据计算。

商务服务分两部分计算:一部分以国际收支平衡表中服务项下的"知识产权使用费"和"其他商业服务"的贷方数据的部分比例计算;另一部分数据,通过对"旅行"贷方数据的分解计算得到。两部分数据的合计,就是商务服务出口的数据。

(17)研究与试验发展服务出口

在国际收支平衡表中,"知识产权使用费"是居民和非居民之间经许可使用的无形的非生产或非金融资产和专有权,以及经特许安排使用已问世的原作或原型的行为。在2017年投入产出表编制中,受基础资料限制,难以细到更多的投入产出部门,全部作为研究与试验发展部门的服务出口。资料取自国际收支平衡表中"知识产权使用费"的贷方数据,以及"其他商业服务"项目下的"研究和开发服务"的贷方数据。

(18)公共设施管理服务出口

公共设施管理服务出口是指外国居民在我国境内的公共交通、出租车、公园、动物园、植物园、环境卫生等方面的支出,如车票、门票、卫生管理费等。一部分根据国际旅游收入中"游览"项目数据计算;另一部分根据"旅行"的贷方数据计算,其他部分在实际计算时忽略不计。

(19)教育服务出口

教育服务出口指中国居民教育部门因提供各种教育向外国居民收取的学杂费,不包括聘请家庭教师的支出。在实际计算时,自费来华(包括外国政府出钱)留学生所交纳的学杂费部分根据教育部财务决算资料和自费来华留学生人数计算。计算公式如下:

$$\text{自费来华(包括外国政府出资)留学生所交纳的学杂费部分} = \text{自费来华留学生人数} \times [\text{公费来华留学生经费(扣除生活费)} \div \text{公费来华留学生人数}]$$

其中,自费来华留学生人数包括教委下拨人数和学校自收人数。互派的短期交流学者可认为全部是邀请方出资,与教育服务出口无关。

(20) 广播、电视、电影和影视录音服务出口

广播、电视、电影和影视录音服务出口是指中国广播、电影、电视等部门为外国居民提供服务所获得的收入,既包括外国居民因观看各种表演、电影、购买图书杂志、音像资料,在图书馆进行的各种复印活动等向中国相关机构支付的费用,也包括文化艺术和广播电影电视事业在境外为外国居民提供服务所取得的收入。根据基础资料情况,广播电影电视事业出口仅计算电影、音像出口,根据国际收支平衡表中服务项目的"知识产权使用费"贷方数据的一定比例以及"个人、文化和娱乐服务"下的"视听和相关服务"项目的贷方数据一定比例计算;其他方面的出口,因缺乏基础资料,按零处理。

(21) 娱乐服务出口

娱乐服务出口指中国酒吧、游乐场等娱乐场所为外国居民提供服务所获得的收入。一部分取自国际旅游收入构成的"娱乐"项目;另一部分根据国际收支平衡表"个人、文化和娱乐服务"贷方数据计算。

(22) 公共管理和社会组织服务出口

公共管理和社会组织服务进口是指我国政府、社会团体或非营利组织提供公共服务向外国居民收取的费用。根据国际收支平衡表中服务项下的"别处未提及的政府服务"贷方数据。

除上述的出口活动外,其他服务部门出口因缺乏基础资料,在编制投入产出表时,暂时都按零处理。

第五章
流通费用矩阵编制方法

流通费用矩阵是编制投入产出表的一个重要内容。在编制投入产出表时,根据基础资料编制的是按购买者价格计算的投入产出表(以下简称购买价表),通过编制流通费用矩阵,并对购买价表进行流通费用扣减和调整,就得到按生产者价格计算的投入产出表(以下简称生产价表)。本章将详细介绍流通费用矩阵编制的方法。

第一节 各部门流通费的计算

一、应扣的总流通费用

流通费用是指产品流通过程中产生的各种费用,流通费用的发生与货物的销售和运输相关,由于提供服务一般不涉及销售和运输过程,因此,只有货物部门需要扣减流通费用。流通费用包括商业毛利和运输费用。流通费用总额等于各个流通部门的总产出及进口之和,减去购买者价格表中已经体现为流通部门的中间使用和最终使用部分的数据。

2017 年全国投入产出表的流通部门包括批发、零售、铁路货物运输和运输辅助活动、道路货物运输和运输辅助活动、水上货物运输和运输辅助活动、航空货物运输和运输辅助活动、管道运输、多式联运和运输代理、装卸搬运和仓储、邮政。

购买价表中某个流通部门 c 的流通费用记为 Z_c,全社会的流通费用总额 Z 为各个流通部门的对应数据之和,即:

$$Z = \sum_c Z_c$$

二、计算流通费率

流通费用矩阵包括各货物部门的中间使用及最终使用部分所产生的流通费用,按不同的流通费率分别计算。

(一)商业流通费率

商业流通费率是指批发业和零售业企业销售商品的毛利率。各类商品的商业流通费率分别等于 2017 年全国投入产出调查中的"批发和零售业企业毛利额汇总表"(投 327 表)中,各类商品毛利额除以相应的业务收入。对于批发和零售业,可根据毛利额表分别计算。

核算方法为:记某类商品的毛利额为 y_i,主营业务收入为 q_i,则商业费率 r_{ic} 为:$r_{ic} = \dfrac{y_i}{q_i}$,某个投入产出部门的商业费率用该类商品商业费率替代,由于商品分类少于投入产出部门数,可能会出现几个投入产出部门共用一个商业费率的情况。批发业和零售业的核算方法是相同的。

(二)运输流通费率

运输流通费率指商品购买者对外支付的运输费占购进产品总额(含流通费)的比率。各产品不同运输类型的流通费率可根据《2017 年全国投入产出调查方案》中"运输费构成汇总表"(投 366 表)中的相关数据计算得到。

核算方法为：根据"运输费构成汇总表"（投 366 表），对于某类产品某种具体的运输费率，设其对外支付的某一种运输费为 y_i，当年购进物资总额（或者产品销售总额）为 q_i，则运输费率 r_{ic} 为：

$$r_{ic} = \frac{y_i}{q_i}$$

（三）总流通费率

总流通费率是指某一货物部门 i 对应各类不同的流通费率之和，将部门 i 的各类流通费率 r_{ic} 加在一起就是 i 部门的总流通费率 R_i，用公式表式为：

$$R_i = \sum_c r_{ic}$$

表 5.1 通过流通费率的计算示例，展示了如何利用调查资料得到所需的各部门商业流通费率。

表 5.1 流通费率计算示例表

货物部门	批发业			零售业			商业流通费率	运输流通费率	总流通费率
	毛利额	主营业务收入	流通费率	毛利额	主营业务收入	流通费率			
	(1)	(2)	(3)=(1)/(2)	(4)	(5)	(6)=(4)/(5)	(7)=(3)+(6)	(8)	(9)=(7)+(8)
Ⅰ	5	100	0.05	5	100	0.05	0.10	0.10	0.20
Ⅱ	10	200	0.05	30	200	0.15	0.20	0.05	0.25
Ⅲ	70	700	0.10	70	700	0.10	0.20	0.10	0.30

三、计算各部门初步流通费用

在购买价表中，某些部门的部分产出使用去向是不含流通费用的，例如农村居民对农产品的自给性消费、畜牧业存货的增加等，在实际计算各部门流通费用时要考虑这些因素。

假设 i 部门的生产者价格总产出为 X_i，该部门不含流通费的产出流量为 x_i，对于该部门总流通费用 sz_i，有以下关系式成立：

$$sz_i = R_i \cdot [(X_i + sz_i) - x_i]$$

即该部门的总流通费用 sz_i 等于该部门购买者价格的总产出（$X_i + sz_i$），减去不需扣除流通费的流量 x_i，再乘以本部门的总流通费率 R_i。

由上式推算得到：

$$sz_i = \frac{R_i \cdot (X_i - x_i)}{1 - R_i}$$

sz_i 就是计算得到的各部门初步流通费用，下面将用其作为各部门的权数，把全社会的总流通费用 Z 分到各投入产出部门中。

四、计算各类流通费用

（一）各部门总流通费用

上述计算各部门初步流通费用 sz_i 时，所使用的流通费率 R_i 是通过调查资料获得的。通过它计算得到的各部门流通费合计数可能与全社会总流通费用不一致，即理论上的 $Z = \sum_i sz_i$ 关系式可能不成立。因此我们以各部门流通费用 sz_i 为比例（权重），以全社会总流通费用 Z 为控制数，计算得到各货物部门（i 部门）的实际流通费用 Z_i。计算公式为：

$$Z_i = Z \cdot \frac{sz_i}{\sum_i sz_i}$$

假设某货物部门 i 的生产者价格总产出为 X_i，那么 $X_i + Z_i$ 就是 i 部门的购买者价格总使用，也是购买者价格表进行平衡时的行控制数。

表 5.2 为各部门流通费用的计算示例，展示了如何从表 5.1 得到的各部门流通费率计算各部门的流通费用。其中，流通费率来自表 5.1 计算得到。

表 5.2 各部门流通费用计算示例表

	指标	货物部门Ⅰ	货物部门Ⅱ	货物部门Ⅲ
(1)	全社会总流通费用 Z		720.0	
(2)	流通费率 R_i	0.2	0.25	0.3
(3)	生产者价总使用 X_i	500.0	800.0	1000.0
(4)	其中：不含流通费的流量 x_i	20.0	20.0	20.0
(5)=(3)-(4)	其中：含流通费用的流量	480.0	780.0	980.0
(6)=$\frac{(2)\times(5)}{1-(2)}$	初步流通费用 sz_i	120.0	260.0	420.0
(7)=$\frac{(6)}{\sum(6)}$	初步流通费用占比(%)	15.0	32.5	52.5
(8)=(1)×(7)	各部门流通费用 Z_i	108.0	234.0	378.0

(二) 各部门分类流通费用

各部门的流通费用 Z_i 中包含的商业或运输费情况，需要以该部门流通费用 Z_i 为总数，结合该部门调查的各种流通费率，计算该部门具体类型的流通费初步数据。

表 5.3 利用流通部门分配的示例表，展示了如何将货物部门的总流通费用分配到商业流通部门以及运输流通部门中，商业流通部门中的批发业和零售业之间的分配以及运输流通部门中各运输方式之间的分配也是同样的。流通费用按流通费率比例分配。

表 5.3 流通部门分配示例表

	部门流通费用	商业流通费率占比(%)	运输流通费率占比(%)	商业流通费用	运输流通费用
	(1)	(2)	(3)	(4)=(1)×(2)	(5)=(1)×(3)
货物部门Ⅰ	108	50	50	54.0	54.0
货物部门Ⅱ	234	80	20	187.2	46.8
货物部门Ⅲ	378	67	33	252.0	126.0

第二节 流通费用矩阵的编制方法

一、部门流通费用的 RAS 平衡方法

上节计算的各部门流通费用是在一定的比例假定条件下获得的，因此对每一个具体的流通部门，各部门计算得到的该类流通费用汇总数与该流通部门的外购商品总流通费用数可能不一致。因此，需要对计算得到的各部门流通费用进行调整。

对各类流通费用的调整可以使得各部门计算得到的该类流通费用汇总数与该流通部门的外购商品总流通费用数一致。投入产出部门（i 部门）的流通费用 Z_i 可能会发生变化，在调整过程中需要对几方面的数据同时遵循以下几方面原则。

一是各投入产出部门的流通费用合计不变,二是所有投入产出部门的某一类流通费用合计应等于该流通部门的外购商品总流通费用。最终调整结果为:某投入产出部门 i 的某一流通费用部门 c 的流通费用 z_{ic} 满足下述两式:

$$Z_i = \sum_c z_{ic}$$

$$Z_c = \sum_i z_{ic}$$

RAS调整所使用的表格形式如表5.4所示。

表5.4　RAS调整表结构示例

	批发和零售利润	铁路运输费用	…	小计	列控制数
货物部门1	—	—		—	
货物部门2	—	—		—	
…					
小计	—	—		—	
行控制数					

二、构建流通费用矩阵

将上述计算的各类流通费用分配到各货物部门的中间使用和最终使用中,得到与投入产出表第Ⅰ、Ⅱ象限结构一致的流通费用矩阵。其中隐含了一些等比例假设,重要的一个假设是:不同部门购买的某一给定部门货物的单位价值中所包含的流通费均相等,即平均流通费率假设。

需要说明的是,出口商品是按离岸价格计算的,包含了从厂商到口岸的流通费用,为了得到生产者价格的出口,也需要扣除其中的流通费用。进口商品是按到岸价格计算的,不需要扣除流通费。建筑和服务各部门的产品一般不存在流通费用。

表5.5和表5.6展示了流通费用分配到各列的比重是怎么计算的,以及流通费用怎么分配到中间使用和最终使用的各部分。首先,按照购买价表中第Ⅰ、Ⅱ象限中间使用、最终使用构成部分原有数值,计算各构成部分占总使用的比重,再将计算出来的各类流通费用在其中进行分配,最终形成共10个各类流通费用矩阵。需要注意的是,表5.6中各货物部门的运输流通费用是RAS平衡后的结果。

表5.5　购买价表(Ⅰ、Ⅱ象限)及比重计算示例表

	货物部门Ⅰ	货物部门Ⅱ	货物部门Ⅲ	最终消费支出	资本形成总额	出口	总使用
货物部门Ⅰ	100	200	200	300	200	100	1100
货物部门Ⅱ	200	100	100	200	350	150	1100
货物部门Ⅲ	300	400	500	500	1000	300	3000
占总使用比重(%)	货物部门Ⅰ	货物部门Ⅱ	货物部门Ⅲ	最终消费支出	资本形成总额	出口	总使用
货物部门Ⅰ	9.09	18.18	18.18	27.27	18.18	9.09	100
货物部门Ⅱ	18.18	9.09	9.09	18.18	31.82	13.64	100
货物部门Ⅲ	10.00	13.33	16.67	16.67	33.33	10.00	100

表5.6　运输流通费用计算示例表

	货物部门Ⅰ	货物部门Ⅱ	货物部门Ⅲ	最终消费支出	资本形成总额	出口	运输流通费用
货物部门Ⅰ	4.91	9.82	9.82	14.73	9.82	4.91	54.00
货物部门Ⅱ	8.51	4.25	4.25	8.51	14.89	6.38	46.80
货物部门Ⅲ	12.60	16.80	21.00	21.00	42.00	12.60	126.00
运输流通部门	−26.02	−30.87	−35.07	−44.24	−66.71	−23.89	−226.80

三、有关说明

表 5.6 所示的流通费用矩阵中,流通部门在矩阵中赋值为各货物部门该类型费用的加总,以负值体现。这一赋值是为了保证各类流通费用总计为 0,即总产出在购买价和生产价表中保持不变。在编制的流通费用矩阵中,货物部门所在行的数据为正值,流通部门所在行的数据为负值,其他服务部门所在行的数据均为零。

编制投入产出表时,先编制按购买者价格计算的投入产出表,然后对购买者价格表进行平衡调整,再从平衡的购买者价格表中扣减流通费用矩阵,得到生产者价格投入产出表。

另外,由于邮政部门逐渐发展为以快递业务为主,2017 年投入产出表将邮政部门视为运输流通部门,流通费用的计算与其他运输部门类似。

第六章
投入产出表若干特殊问题的处理

第一节 关于投入产出表的价格和税

在 2008 年 SNA 中,投入产出表以基本价格展示(表 6.1),其中总增加值(GVA)也是基本价格,和 GDP 的差异为产品税净额。

表 6.1 SNA 基本价格投入产出表

(来自于 2008SNA 表 28.6)

	产品部门	消费	资本形成总额	出口	基本价格国内供给/进口
国内投入	基本价格	基本价格	基本价格	基本价格	
进口(到岸价)					
产品税净额					
小计					
增加值(基本价)					
总投入	基本价格				

2017 年投入产出表按中国的生产者价格编制,由于中国的生产者价格与 SNA 定义的生产者价格存在差异,包含了不可抵扣增值税,投入产出表的处理经常引起一些误解,因此就 2017 年投入产出表的处理特别加以说明。

首先,从形式上,如果编制 SNA 生产者价格的投入产出表,需要对表 6.1 各部分进行调整,先得到表 6.2 形式上的投入产出表。

表 6.2 SNA 生产者价格投入产出表(表式)

	产品部门	最终消费支出	资本形成总额	出口	进口(到岸价)	进口税调整	不可抵扣增值税调整	商业和运输费用调整	生产者价格国内供给
中间投入	购买者价格	购买者价格	购买者价格	购买者价格					
增加值	生产者价格								
总投入	生产者价格								

从行平衡的关系上来说,购买者价格的中间使用和最终消费支出、资本形成总额以及出口的合计是购买者价格的总使用,等于购买者价格的总供给,即生产者价格的国内供给加上进口(到岸价)、进口税调整、不可抵扣增值税、商业和运输调整。由此,落实到中国的生产者价格,从列方向上,需要在各产品部门的增加值和总投入中都进行不可抵扣增值税和进口税净额的调整,这样各产品部门的增加值合计就等于

GDP。同时,行方向上,为了保持投入产出表中各部门总投入等于总产出的关系,也要在 SNA 生产者价格产出的基础上,对不可抵扣增值税和进口税净额进行调整。因此得到表 6.3 形式的中国生产者价格的投入产出表。

表 6.3 中国生产者价格投入产出表

	产品部门	最终消费支出	资本形成总额	出口	进口(到岸价)	商业和运输费用调整	国内供给(中国生产者价格)
中间投入	购买者价格	购买者价格	购买者价格	购买者价格			
增加值(中国生产者价格)	含不可抵扣增值税+进口税净额						
总投入	生产者价格(含不可抵扣增值税及进口税净额)						

如表 6.3 所示,按中国生产者价格计算的投入产出表中,产品部门所包括的生产税,从概念和口径上与 GDP 生产核算的处理之间存在一定差异。例如 GDP 生产核算中,进口相关的关税、增值税和消费税,以及出口退税完全都体现在批发业行业。但是对于产品部门而言,则是在每一个相关的产品中都体现有关的税收数据,这样处理也更加符合投入产出表产品部门的概念。

第二节 关于一些特殊处理的说明

在投入产出表编制过程中,既要考虑到和历史方法和数据的衔接,同时也要考虑新的核算方法和标准的变化,因此我们对一些问题进行了特殊的处理。

一、关于研发支出资本化的处理

2017 年投入产出表编制遵循 2008 年 SNA 和 2016 年中国国民经济核算体系的原则,将能够为所有者带来经济利益的研究与开发支出,计入产出并作为固定资本形成。

从产业部门角度,各部门产出中都包含研发活动。为了数据协调统一,将各产业部门的研发活动都调整为研究与试验发展产业部门的主产品。从产品部门角度,研发部门的产出将比以往年份急剧扩大,同时研发部门的固定资本形成数据也会有较大的增加;其他产品部门的产出等影响并不显著。

另外,在投入产出调查中获取的某些产品部门的研发支出数据,不再转换分解为该部门的中间投入或者初始投入。各部门调查数据的转换分解过程中,将各部门的研发活动产出以及相应支出归并到研究和试验发展部门。各投入产出产品部门体现的产出数据,不包括原附属的研发产出,这也符合投入产出表对产品部门同质性的要求。

二、关于废品废料的处理说明

2017 年投入产出表中,"废旧资源和废弃材料加工品"部门由两部分组成:一是《国民经济行业分类(2017)》中的"废弃资源综合利用业",二是投入产出核算中的"虚拟废品废料"。

其中,"废弃资源综合利用业"部分,核算方法与其他工业部门相同。投入产出核算中的"虚拟废品废料",总量来自于投入产出平衡过程中,废旧资源和废弃材料加工品部门的行方向差异,这一部分计入该部门的总投入和增加值中营业盈余项。

三、与 GDP 数据的差异

本表中的增加值合计与 2017 年生产法 GDP 数据略有差异,主要原因是废旧资源和废弃材料加工品部门中"虚拟废品废料"的特殊处理,除此之外,增加值合计数与 GDP 总量保持一致。从各产品部门的增加值来看,由于农业部门假定产品部门和产业部门具有同质性,因此农林牧渔各部门增加值与 GDP 生产核算中对应行业的增加值保持一致;其余产品部门的增加值及产出数据,与 GDP 生产核算中对应行业的数据存在一定差异,这是由于产品部门和产业部门口径的不同,即使二者名称接近或相同,数据也并不一定相等。

本表中的最终使用各项,与 2017 年支出法 GDP 核算相应数据略有差异。主要原因是,2017 年投入产出表在编制中,利用供给使用核算框架,对生产法和支出法 GDP 数据进行了协调性处理。

附件1
2017年投入产出产品部门分类名称及代码

产品部门代码	产品部门名称
01001	农产品
02002	林产品
03003	畜牧产品
04004	渔产品
05005	农、林、牧、渔服务产品
06006	煤炭开采和洗选产品
07007	石油和天然气开采产品
08008	黑色金属矿采选产品
09009	有色金属矿采选产品
10010	非金属矿采选产品
11011	开采辅助活动和其他采矿产品
13012	谷物磨制品
13013	饲料加工品
13014	植物油加工品
13015	糖及糖制品
13016	屠宰及肉类加工品
13017	水产加工品
13018	蔬菜、水果、坚果和其他农副食品加工品
14019	方便食品
14020	乳制品
14021	调味品、发酵制品
14022	其他食品
15023	酒精和酒
15024	饮料
15025	精制茶
16026	烟草制品
17027	棉、化纤纺织及印染精加工品
17028	毛纺织及染整精加工品
17029	麻、丝绢纺织及加工品
17030	针织或钩针编织及其制品

续表1

产品部门代码	产品部门名称
17031	纺织制成品
18032	纺织服装服饰
19033	皮革、毛皮、羽毛及其制品
19034	鞋
20035	木材加工和木、竹、藤、棕、草制品
21036	家具
22037	造纸和纸制品
23038	印刷和记录媒介复制品
24039	工艺美术品
24040	文教、体育和娱乐用品
25041	精炼石油和核燃料加工品
25042	煤炭加工品
26043	基础化学原料
26044	肥料
26045	农药
26046	涂料、油墨、颜料及类似产品
26047	合成材料
26048	专用化学产品和炸药、火工、焰火产品
26049	日用化学产品
27050	医药制品
28051	化学纤维制品
29052	橡胶制品
29053	塑料制品
30054	水泥、石灰和石膏
30055	石膏、水泥制品及类似制品
30056	砖瓦、石材等建筑材料
30057	玻璃和玻璃制品
30058	陶瓷制品
30059	耐火材料制品
30060	石墨及其他非金属矿物制品
31061	钢
31062	钢压延产品
31063	铁及铁合金产品
32064	有色金属及其合金
32065	有色金属压延加工品
33066	金属制品
34067	锅炉及原动设备
34068	金属加工机械
34069	物料搬运设备

续表2

产品部门代码	产品部门名称
34070	泵、阀门、压缩机及类似机械
34071	文化、办公用机械
34072	其他通用设备
35073	采矿、冶金、建筑专用设备
35074	化工、木材、非金属加工专用设备
35075	农、林、牧、渔专用机械
35076	其他专用设备
36077	汽车整车
36078	汽车零部件及配件
37079	铁路运输和城市轨道交通设备
37080	船舶及相关装置
37081	其他交通运输设备
38082	电机
38083	输配电及控制设备
38084	电线、电缆、光缆及电工器材
38085	电池
38086	家用器具
38087	其他电气机械和器材
39088	计算机
39089	通信设备
39090	广播电视设备和雷达及配套设备
39091	视听设备
39092	电子元器件
39093	其他电子设备
40094	仪器仪表
41095	其他制造产品
42096	废弃资源和废旧材料回收加工品
43097	金属制品、机械和设备修理服务
44098	电力、热力生产和供应
45099	燃气生产和供应
46100	水的生产和供应
47101	房屋建筑
48102	土木工程建筑
49103	建筑安装
50104	建筑装饰、装修和其他建筑服务
51105	批发
52106	零售
53107	铁路旅客运输
53108	铁路货物运输和运输辅助活动
54109	城市公共交通及公路客运

续表3

产品部门代码	产品部门名称
54110	道路货物运输和运输辅助活动
55111	水上旅客运输
55112	水上货物运输和运输辅助活动
56113	航空旅客运输
56114	航空货物运输和运输辅助活动
57115	管道运输
58116	多式联运和运输代理
59117	装卸搬运和仓储
60118	邮政
61119	住宿
62120	餐饮
63121	电信
63122	广播电视和卫星传输服务
64123	互联网和相关服务
65124	软件服务
65125	信息技术服务
66126	货币金融和其他金融服务
67127	资本市场服务
68128	保险
70129	房地产
71130	租赁
72131	商务服务
73132	研究和试验发展
74133	专业技术服务
75134	科技推广和应用服务
76135	水利管理
77136	生态保护和环境治理
78137	公共设施及土地管理
80138	居民服务
81139	其他服务
83140	教育
84141	卫生
85142	社会工作
86143	新闻和出版
87144	广播、电视、电影和影视录音制作
88145	文化艺术
89146	体育
90147	娱乐
94148	社会保障
91149	公共管理和社会组织

附件 2
2017 年投入产出产品部门分类解释

代码	产品部门名称	包括范围
01001	农产品	指种植的各种农作物产品。(一)谷物。1.稻谷。2.小麦。3.玉米。4.其他谷物。(二)豆类、油料和薯类。1.豆类。2.油料。3.薯类。(三)棉、麻、糖、烟草。1.棉花。包括籽棉、棉花杆和其他棉花。2.麻类。3.糖料。4.烟草。(四)蔬菜、食用菌及园艺作物。1.蔬菜。2.食用菌。3.花卉。4.其他园艺作物。(五)水果。1.仁果类和核果类水果。2.葡萄。3.柑橘类水果。4.香蕉等亚热带水果。5.其他水果。(六)坚果、含油果、香料和饮料作物。1.坚果。2.含油果。3.香料作物。4.茶叶。5.其他饮料作物。(七)中药材。1.中草药。2.其他中药材。(八)种植草及割草。1.种植草。2.天然草原割草。(九)其他农作物。包括:水生植物类、部分农作物副产品和其他农作物副产品。
02002	林产品	(一)林木育种和育苗。1.林木育种。2.林木育苗。(二)造林和更新。包括:人工造林服务、飞播造林服务和其他造林服务。(三)森林经营、管护和改培。1.森林经营和管护。包括:从幼林郁闭成林到林分成熟前根据培育目标所采取的抚育采伐、补植、修枝、除草、割灌(藤)、浇水、施肥、人工促进天然更新等各种森林抚育措施;对林木进行的松土、培蔸、割灌、除草等管护活动;其他未列明的森林经营和管护活动。2.森林改培。包括:树种结构调整;补植补播;封山育林;林分抚育;嫁接复壮等营林措施;其他未列明的森林改培活动。(四)木材和竹材采运。1.木材采运。2.竹材采运。(五)林产品采集。1.木材竹林产品采集。2.非木竹材林产品采集。
03003	畜牧产品	指通过动物饲养、捕捉活动而获得的各种畜禽产品。(一)牲畜。1.牛饲养产品。包括:牛,生牛奶,同一农(牧)场或农户生产加工的生牛奶以及奶酪、黄油等,同一农(牧)场或农户生产加工的牛毛,牦牛毛(牦牛绒)。2.马饲养产品。包括:马,马毛,生马奶,同一农(牧)场或农户生产加工的生马奶,同一农(牧)场或农户生产加工的马毛,整张生马皮。3.猪饲养产品。包括猪,生皮(部分),猪鬃。4.羊饲养产品。包括:绵羊,山羊,能繁殖母羊,羔羊,绵羊毛(部分),山羊绒,整张羔羊生毛皮,制刷用山羊毛,同一农(牧)场或农户生产加工的生羊奶,同一农(牧)场或农户生产加工的绵羊毛、山羊毛、制刷用山羊毛,以及羔羊整张毛皮。5.骆驼饲养产品。包括:骆驼,骆驼毛,同一农(牧)场或农户生产加工的骆驼毛,其他骆驼的饲养产品及相关初级产品。6.其他牲畜饲养产品。包括:驴,骡,其他活牲畜,同一农(牧)场或农户生产加工的其他牲畜毛。(二)家禽。1.鸡饲养产品。包括:蛋鸡,雏鸡,肉鸡,其他活鸡和鸡蛋。2.鸭饲养产品。包括:雏鸭,成鸭,鸭蛋。3.鹅饲养产品。包括:雏鹅,成鹅,鹅蛋。4.其他家禽饲养产品。包括:活火鸡,活珍珠鸡,其他活家禽,禽蛋(部分)。(三)狩猎和捕捉动物。包括:为动物园和供观赏等目的捕获动物的活动,野生动物,野生鸟类,爬行动物,来自猎取和捕捉活动中的兽皮和爬行动物、鸟类毛皮等的生产,整张爬行动物皮,整张狐生毛皮,其他捕获野生动物和有关的服务活动。(四)其他畜牧业产品。1.兔饲养产品。包括:种用家兔,非种用家兔(毛兔、皮兔、肉兔)。2.蜜蜂饲养产品。包括:蜜蜂,天然蜂蜜,蜂蜡,鲜蜂王浆,其他天然蜂蜜及副产品。3.其他未列明畜牧业产品。包括:蚕茧,驯鹿,梅花鹿,麝,狐,貂,其他动物毛类,其他动物生皮,其他动物生毛皮,其他畜禽产品,其他未列明饲养动物。

续表1

代码	产品部门名称	包括范围
04004	渔产品	(一)养殖水产品。1.海水养殖产品。2.内陆养殖产品。(二)捕捞水产品。1.海水捕捞产品。2.内陆捕捞产品。
05005	农、林、牧、渔服务产品	指对农、林、牧、渔业生产活动进行的各种支持性服务活动,但不包括各种科学技术和专业技术服务活动。(一)农业专业及辅助性服务。1.种子种苗培育服务。2.农业机械服务。3.灌溉服务。4.农产品初加工服务。5.农作物病虫害防治服务。6.其他农业专业及辅助性服务。(二)林业专业及辅助性服务。1.林业有害生物防治服务。2.森林防火服务。3.林产品初级加工服务。4.其他林业专业及辅助性服务。(三)畜牧专业及辅助性服务。1.畜牧良种繁殖服务。2.畜禽粪污处理服务。3.其他畜牧专业及辅助性服务。(四)渔业专业及辅助性服务。1.鱼苗及鱼种场服务。2.其他渔业专业及辅助性服务。
06006	煤炭开采和洗选产品	指通过开采、洗选、分级等生产活动获得的煤炭产品。(一)烟煤和无烟煤。包括:无烟煤,无烟煤洗块煤、烟煤洗块煤,无烟煤洗粒级煤、烟煤洗粒级煤,无烟煤洗混末煤、烟煤洗混末煤,无烟煤洗中煤、烟煤洗中煤,无烟煤筛选块煤、烟煤筛选块煤,洗精煤,烟煤。(二)褐煤。包括:褐煤,褐煤洗块煤,褐煤洗粒级煤,褐煤洗混末煤,褐煤洗中煤,褐煤筛选块煤。(三)其他煤炭。包括:泥炭(泥煤),石煤,风化煤,煤矸石,其他未列明煤炭采选产品。
07007	石油和天然气开采产品	指在陆地或海洋,对天然原油、液态或气态天然气的开采产品,对煤矿瓦斯气(煤层气)的开采产品;为运输目的所进行的天然气液化和从天然气田气体中生产液化烃的活动,还包括对含沥青的页岩或油母页岩矿的开采产品,以及对焦油沙矿进行的同类作业。(一)石油开采产品。1.陆地石油开采产品。2.海洋石油开采产品。(二)天然气开采产品。1.陆地天然气开采。2.海洋天然气及可燃冰开采产品。
08008	黑色金属矿采选产品	(一)铁矿。包括:铁矿石原矿,铁矿石成品矿,人造富铁矿(已烧结铁矿)。(二)锰矿、铬矿。包括:锰矿石原矿,锰矿石成品矿,锰矿石,人造富锰矿,铬矿石原矿,铬矿石成品矿,人造富铬矿。(三)其他黑色金属矿。包括:钒原矿,钒精矿,其他未列明黑色金属矿。
09009	有色金属矿采选产品	指采选的常用有色金属矿、贵金属矿,以及稀有稀土金属矿。(一)常用有色金属矿。1.铜矿。2.铅锌矿。3.镍钴矿。4.锡矿。5.锑矿。6.铝矿。7.镁矿。8.其他常用有色金属矿。(二)贵金属矿。1.金矿。2.银矿。3.其他贵金属矿。(三)稀有稀土金属矿。1.钨钼矿。2.稀土金属矿。3.放射性金属矿。4.其他稀有金属矿。
10010	非金属矿采选产品	(一)土沙石开采产品。1.石灰石、石膏。2.建筑装饰用石。3.耐火土石。4.粘土及其他土砂石。(二)化学矿开采产品。包括:硫铁矿、磷矿石,钾矿,硼矿,硫磺矿,重晶石,毒重石,冰晶石,冰洲晶石,硫镁矾矿,蛇纹石,天青石,天然碱,芒硝矿,天然硝石,明矾石,砷矿,其他化学矿。(三)采盐产品。包括:海盐,湖盐,井盐,矿盐,其他原盐。(四)石棉及其他非金属矿采选产品。1.石棉、云母矿。2.石墨、滑石。3.宝石、玉石。4.其他未列明非金属矿。
11011	开采辅助活动和其他采矿产品	(一)开采专业及辅助性服务。指为煤炭、石油和天然气等矿物开采提供的服务。1.煤炭开采和洗选专业及辅助性服务。包括:煤炭的勘探服务,在收费或合同基础上进行的煤矿的排水和泵吸活动,煤矿的试井与试钻。2.石油和天然气开采专业及辅助性服务。包括:石油和天然气开采相关的勘探活动,定向钻井和再钻,"掘进",井架的架设、修复和拆除,油气井套管的胶接,油气井的泵送,油气井的封堵和放弃等,在收费或合同基础上进行的排水和泵吸活动,与石油或天然气开采相关的试钻。3.其他开采专业及辅助性服务。包括:其他矿的勘探服务,如采集矿石样本、地质观察等传统勘探方法,在收费或合同基础上进行的其他矿的排水和泵吸活动,其他矿的试井与试钻。(二)其他采矿产品。指对地热资源、矿泉水资源以及其他未列明的自然资源的开采产品,但不包括利用这些资源建立的热电厂和矿泉水厂的活动。包括:地热,天然水和其他未列明矿产品。

续表2

代码	产品部门名称	包括范围
13012	谷物磨制品	指将稻谷、小麦、玉米、谷子、高粱等谷物去壳、碾磨，加工为成品粮的生产活动产品。1. 稻谷加工品。指去壳、碾磨成大米或大米粉的稻谷。包括：粗磨大米，精米，糙米，碎米，大米细粉。2. 小麦加工品。包括：小麦粉，小麦专用粉，粗磨小麦。3. 玉米加工品。包括：玉米细粉，粗磨玉米，未烘烤的玉米爆米花半成品，玉米片。4. 杂粮加工品。包括：杂粮细粉，碾磨、脱壳谷物，粗磨杂粮，谷物加工制品，干豆粉，未烘烤的类似爆米花谷物半成品，谷物磨制后残余物。5. 其他谷物磨制品。包括：其他未列明谷物细粉，其他碾磨、脱壳谷物，其他粗磨谷物。
13013	饲料加工品	（一）宠物饲料加工品。包括：一般宠物饲料，宠物深加工食品。（二）其他饲料加工品。包括：配合饲料，浓缩饲料，添加剂预混合饲料，混合饲料，单一饲料，动物源性饲料，饲料用水产品渣粉，树叶饲料粉（针叶维生素粉）、林产饲料添加剂（松针活性物饲料添加剂、松针膏、杨树皮提取物饲料添加剂）、糖化饲料等林产饲料，饲草。
13014	植物油加工品	（一）食用植物油。指用各种食用植物油料生产的油脂，以及精制食用油。包括：毛油（初榨植物油），精制食用植物油，其他食用油脂，植物油分离制品（可食用），精制棕榈油（食用）、精制椰子油（食用）、亚麻子油（食用），棉籽绒，油渣饼及其他食用油加工的副产品。（二）非食用植物油。指用各种非食用植物油料生产的油脂。包括：初榨非食用植物油，精制非食用植物油，植物油分离制品，植物油脂加工产品。
13015	糖及糖制品	指以甘蔗、甜菜等为原料制作的成品糖，以及以原糖或砂糖为原料精炼加工的各种精制糖。包括：原糖，成品糖，加工糖，糖蜜，其他制糖产品。
13016	屠宰及肉类加工品	（一）牲畜屠宰产品。指对各种牲畜进行宰杀，以及鲜肉冷冻等保鲜产品。包括：对各种牲畜的屠宰产品，鲜、冷藏猪肉、牛肉、羊肉、杂畜肉、兔肉、田鸡腿，其他鲜、冷藏肉，冻的猪肉、牛肉、羊肉、杂畜肉、冻兔肉，其他冻肉，猪杂碎，牛杂碎，羊杂碎，其他可食用动物杂碎，屠宰后的生皮副产品，屠宰后的动物毛类副产品，屠宰后的牲畜骨头。（二）禽类屠宰产品。包括：对各种禽类的屠宰产品，鲜、冷藏鸡肉、鸭肉、火鸡肉、鹅肉、珍珠鸡肉、乳鸽肉，冻鸡肉、冻鸭肉、冻火鸡肉、冻鹅肉、冻珍珠鸡肉、冻乳鸽肉，鸡杂碎，鸭杂碎，鹅杂碎，火鸡杂碎，珍珠鸡杂碎，乳鸽食用杂碎，屠宰后禽类羽毛、羽绒副产品。（三）肉制品及副产品。包括：高温蒸煮香肠制品，低温蒸煮香肠制品，熏肉制品，酱卤烧烤肉制品，腌腊肉制品，干炸肉制品，动物肠衣，动物油脂及加工制品，动物精及汁，含肉类半成品菜肴，同一企业内进行的畜、禽制品的罐装品，其他熟肉制品。
13017	水产加工品	（一）水产冷冻加工品。包括：冷冻鱼，冷冻虾，冷冻蟹，冷冻软体动物，其他冷冻水产品，在船舶上仅从事鱼类加工和保藏的活动，海藻的加工。（二）鱼糜制品及水产品干腌制品。包括：干制水产品，腌渍水产品，熏制水产品，鱼糜（熟肉）制品，甲壳水产品加工品，水产品精、汁制品，水生动植物调味品。（三）鱼油及制品。包括：鱼油、脂，其他水产品油脂制品。（四）其他水产加工品。包括：珍珠粉，其他未列明水产加工品。
13018	蔬菜、水果、坚果和其他农副食品加工品	（一）蔬菜加工品。包括：薯类及类似植物加工品，冷冻蔬菜，暂时保藏蔬菜（原料），干制蔬菜（脱水蔬菜），腌渍菜，冷冻蔬菜半成品，蔬菜沙拉，其他蔬菜加工品。（二）食用菌加工品。包括：冷冻松茸，盐水伞菌属蘑菇，盐水蘑菇及菌类，干蘑菇及块菌（干伞菌属蘑菇、干木耳、干银耳、干香菇、干金针菇、干草菇、干口蘑、干牛肝菌、其他干蘑菇及块菌），非醋腌制蘑菇及块菌（盐渍伞菌属蘑菇、盐渍块菌、其他非醋腌制蘑菇及块菌）。（三）水果和坚果加工品。包括：水果、坚果粉，冷冻水果及坚果，水果酱，坚果酱，果泥，果膏及类似制品，果核及核仁，焙、炒加工坚果及果仁，蒸煮加工坚果及果仁，暂时保藏水果及坚果（原料），其他水果、坚果加工品。（四）淀粉及淀粉制品。包括：淀粉，菊粉，淀粉制品，淀粉糖，面筋，糊精及改性淀粉，在同一企业生产的玉米油，其他淀粉及淀粉制品。（五）豆制品。包括：水豆腐，豆制品，豆浆及豆浆粉。（六）蛋加工品。包括：干蛋品，冰蛋品，再制蛋，卵清蛋白。（七）其他未列明农副食品加工品。包括上述未列明的农副食品加工活动。

续表3

代码	产品部门名称	包括范围
14019	方便食品	(一)米、面制品。包括:面制半成品,米制半成品。(二)速冻食品。包括:速冻包馅米面食品,速冻无馅米面食品。(三)方便面。包括:各类方便面食品,各类干吃面食品。(四)其他方便食品。包括:米面熟制品,干制方便食品,方便菜,其他未列明的方便食品。
14020	乳制品	指以生鲜牛(羊)乳及其制品为主要原料,经加工制成的液体乳及固体如(乳粉、炼乳、乳脂肪、干酪等)制品。(一)液体乳制品。包括:液体乳,灭菌乳,巴氏杀菌乳,调制乳,发酵乳(含酸乳),风味发酵乳。(二)乳粉。包括:全脂乳粉,全脂加糖乳粉,脱脂乳粉,全脂调味乳粉,脱脂调味乳粉,婴幼儿配方乳粉,其他配方乳粉。(三)其他乳制品。包括:炼乳,乳脂肪,干酪(奶酪),干酪素,乳清粉,乳糖,其他固体乳制品。
14021	调味品、发酵制品	(一)味精。包括:加盐味精,增鲜味精。(二)酱油、食醋及类似制品。包括:酱油,酱,特制酱油,食醋,醋精。(三)其他调味品、发酵制品。包括:复合调味品,调味油,调味汁,酱,调味料,芥子粉及其调制品,汤料及其制品,其他复合调味品,活性酵母,非活性酵母,食品用氨基酸,食品用柠檬酸及其盐和酸酯,食品用发酵有机酸,食品用酶制剂。
14022	其他食品	(一)焙烤食品。1. 糕点、面包。2. 饼干及其他焙烤食品制造。(二)糖果、巧克力及蜜饯。1. 糖果、巧克力。2. 蜜饯。(三)罐头食品。1. 肉、禽类罐头。2. 水产品罐头。3. 蔬菜、水果罐头。4. 其他罐头食品。(四)其他食品。1. 营养食品。2. 保健食品。3. 冷冻饮品及食用冰。4. 加工盐。5. 食品及饲料添加剂。6. 其他未列明食品。
15023	酒精和酒	(一)酒精。指用玉米、小麦、薯类等淀粉质原料或用糖蜜等含糖质原料,经蒸煮、糖化、发酵及蒸馏等工艺制成的酒精产品。包括:小麦发酵酒精,薯类发酵酒精,高粱发酵酒精,糖蜜发酵酒精,玉米发酵酒精,其他发酵酒精。(二)白酒。指以高粱等粮谷为主要原料,以大曲、小曲或麸曲及酒母等为糖化发酵剂,经蒸煮、糖化、发酵、蒸馏、陈酿、勾兑而制成的蒸馏酒产品。包括:固态法白酒,半固态法白酒,液态法白酒,固液法白酒和其他白酒。(三)啤酒。指以麦芽(包括特种麦芽)、水为主要原料,加啤酒花,经酵母发酵酿制而成,含二氧化碳、起泡、低酒精度的发酵酒产品(包括无醇啤酒,也称脱醇啤酒)。包括:熟啤酒,生啤酒,特种啤酒,无醇啤酒,其他啤酒,啤酒麦芽。(四)黄酒。指以稻米、黍米、黑米、小麦、玉米等为主要原料,加曲、酵母等糖化发酵剂发酵酿制而成的发酵酒产品。包括:稻米黄酒,非稻米黄酒。(五)葡萄酒。指以新鲜葡萄或葡萄汁为原料,经全部或部分发酵酿制而成,含有一定酒精度的发酵酒产品。包括:干白葡萄酒,半干葡萄酒,半甜葡萄酒,甜葡萄酒,起泡葡萄酒,特种葡萄酒,葡萄白兰地,酿酒葡萄汁。(六)其他酒。包括:果酒,配制酒,其他蒸馏酒,其他酒及酒精专用原辅料。
15024	饮料	(一)碳酸饮料。包括:果汁型碳酸饮料,果味型碳酸饮料,可乐型碳酸饮料,其他碳酸型饮料(汽水)。(二)瓶(罐)装饮用水。包括:饮用天然水,饮用纯净水,饮用矿物质水,其他包装饮用水。(三)果菜汁及果菜汁饮料。包括果汁(浆)、蔬菜汁(浆),浓缩果汁(浆)、浓缩蔬菜汁(浆),果汁饮料、蔬菜汁饮料,果汁饮料浓浆和蔬菜汁饮料浓浆,复合果蔬汁(浆)、复合果蔬汁饮料,果肉饮料,发酵型果蔬汁饮料,水果饮料,其他果汁和蔬菜汁类饮料。(四)含乳饮料和植物蛋白饮料。包括:含乳饮料,植物蛋白饮料,复合蛋白饮料,其他蛋白饮料。(五)固体饮料。包括:果香型固体饮料,蛋白型固体饮料,咖啡固体饮料,以茶叶、菊花及茅根等植物为主要原料,经抽提、浓缩与糖拌匀或不加糖加工制成的制品,以食用包埋剂吸收咖啡或其他植物提取物及其他食品添加剂等为原料加工制成的制品,其他型固体饮料。(六)茶饮料及其他饮料。包括:茶饮料,咖啡饮料,植物饮料,风味饮料,特殊用途饮料,其他未列明软饮料,饮料专用原辅料,运动功能性饮料。

续表4

代码	产品部门名称	包括范围
15025	精制茶	指对毛茶或半成品原料茶进行筛分、轧切、风选、干燥、匀堆、拼配等精制加工茶叶产品。包括：精制茶，茶制品。
16026	烟草制品	（一）复烤烟叶。包括叶片，烟梗，把烟，其他复烤烟叶。（二）卷烟。包括：卷烟，雪茄烟，烟草代用品制雪茄烟，烟草代用品制卷烟，烟用滤嘴棒。（三）其他烟草制品。包括：膨胀烟丝，烟丝，咀嚼烟，鼻烟，蛤蟆烟，烟草精汁，其他未列明烟草制品。
17027	棉、化纤纺织及印染精加工品	（一）棉纺织及印染加工品。1.棉纺纱加工品。2.棉织造加工品。3.棉印染精加工品。（二）化纤织造及印染精加工品。1.化纤织造加工品。2.化纤织物染整精加工品。
17028	毛纺织及染整精加工品	（一）毛条和毛纱线加工品。包括：动物毛条，合成纤维毛条，羊毛纱，混纺羊毛纱，其他毛纱，纯毛绒线，混纺绒线，化学纤维绒线，其他绒线。（二）毛织造加工品。包括：纯毛机织物，毛混纺机织物，化学纤维毛机织物，其他毛机织物，特种羊毛或动物细毛织物，在同一企业内进行的与上述产品生产活动相联系的毛纺织染整或印染有关工序的整理加工产品。（三）毛染整精加工品。包括：毛纱染整加工品，呢绒染整加工品，毛线染整加工品。
17029	麻、丝绢纺织及加工品	（一）麻纺织及染整精加工品。1.麻纤维纺前加工和纺纱产品。2.麻织造加工品。3.麻染整精加工品。（二）丝绢纺织及印染加工品。1.缫丝加工品。2.绢纺和丝织加工品。3.丝印染精加工品。
17030	针织或钩针编织及其制品	（一）针织或钩针编织物。包括：针织"长毛绒"织物、针织毛圈绒头织物，针织起绒织物，针织钩编织物（针织坯布），合成纤维针织钩编物，人造纤维针织钩编物，毛针织钩编物，丝针织钩编物，其他针织钩编物，棉制经编织物（部分），合成纤维制经编织物（部分），人造纤维制经编织物（部分），毛制经编织物，丝及绢丝制经编织物，其他经编织物，棉制纬编织物（部分），合成纤维制纬编织物（部分），人造纤维制纬编织物（部分），毛制纬编织物，丝及绢丝制纬编织物，其他纬编织物。（二）针织或钩针编织物印染精加工品。包括对棉制经编织物（部分），合成纤维制经编织物（部分），人造纤维制经编织物（部分），棉制纬编织物（部分），合成纤维制纬编织物（部分），人造纤维制纬编织物（部分）的印染精加工品。（三）针织或钩针编织品。包括：针织床罩，钩编床罩，棉针织床上用织物制品，化纤针织床上用织物制品，丝针织床上用织物制品，麻针织床上用织物制品，其他针织或钩编相关床上制品，针织台布，钩编台布，针织相关餐桌用制品，钩编相关餐桌用制品，棉针织或钩编窗帘及类似品，合成纤维针织或钩编窗帘及类似品，其他针织或钩编窗帘及类似品。
17031	纺织制成品	（一）家用纺织制成品。1.床上用品。2.毛巾类制品。3.窗帘、布艺类产品。4.其他家用纺织制成品。（二）产业用纺织制成品。1.非织造布。2.绳、索、缆。3.纺织带和帘子布。4.篷、帆布。5.其他产业用纺织制成品。
18032	纺织服装服饰	（一）机织服装。1.运动机织服装。2.其他机织服装。（二）针织或钩针编织服装。1.运动休闲针织服装。2.其他针织或钩针编织服装。（三）服饰。包括：袜子，手套，围巾类，领带，手帕，帽子，吊裤带及类似品，其他未列明纺织服装服饰。
19033	皮革、毛皮、羽毛及其制品	（一）皮革鞣制加工品。包括：鞣制皮革，轻革加工，重革加工，稀有动物皮加工，再生皮革加工。（二）皮革制品。1.皮革服装。2.皮箱、包（袋）。3.皮手套及皮装饰制品。4.其他皮革制品。（三）毛皮鞣制品及制品。1.毛皮鞣制加工品。2.毛皮服装加工品。3.其他毛皮制品。（四）羽毛(绒)加工品及制品。1.羽毛(绒)加工品。2.羽毛(绒)制品。

续表 5

代码	产品部门名称	包括范围
19034	鞋	指纺织面料鞋、皮鞋、塑料鞋、橡胶鞋及其他各种鞋。(一)纺织面料鞋。包括:纺织面鞋,木制鞋,舞蹈、戏剧用靴鞋(部分),靴鞋零件、护腿及类似品(部分)。(二)皮鞋。包括:皮面皮鞋,合成革人造革鞋,皮制舞蹈、戏剧用靴鞋,各类职业皮劳保鞋(靴)等,皮鞋面及其零件、配件等,活动式鞋内底、跟垫(鞋垫)及类似品。(三)塑料鞋。包括:全塑凉鞋、拖鞋、塑料鞋零件、护腿及类似品,其他塑料鞋。(四)橡胶鞋。包括:布面胶鞋,胶面胶鞋,橡胶凉鞋、橡胶拖鞋,橡塑防护鞋,其他橡胶制靴鞋。(五)其他鞋。包括其他未列明的鞋及零部件。
20035	木材加工和木、竹、藤、棕、草制品	(一)木材加工品。1.锯材加工品。2.木片加工品。3.单板加工品。4.其他木材加工品。(二)人造板。1.胶合板。2.纤维板。3.刨花板。4.其他人造板。(三)木质制品。1.建筑用木料及木材组件。2.木门窗。3.木楼梯。4.木地板。5.木制容器。6.软木制品及其他木制品。(四)竹、藤、棕、草等制品。1.竹制品。2.藤制品。3.棕制品。4.草及其他制品。
21036	家具	指用木材、金属、塑料、竹、藤等材料制作的,具有坐卧、凭倚、储藏、间隔等功能,可用于住宅、旅馆、办公室、学校、餐馆、医院、剧场、公园、船舰、飞机、机动车等任何场所的各种家具。(一)木质家具。包括:卧室用木质家具,木质坐具,办公室用木质家具,客厅、餐厅用木质家具,厨房用木质家具,其他木质普通家具,木质工艺家具,木质家具零配件。(二)竹、藤家具。包括:竹家具,藤家具,竹家具零配件,藤家具零配件。(三)金属家具。包括:金属制坐具,金属制床,办公室用金属家具,厨房用金属家具,金属架家具,金属家具零配件,其他金属制家具。(四)塑料家具。包括:塑料坐具、塑料桌、塑料柜、塑料架家具,木塑家具,铝塑家具,其他塑料家具,玻璃纤维增强塑料坐具,其他玻璃纤维增强塑料家具,塑料家具零配件。(五)其他家具。包括:软体家具,玻璃家具,石制家具,软体家具零配件,玻璃家具零配件,坐具零配件,花园庭院用木藤铁家居用品,其他家具及配件。
22037	造纸和纸制品	(一)纸浆。1.木竹浆。2.非木竹浆。(二)造纸。1.机制纸及纸板。2.手工纸。3.加工纸。(三)纸制品。1.纸和纸板容器。2.其他纸制品。
23038	印刷和记录媒介复制品	(一)印刷品。1.书、报刊。2.本册。3.包装装潢及其他印刷品。(二)装订及印刷相关服务。包括:装订,排版用活字,印版、滚筒。(三)记录媒介复制品。包括:录音带复制品,录像带复制品,软磁盘复制品,其他磁介质复制品,唱片复制品,光盘复制品,非音像复制品,电影胶片拷贝,其他非磁介质复制品。
24039	工艺美术品	(一)雕塑工艺品。包括:雕刻工艺品,雕刻礼仪用品,塑造工艺品、塑造礼仪用品。(二)金属工艺品。包括:景泰蓝工艺品,珐琅珀晶工艺品,银蓝工艺品,铜制工艺品,铁制工艺品,锡制工艺品,金属制民间刀剑工艺品,金属丝编织工艺品,金属制艺术标牌及类似品,蒙镶工艺品,金属制工艺框架类制品,其他金属工艺品。(三)漆器工艺品。包括:镶嵌漆器工艺品,雕漆漆器工艺品,脱胎漆器工艺品,彩绘雕填漆器工艺品,漆线雕工艺品,刻灰漆器工艺品,漆画工艺品,漆器工艺框架类制品,其他漆器工艺品。(四)花画工艺品。包括:人造花、叶、果实制品,油画、粉画、彩绘、水彩画、国画等绘画作品及其仿制、复制品,雕版画、印制画、石印画,以贝壳、软木、羽毛、麦杆等材料制作而成的各种立体、半立体并配以框架的画(如羽毛画、贝雕画、树皮画、彩蛋画等),版画,邮票画,其他画类工艺品,其他画类工艺礼品。(五)天然植物纤维编织工艺品。包括:竹编工艺品,藤编工艺品,草编工艺品,棕编工艺品,玉米皮编织工艺品,柳编工艺品,葵编工艺品,麻制工艺品,其他天然植物纤维编织工艺品。(六)抽纱刺绣工艺品。包括:图案花边,刺绣工艺品,抽纱手工编结工艺品,手工染织工艺品及机织工艺品,工艺织锦,其他抽纱刺绣工艺品。(七)地毯、挂毯。包括:手工地毯、挂毯,机制地毯、挂毯。(八)珠宝首饰及有关物品。包括:贵金属摆件,贵金属首饰,玉石首饰,珍珠首饰,其他首饰,珠宝首饰类似品,珠宝首饰及类似品半成品。(九)其他工艺美术及礼仪用品。包括:人造纤维编织工艺品,剧装、道具,假发,人体毛发装饰用品,发制品及类似品专用原料,民间工艺品,工艺扇,工艺伞,灯彩、料器,美术人形,节庆庆典用品及相关娱乐用品,其他相关工艺美术品。

续表6

代码	产品部门名称	包括范围
24040	文教、体育和娱乐用品	(一)文教办公用品。1.文具。2.笔。3.教学用模型及教具。4.墨水、墨汁。5.其他文教办公用品。(二)乐器。1.中乐器。2.西乐器。3.电子乐器。4.其他乐器及零件。(三)体育用品。1.球类。2.专项运动器材及配件。3.健身器材。4.运动防护用具。5.其他体育用品。(四)玩具。1.电玩具。2.塑胶玩具。3.金属玩具。4.弹射玩具。5.娃娃玩具。6.儿童乘骑玩耍的童车类产品。7.其他玩具。(五)游艺器材及娱乐用品。1.露天游乐场所游乐设备。2.游艺用品及室内游艺器材。3.其他娱乐用品。
25041	精炼石油和核燃料加工品	(一)精炼石油产品。1.原油加工及石油制品。2.其他原油。(二)核燃料加工品。包括:稀有放射性金属冶炼产品,天然铀及其化合物的溶合、弥散或混合物,浓缩铀及其化合物,钚及其化合物,贫化铀及其化合物,钍及其化合物,其他放射性元素、同位素标记或化合物,用于核反应堆的未受辐射的燃料元件,核燃料提取、浓缩和加工产品,核废物处置。(三)生物质燃料加工品。1.生物质液体燃料。2.生物质致密成型燃料。
25042	煤炭加工品	(一)炼焦产品。包括:煤制焦炭、石油焦(焦炭类)、沥青焦、其他原料生产焦炭、机焦、型焦、土焦、半焦炭、针状焦、其他工艺生产焦炭、矿物焦油。(二)煤制合成气。包括:一氧化碳,氢气,甲烷,其他煤制合成气。(三)煤制液体燃料。包括:煤制甲醇,煤制二甲醚,煤制乙二醇,煤制汽油、柴油和航空燃料等,其他煤制液体燃料。(四)煤制品。(五)其他煤炭加工品。包括:煤质活性炭,其他煤炭加工品。
26043	基础化学原料	(一)无机酸。包括:硫酸类,硝酸类,盐酸,氯磺酸,磷酸,多磷酸,硼酸,氢氰酸,氯化酸,碘酸,氢硫酸,氢溴酸,钨酸,硅酸,硒酸,砷酸,钼酸,偏钛酸,氯铀酸,偏锡酸,溴酸,辛酸亚锡,其他无机酸。(二)无机碱。包括:烧碱,纯碱,碳酸氢钠,碳酸钾,碳酸氢钾,金属氢氧化物。(三)无机盐。包括:非金属卤化物及硫化物,金属硫化物及硫酸盐,金属硝酸盐、亚硝酸盐,金属氧化物酸盐、金属过氧化物酸盐,磷化物、金属磷酸盐,氟化物及其盐,氯化物及其盐,氯氧化物及氢氧基氯化物,溴化物及其盐,碘化物及其盐,氰化物、氧氰化物及氰络合物,硅化物、硅酸盐、硼化物、硼酸盐、过硼酸盐、碳化物及碳酸盐,贵金属化合物,稀土化合物,氢化物、氮化物、叠氮化物,其他无机盐。(四)有机化学原料。包括:改性乙醇(部分),生物能源(部分),无环烃,环烃,无环烃饱和氯化衍生物,无环烃不饱和氯化衍生物,无环烃氟化、溴化或碘化衍生物,含不同卤素无环烃卤化衍生物,芳香烃卤化衍生物,烃磺化、硝化或亚消化衍生物,无环醇及其衍生物,环醇,酚,酚及酚醇衍生物,羧酸及其衍生物,氨基化合物,含氮基化合物,醚,醚醇,醚酚及醚醇酚,过氧化醇、过氧化醚及过氧化酮,醛,醛醇,醛醚,醛酚及含有相关氧基醛,环聚醛,多聚甲醛,酮,酮醇、酮醛及酮酚,醌基化合物,无机酸酯及其盐,亚磷酸酯、亚硝酸酯、硝酸酯、碳酸酯、过碳酸酯及其盐,硅酸酯及其盐,有机—无机化合物,其他有机化学原料。(五)其他基础化学原料。包括:生物能源(部分),非金属无机氧化物,过氧化氢(双氧水),金属氧化物,金属过氧化物、超氧化物,硫磺、磷,非金属基础化学品,一般气体,稀有气体,液态空气及压缩空气,其他未列明基础化学原料。
26044	肥料	指化学肥料、有机肥料及微生物肥料。(一)氮肥。包括:氨及氨水,氮肥。(二)磷肥。包括:过磷酸钙、重过磷酸钙、钙镁磷肥、磷酸氢钙(磷肥)、其他磷肥,磷酸二铵、磷酸一铵。(三)钾肥。包括:氯化钾、硫酸钾(钾肥)、钾钙肥、硫酸钾镁肥、钾钙肥、硫酸钾镁肥、其他化学钾肥,其他钾肥。(四)复混肥料。包括:合成复合肥料,复混(合)肥料。(五)有机肥料及微生物肥料。包括:有机肥料,微生物肥料,动物、植物肥料。(六)其他肥料。包括:中量元素肥料,微量元素肥料。

续表 7

代码	产品部门名称	包括范围
26045	农药	指用于防治农业、林业作物的病、虫、草、鼠和其他有害生物,调节植物生长的各种化学农药、微生物农药、生物化学农药,以及仓储、农林产品的防蚀、河流堤坝、铁路、机场、建筑物及其他场所用药的原药和制剂。(一)化学农药。包括:化学农药原药,化学农药制剂。(二)生物化学农药及微生物农药。包括:生物原杀虫剂、微生物杀虫剂,抗菌素杀菌剂、微生物杀菌剂,微生物除草剂、微生物生长调节剂,由植物提取的农药。
26046	涂料、油墨、颜料及类似产品	(一)涂料。包括:用于汽车、木器、铁路、公路、轻工、船舶、防腐、卷材、绝缘、电子办公用品、通用等水性涂料,用于汽车、木器、铁路、公路、轻工、船舶、防腐、卷材、绝缘、电子办公用品、通用等非水性涂料,建筑涂料,涂料辅助材料。(二)油墨及类似产品。包括:印刷油墨,专用油墨,印刷用油,印刷用助剂,打印机、复印机用墨及类似产品。(三)工业颜料。包括:无机颜料,矿物颜料,植物性着色料,工业用调制颜料、遮光剂和着色剂及类似颜料,其他颜料。(四)工艺美术颜料。包括:水彩颜料,水粉颜料,油画颜料,国画颜料,调色料,其他艺术用颜料、美工塑型用膏。(五)染料。包括:有机颜料,染料,用作发光体有机、无机产品。(六)密封用填料及类似品。包括:建筑防水嵌缝密封材料,漆工用的填充料,玻璃腻子、接缝用油灰(腻子)、填缝胶,其他原浆涂料,内外墙、地板、天花板的不耐火表面整修制品,其他密封用填料类似制品。
26047	合成材料	(一)初级形态塑料及合成树脂。包括:乙烯聚合物,丙烯,相关烯烃聚合物,苯乙烯聚合物,氯乙烯相关卤化烯烃聚合物,初级形状丙烯酸聚合物,初级形状聚缩醛,初级形状聚醚树脂,环氧树脂,聚碳酸酯,醇酸树脂,聚酰胺树脂,氨基塑料,酚醛塑料,聚氨酯塑料,石油树脂,呋喃树脂,糠酮树脂,聚矾树脂,有机硅树脂,醋酸纤维素塑料,硝酸纤维素树脂,碳素纤维素树脂,不饱和聚酯树脂,聚苯硫醚树脂(PPS),聚醚醚酮,聚醚矾树脂,其他初级形态塑料。(二)合成橡胶。包括:丁苯橡胶,热塑丁苯橡胶,丁二烯橡胶,丁基橡胶,乙丙橡胶,氯丁橡胶,丁腈橡胶,异戊二烯橡胶,氯磺化聚乙烯橡胶,氟橡胶,聚氨酯橡胶,其他合成橡胶。(三)合成纤维单(聚合)体。包括:合成纤维单体,合成纤维聚合物。(四)其他合成材料。包括:离子交换树脂,油脂类高分子聚合物,功能高分子材料,化学陶瓷,特种纤维及高功能化工产品。
26048	专用化学产品和炸药、火工、焰火产品	(一)专用化学产品。1.化学试剂和助剂。2.专项化学用品。3.林产化学产品。4.文化用信息化学品。5.医学生产用信息化学品。6.环境污染处理专用药剂材料。7.动物胶。8.其他专用化学产品。(二)炸药、火工及焰火产品。1.炸药及火工产品。2.焰火、鞭炮产品。
26049	日用化学产品	(一)肥皂及洗涤剂。包括:肥(香)皂,合成洗涤剂,洗手液,浴液,沐浴用制剂,中间体表面活性剂产品,其他沐浴剂及人体清洁用类似品。(二)化妆品。包括:清洁类化妆品,护肤用化妆品,护发美发用品,美容、修饰类化妆品,人体使用的香味制剂。(三)口腔清洁用品。包括:洁齿、护齿品,口腔及牙齿清洁剂,其他口腔清洁护理用品。(四)香料、香精。包括:天然香料,生物技术香料,合成香料,香精。(五)其他日用化学产品。包括:室内散香或除臭制品,光洁用品,擦洗膏、去污粉及类似制品,动物用化妆盥洗品,宠物消毒用品,火柴、蜡烛及类似品,圣诞节庆婚庆喜庆礼仪装饰及香料用品,其他未列明日用化学制品。

续表8

代码	产品部门名称	包括范围
27050	医药制品	(一)化学药品原料药。包括：抗菌素(抗感染药),消化系统用药,解热镇痛药,维生素类,抗寄生虫病药,中枢神经系统用药,计划生育用药,激素类药,抗肿瘤药,心血管系统用药,呼吸系统用药,泌尿系统用药,血液系统用药,诊断用原药,调解水、电解质、酸碱平衡药,麻醉用药,抗组织胺类药及解毒药,生化药(酶及辅酶),消毒防腐及创伤外科用药,制剂用辅料及附加剂,抗病毒药物,抗耐药菌药物,抗深部和多重真菌药物,抗耐药结核杆菌药物,抗其他微生物药物,抗衣原体药物,抗支原体药物,抗疟疾药物,抗寄生虫药物,心血管病、内分泌及代谢病药物,治疗类风湿性关节炎免疫调节剂,系统性红斑狼疮免疫调节剂,银屑病免疫调节剂,痛风免疫调节剂,免疫低下免疫调节剂,移植排异反应免疫调节剂,精神性疾病新型长效药物,阿尔茨海默氏病新型长效药物,帕金森氏病新型长效药物,慢性神经性疼痛新型长效药物,儿童疾病治疗的新型药物、"孤儿病"治疗药物,靶向药物。(二)化学药品制剂。包括：冻干粉针剂,粉针剂,注射液,输液,片剂,胶囊剂,颗粒剂,缓释控释片,滴剂,膏霜剂,栓剂,气雾剂,口服液体制剂,外用液体制剂,避孕药用具,肠溶微丸胶囊剂,口服速崩片,口服和外用分散片。(三)中药饮片加工。包括：植物类饮片,动物类饮片,矿物类饮片,其他中药饮片。(四)中成药。包括：中成药丸剂,中成药冲剂,中成药糖浆,中成药片剂,中成药针剂,中成药注射液,膏药,中成药口服液,中成药胶囊,中成药散剂,中成药栓剂,药酒,清凉油,其他中成药,中药分散片,中药速崩片。(五)兽用药品。包括：兽用化学药品,兽用中草药,兽用疫苗。(六)生物药品制品。1.生物药品。2.基因工程药物和疫苗。(七)卫生材料及医药用品。包括：经药物浸涂的胶粘敷料,医用敷料,牙科粘固剂、骨骼粘固剂及其他牙科填料及类似制品,牙科填料,牙科用造型膏及类似制品,外科及牙科用无菌材料,医用高分子材料及制品。(八)药用辅料及包装材料。包括：纱布、脱脂棉花及类似医用软填料,医用缝合材料及外科用无菌材料,无菌外科肠线及类似缝合材料,无菌昆布及无菌昆布塞条,明胶制装药用胶囊等,其他药用辅料及包装材料,新型固体制剂用辅料,新型包衣材料,新型注射用辅料,药用制剂预混辅料,不同规模的原料、辅料和制剂。
28051	化学纤维制品	(一)纤维素纤维原料及纤维。1.化纤浆粕。2.人造纤维(纤维素纤维)。(二)合成纤维。1.锦纶纤维。2.涤纶纤维。3.腈纶纤维。4.维纶纤维。5.丙纶纤维。6.氨纶纤维。7.其他合成纤维。(三)生物基材料。1.生物基化学纤维。2.生物基、淀粉基新材料。
29052	橡胶制品	指以天然及合成橡胶为原料生产的各种橡胶制品,还包括利用废橡胶再生产的橡胶制品;不包括橡胶鞋。(一)轮胎。包括：橡胶轮胎外胎,橡胶内胎,橡胶实心或半实心轮胎,力车胎。(二)橡胶板、管、带。包括：橡胶输送带,橡胶传动带,纯胶管,金属合制橡胶管,纺织材料合制橡胶管,其他橡胶管,橡胶板(片、带),橡胶杆、型材及异型材,橡胶线及绳,涂胶纺织物,未硫化复合橡胶,未硫化橡胶制品。(三)橡胶零件。包括：橡胶密封件,橡胶零附件,硬质橡胶零件,乒乓球拍胶面、杠铃盘、脚蹼等,电缆护套,硫化海绵橡胶制机器及仪器用零件,各种用途的橡胶零配件、橡胶杂品。(四)再生橡胶。包括：初级形状再生橡胶,再生胶粉。(五)日用及医用橡胶制品。包括：橡胶手套,橡胶制衣着用品及附件,日用橡胶制品,医疗、卫生用橡胶制品,其他日用及医用橡胶制品。(六)运动场地用塑胶。包括：塑胶运动地板,运动场地塑胶、地胶地面,运动场馆塑胶地面。(七)其他橡胶制品。包括：部分定形密封材料,橡胶粘带,其他涂胶纺织物、带,充气橡胶制品,橡胶减震制品,硬质橡胶,硬质橡胶制品,橡胶防水卷(片)材,交通事故现场勘查救援设备(起重气垫),其他未列明的橡胶制品。

续表9

代码	产品部门名称	包括范围
29053	塑料制品	指以合成树脂（高分子化合物）为主要原料，经采用挤塑、注塑、吹塑、压延、层压等工艺加工成型的各种制品，以及利用回收的废旧塑料加工再生产的塑料制品；不包括塑料鞋。（一）塑料薄膜。包括：聚乙烯（PE）塑料薄膜，聚丙烯（PP）塑料薄膜，聚丙烯酸酯类塑料薄膜，聚苯乙烯（PS）塑料薄膜，聚氯乙烯（PVC）塑料薄膜，聚酯塑料薄膜，纤维素衍生物塑料薄膜，聚乙烯醇缩丁醛塑料薄膜，聚酰胺塑料薄膜，聚酰亚胺塑料薄膜，氨基树脂塑料薄膜，酚醛树脂塑料薄膜，聚四氟乙烯薄膜，聚醚醚酮塑料薄膜，离子交换膜，复合薄膜，农用薄膜，其他塑料薄膜。（二）塑料板、管、型材。包括：塑料板、片，塑料管，塑料管附件，塑料条、棒、型材，合成树脂类防水卷（片）材。（三）塑料丝、绳及编织品。包括：塑料单丝，塑料绳，塑料扁条，塑料带状物品，塑料编织袋，塑料袋，塑料编织布，其他塑料丝、绳及编织品。（四）泡沫塑料。包括：聚乙烯泡沫塑料，聚苯乙烯泡沫塑料，聚氯乙烯泡沫塑料，聚氨酯泡沫塑料，其他泡沫塑料。（五）塑料人造革、合成革。包括：塑料人造革，塑料合成革，超细纤维合成革。（六）塑料包装箱及容器。包括：塑料包装箱及类似品，塑料盒及类似品，塑料容器，塑料包装物附件，其他塑料包装箱及容器。（七）日用塑料制品。包括：建筑用塑料制品，部分日用塑料制品。（八）人造草坪。包括：注塑草坪，编织草坪，体育场、学校操场、高尔夫场等运动场地用人造草坪，幼儿园、住宅阳台、庭院和城市绿化等场所用人造草坪。（九）塑料零件及其他塑料制品。包括：塑料绝缘零件，塑料密封制品、塑料紧固件、光学塑料零件、灯具及照明装置用塑料零件、家居塑料零件、汽车或类似品塑料配件、其他塑料零件，安全帽及塑料橡胶帽（塑料制安全头盔（帽）、非塑料制安全头盔（帽）、塑料游泳帽、橡胶游泳帽、其他橡胶塑料帽类），医疗卫生用塑料制品（医疗用塑料盥洗用具、其他医疗卫生用塑料制品），降解塑料制品，其他塑料制品，塑料粒料，其他塑料半成品、辅料。
30054	水泥、石灰和石膏	（一）水泥。包括：硅酸盐水泥熟料，强度等级水泥，通用硅酸盐水泥、普通硅酸盐水泥、矿渣硅酸盐水泥、火山灰质硅酸盐水泥、粉煤灰硅酸盐水泥、复合硅酸盐水泥、石灰石硅酸盐水泥，其他通用硅酸盐水泥，专用水泥，特性水泥。（二）石灰和石膏。包括：石灰，熟石膏。
30055	石膏、水泥制品及类似制品	（一）水泥制品。包括：商品混凝土，水泥混凝土排水管，水泥混凝土压力管，钢筋混凝土井管、烟道管，相关钢筋混凝土管，水泥混凝土电杆，预应力混凝土桩，盾构法施工用钢筋混凝土管片，混凝土轨枕及铁道用混凝土制品，水泥混凝土砖，水泥混凝土瓦（部分），混凝土路缘石，混凝土界石、墓碑及类似品，其他水泥混凝土制砖、瓦及类似品，钢丝网架水泥夹芯板。（二）砼结构构件。包括：普通水泥混凝土板，水泥预制桁条，钢筋混凝土柱，钢筋混凝土梁，钢筋混凝土预制结构件，钢筋混凝土预制框架，其他水泥混凝土预制构件。（三）石棉水泥制品。包括：石棉水泥板，石棉水泥瓦，石棉水泥管，其他石棉水泥制品，纤维增强硅酸钙板，无石棉纤维水泥制品。（四）轻质建筑材料。包括：非木质纤维板，非木质刨花板，石膏板，石膏龙骨，相关石膏制品，轻质隔墙条板，轻骨料，相关轻质建筑材料。（五）其他水泥类似制品。包括：水泥混凝土瓦（部分），水泥混凝土装饰制品，其他水泥混凝土制品，GRC水泥制品。
30056	砖瓦、石材等建筑材料	指粘土、陶瓷砖瓦，建筑用石，用废料或废渣生产的建筑材料，以及其他建筑材料。（一）粘土砖瓦及建筑砌块。包括：砖，瓦，部分建筑砌块。（二）建筑用石。包括：加工天然石材、石料，人造石材、石料，专用或特殊用途天然石材制成品，专用人造石建筑用制品，天然石碑石及其制品，人造石碑石及其制品，蜡石制成品，水磨石建筑制成品，PVC石英砂地板砖，石材复合板，其他石制品。（三）防水建筑材料。包括：沥青和改性沥青防水卷材，金属胎油毡，自粘防水卷材，玻纤胎沥青瓦。（四）隔热隔音材料。包括：矿物绝热和吸声材料，矿物材料制品。（五）其他建筑材料。包括其他未包括的非金属建筑材料。

续表10

代码	产品部门名称	包括范围
30057	玻璃和玻璃制品	（一）玻璃。1.平板玻璃。2.特种玻璃。3.其他玻璃。（二）玻璃制品。1.技术玻璃制品。2.光学玻璃。3.玻璃仪器。4.日用玻璃制品。5.玻璃包装容器。6.玻璃保温容器。7.制镜及类似品。8.其他玻璃制品。（三）玻璃纤维和玻璃纤维增强塑料制品。1.玻璃纤维及制品。2.玻璃纤维增强塑料制品。
30058	陶瓷制品	（一）建筑陶瓷制品。包括：瓷质砖，炻瓷砖，细炻砖，炻质砖，陶质砖，陶瓷马赛克，陶瓷耐酸砖，建筑陶瓷装饰物，陶板，多孔建筑陶瓷，陶瓷管及管子配件，其他建筑陶瓷制品。（二）卫生陶瓷制品。包括：陶瓷制卫生设备，浴室柜，陶瓷制卫生设备辅（配）件。（三）特种陶瓷制品。包括：结构陶瓷制品，功能陶瓷制品，其他技术陶瓷制品，运输及盛装货物用陶瓷容器，电工陶瓷制的绝缘子，电气设备用绝缘零件，高技术陶瓷制品，其他特种陶瓷制品。（四）日用陶瓷制品。包括：瓷餐具，瓷制厨房器具，盥洗用瓷器，其他日用瓷器具，日用陶器具。（五）陈设艺术陶瓷制品。包括：室内陈设艺术陶瓷制品，工艺陶瓷制品，陶瓷壁画，陶瓷制塑像，其他陈设艺术陶瓷制品。（六）园艺陶瓷制品。包括：陶瓷制果皮箱，陶瓷制花盆，花园庭院用陶瓷家居用品。（七）其他陶瓷制品。包括：陶瓷制加热器，陶瓷刀柄，散热器用陶瓷湿润器，农用陶瓷制品，陶瓷制零件、附件，其他相关陶瓷制品。
30059	耐火材料制品	（一）石棉制品。包括：已加工石棉纤维，石棉隔热保温制品，石棉密封垫板，无石棉密封垫板，石棉密封垫片、垫圈，特种石棉制品，石棉摩擦材料，无石棉摩擦材料，其他石棉制品。（二）云母制品。包括：薄片云母、厚片云母、剥片云母、熔铸合成云母，电容器片云母，电容器零部件云母片，高压锅炉水位计用云母片，电子管用云母片，无机耐高温合成云母纸层压板、云母纸、云母带等云母纸制品，电焊条用合成云母粉、干磨云母粉、湿磨云母粉、碎云母、云母碎屑制品，其他云母制品。（三）耐火陶瓷制品及其他耐火材料。包括：致密定形耐火制品，隔热耐火制品，不定形耐火制品，耐火陶瓷制品，其他耐火材料。
30060	石墨及其他非金属矿物制品	（一）石墨及碳素制品。包括：石墨制品，碳制品，碳素新材料，碳基纳米材料，其他碳素产品。（二）其他非金属矿物制品。包括：建筑用沥青制品，固结磨具，涂附磨具，超硬材料制品，天然研磨料，普通磨料，超硬材料，沥青混合物，泥炭制品，晶体材料、晶体镀膜材料，多晶硅棒（太阳能级多晶硅、电子级多晶硅），单晶硅棒，其他硅及硅原料，其他未列明非金属矿物制品。
31061	钢	指利用不同来源的氧（如空气、氧气）来氧化炉料（主要是生铁）所含杂质的金属提纯产品。包括：非合金钢粗钢，低合金钢粗钢，合金钢粗钢，不锈粗钢，连铸坯，模铸钢锭，铸造用液态钢，镇静钢、沸腾钢、半镇静钢，转炉钢，电弧炉钢，感应电炉钢，其他炉种冶炼钢。
31062	钢压延产品	指通过热轧、冷加工、锻压和挤压等塑性加工使连铸坯、钢锭产生塑性变形，制成具有一定形状尺寸的钢材产品。包括：轧制、锻造钢坯，大型型钢，中小型型钢，钢筋，线材（盘条），特厚板，厚钢板，中板，热轧薄板，冷轧薄板，中厚宽钢带，热轧宽钢带，冷轧薄宽钢带，热轧窄钢带，冷轧窄钢带，镀层板带，涂层板带，电工钢板带，无缝钢管，焊接钢管，其他钢材。
31063	铁及铁合金产品	（一）铁制品。包括：生铁，直接还原铁，熔融还原铁。（二）铁合金产品。指铁与其他一种或一种以上的金属或非金属元素组成的合金。包括：普通铁合金，特种铁合金，锰的冶炼。
32064	有色金属及其合金	（一）常用有色金属冶炼品。1.铜。2.铅锌。3.镍钴。4.锡。5.锑。6.铝。7.镁。8.硅。9.其他常用有色金属。（二）贵金属冶炼品。1.金。2.银。3.其他贵金属。（三）稀有稀土金属冶炼品。1.钨钼。2.稀土金属。3.其他稀有金属。（四）有色金属合金制品。包括：常用有色金属合金，硬质合金，稀有金属合金，稀土金属合金，贵金属合金。

续表 11

代码	产品部门名称	包括范围
32065	有色金属压延加工品	(一)铜压延加工品。包括:铜材,铜盘条(电工用铜线坯),铜粉及片状粉末。(二)铝压延加工品。包括:铝材,铝盘条(电工用圆铝杆),铝粉及片状粉末。(三)贵金属压延加工品。包括:金加工材,银材,铂加工材,钯材,铑加工材,铱加工材,锇加工材,钌加工材,其他贵金属压延加工材。(四)稀有稀土金属压延加工品。包括:钨加工材,钼加工材,钽加工材,锆加工材,铌加工材,镓加工材,铪加工材,铟加工材,铼加工材,钴加工材,铍加工材,铊加工材,锗加工材,钒加工材,其他稀有稀土金属压延加工材。(五)其他有色金属压延加工品。包括:铅压延加工材,锌压延加工材,镍压延加工材,锡压延加工材,镁、钛、相关常用有色金属加工材。
33066	金属制品	(一)结构性金属制品。1. 金属结构。2. 金属门窗。(二)金属工具。1. 切削工具。2. 手工具。3. 农用及园林用金属工具。4. 刀剪及类似日用金属工具。5. 其他金属工具。(三)集装箱及金属包装容器。1. 集装箱。2. 金属压力容器。3. 金属包装容器及材料。(四)金属丝绳及其制品。包括:铁丝,钢丝,铜丝,铝丝,铅丝,锌丝,镍丝,锡丝,钛丝,镁丝,金丝,银丝,钨丝,钼丝,铂丝,钯丝,铑丝,铱丝,钌丝,其他金属丝,钢铁制绳、缆、带,铜丝绞线、缆、编带,铝制绞股线、缆、编带,铅绞线、束或绳,其他金属制绳、缆,钢铁丝制品,铜丝制品,铝丝制品,镍丝制品,锌丝制品,其他金属丝绳制品,裸电线。(五)建筑、安全用金属制品。1. 建筑、家具用金属配件。2. 建筑装饰及水暖管道零件。3. 安全、消防用金属制品。4. 其他建筑、安全用金属制品。(六)金属表面处理及热处理加工品。包括:电镀、抛光、阳极氧化防腐处理,着色、雕刻、印花、喷涂等,淬火、磨光、去毛刺、研磨、焊接,喷砂清理、滚筒清理、清洗或其他活动。(七)搪瓷制品。1. 生产专用搪瓷制品。2. 建筑装饰搪瓷制品。3. 搪瓷卫生洁具。4. 搪瓷日用品及其他搪瓷制品。(八)金属制日用品。1. 金属制厨房用器具。2. 金属制餐具和器皿。3. 金属制卫生器具。4. 其他金属制日用品。(九)铸造及其他金属制品。1. 黑色金属铸件。2. 有色金属铸件。3. 锻件及粉末冶金制品。4. 交通及公共管理用金属标牌。5. 其他未列明金属制品。
34067	锅炉及原动设备	(一)锅炉及辅助设备。包括:电站锅炉,工业锅炉,船用蒸汽锅炉,锅炉用辅助设备及装置,锅炉及辅助设备零件,核反应堆及其零件。(二)内燃机及配件。包括:船舶用汽油发动机,船舶用柴油发动机,船舶用汽油机零件,其他汽油机零件,船舶用柴油机零件、机车用柴油机零件、其他柴油机零件,涡轮喷气发动机零件、涡轮螺浆发动机零件,其他发动机零部件,点燃式活塞内燃机,代用燃料内燃机,起重机或吊运设备用内燃机,其他未列明发动机。(三)汽轮机及辅机。包括:汽轮机,燃气轮机,锅炉涡轮机装置或与完整锅炉配套使用的固定蒸汽发动机,凝汽器、高压加热器、低压加热器、冷却油器、汽轮机旁路装置,汽轮机、燃气轮机零件。(四)水轮机及辅机。包括:水轮机,水轮机零件。(五)风能原动设备。包括:风力提水机组,风力发动机(风车),风电整机控制系统,风电变浆系统,风电偏航系统,风电变流器,风电密封件,风电机组叶片维护装备,其他风能原动设备及零部件。(六)其他原动设备。包括:潮汐能源原动机,原子能动力设备,太阳能源原动机,其他非电力相关原动机。
34068	金属加工机械	(一)金属切削机床。包括:加工中心,组合机床,特种加工机床,车床,钻床,镗床,铣床,螺纹加工机床,磨床,刨床,插床,拉床,齿轮加工机床,锯床,直线移动式动力头机床,数控金属切削机床,金属切削机床用零件,其他金属切削机床。(二)金属成形机床。包括:锻造压力机及冲压成形压力机,自由锻压力机,模锻压力机,特种锻造设备,等温锻造超塑性成型设备,液态模锻成型设备,剪切机床,切边、校平、精整压力机,锻造自动化、智能化设备,锻件检测设备,粉末成形压力机,其他锻造机及冲压机,冲床,冲孔机床,开槽机床,其他金属成形机床,数控金属成形机床(数控锻压设备),金属成形机床用零件,其他金属加工机床用零件。(三)铸造机械。包括:铸造机,铸砂造型、制芯机,自动造型线,砂处理机,铸造清理机,熔炼浇注设备,金属型压铸机,砂芯或铸模烘干炉,铸造工具,其他铸造机械。(四)金属切割及焊接设备。包括:金属切割设备,电焊机,气体焊接机械,钎焊机械,焊接设备用零件。(五)机床功能部件及附件。包括:工具夹具,特殊辅助装置,数控机床功能(部件),其他机床附件及辅助装置。(六)其他金属加工机械。包括:砂轮机,抛光机床,台钻,切断机,金属拉拔机,金属丝加工机,旋锻机,软管加工机,其他金属非切削、成形加工机械,机床数控系统(部分)。

续表12

代码	产品部门名称	包括范围
34069	物料搬运设备	(一)轻小型起重设备。包括：起重滑车，手动葫芦，电动葫芦，卷扬机及绞盘，汽车举升机，单轨(猫头)小车，轻小型起重设备配套件，其他轻小型起重设备，千斤顶。(二)生产专用起重机。包括：桥式起重机，门式起重机(龙门起重机)，装卸桥，缆索起重机，门座起重机，塔式起重机，流动式起重机，桅杆起重机及甲板起重机，悬臂起重机，移动式吊运架，铁路起重机，浮式起重机，起重机专用配套件，其他起重机。(三)生产专用车辆。包括：电动(起升)车辆，内燃叉车，越野叉车，短距离牵引车，短距离固定平台搬运车，跨运车(跨车)，手动搬运车、堆垛车、拣选车，自动导向小车，工业车辆专用配套件，其他生产专用车辆。(四)连续搬运设备。包括：输送机械(输送机和提升机)，装卸机械，给料机械，其他连续搬运设备。(五)电梯、自动扶梯及升降机。包括：电梯，连续运载乘客输送机，升降机，电梯自动扶梯及升降机专用配套件。(六)客运索道。包括：客运架空索道，客运缆车，客运拖牵索道。(七)机械式停车设备。包括机械式停车设备，其他机械式停车设备。(八)其他物料搬运设备。包括：机场专用搬运机械，搬运机械及装置，立体仓储及物料搬运设备专用配套件，其他相关物料搬运设备。
34070	泵、阀门、压缩机及类似机械	指泵、真空设备、压缩机，液压和气压动力机械及类似机械和阀门。(一)泵及真空设备。包括：泵，液体提升机，泵、液体提升机零件，真空镀膜设备，真空浸渍设备。(二)气体压缩机械。包括：制冷设备用压缩机，非制冷设备用压缩机，气体压缩机零件。(三)阀门和旋塞。包括：普通阀门，真空阀门，龙头，阀门、龙头零件。(四)液压动力机械及元件。包括：液压阀，液压泵，液压马达，液压缸，其他液压元件，液压系统及装置，液压辅件。(五)液力动力机械及元件。包括：液力变矩器，液力偶合器，液粘调速，其他液力机械及装置。(六)气压动力机械及元件。包括：气动执行元件，气动控制元件(气阀)，气源处理元件，气动系统及机械，气动电磁线圈、气动管件系列，其他气动元件及装置。
34071	文化、办公用机械	(一)电影机械。包括：电影摄影机，电影放映机，电路投影装置，银幕，电影设备零件和附件，电影胶卷自动洗印设备，非自动洗印装置和设备(部分)，照相及电影洗印设备零件(部分)。(二)幻灯及投影设备。包括：投影仪用物镜，投影屏幕，幻灯机，投影仪，幻灯及投影设备附件、零件。(三)照相机及器材。包括：照相机用物镜，缩微阅读机用物镜、放大机用物镜、缩片机用物镜，照相机，照相机器材，缩微设备(部分)，照相机、缩微阅读机零件，自动洗印设备(部分)，负片显示器，数码片夹，特种照相洗印设备零件。(四)复印和胶印设备。包括：缩微设备(部分)，静电复印设备，多功能一体机、多功能印刷机或印艺系统，喷墨复印机，重氮复印机(晒图机)，热敏复印设备，银盐复印设备，胶印设备，办公印刷设备，复印设备配套装置、零件，其他复印和胶版印制设备。(五)计算器及货币专用设备。包括：装有计算和电子装置设备，银行专用机器。(六)其他文化、办公用机械。包括：打字机及文字处理机，文件装订用机械(部分)，订折机，其他文化、办公用设备或器具。
34072	其他通用设备	(一)轴承、齿轮和传动部件。1.滚动轴承。2.滑动轴承。3.齿轮及齿轮减、变速箱。4.其他传动部件。(二)烘炉、风机、包装等设备。1.烘炉、熔炉及电炉。2.风机、风扇。3.气体、液体分离及纯净设备。4.制冷、空调设备。5.风动和电动工具。6.喷枪及类似器具。7.包装专用设备。(三)通用零部件。1.金属密封件。2.紧固件。3.弹簧。4.机械零部件。5.其他通用零部件。(四)其他通用设备。1.工业机器人。2.特殊作业机器人。3.增材制造装备。4.其他未列明通用设备。

续表13

代码	产品部门名称	包括范围
35073	采矿、冶金、建筑专用设备	(一)矿山机械。包括:建井设备,采掘、凿岩设备,矿山提升设备,矿物破碎机械,矿物粉磨机械,矿物筛分、洗选设备,矿山用牵引车及其矿车,矿山设备专用配套件,其他矿山专用设备。(二)石油钻采专用设备。包括:采油设备,钻井修井设备,固井压裂设备,原油稳定站专用设备,石油钻探、开采专用设备零部件,石油钻井工具。(三)深海石油钻探设备。包括:海洋油气钻井设备,海上油气开采处理设备,海洋油气固井压裂设备,其他海洋钻井设备。(四)建筑工程用机械。包括:挖掘、铲土运输机械,压实机械,捣固机(车)机,桩工机械,公共工程用机械,建筑工程用货运自卸车,建筑工程用机械零件。(五)建筑材料生产专用机械。包括:混凝土机械,水泥专用设备,建筑材料专用窑炉,平板玻璃制造及深加工机械,玻璃纤维加工机械,建筑卫生陶瓷机械,非金属矿物混合搅拌机械,建筑材料制品成型机械,矿石烘干机,石材加工机床,建筑材料及制品专用机械零件,玻璃材料加工机床。(六)冶金专用设备。包括:金属冶炼设备(部分),铸造机械(部分),金属轧制设备,冶金专用设备配套件,其他冶金专用设备。(七)隧道施工专用机械。包括:盾构机,硬岩掘进机,顶管机,水平定向钻设备,其他隧道施工专用设备。
35074	化工、木材、非金属加工专用设备	(一)炼油、化工生产专用设备。包括:热交换装置,塔类设备,反应器(釜),化工专用炉,混合搅拌设备,化工用液体运送机械,其他未列明的炼油、化工生产专用设备。(二)橡胶加工专用设备。包括:橡胶前加工机械,橡胶初加工机械,炼胶机械,橡胶挤出机,橡胶压延机械,橡胶注射机,橡胶成型压力机,橡胶硫化设备,再生橡胶设备,裁切橡胶专用机械,橡胶制品卷绕、包覆机械,橡胶干燥、去水、刺孔机械,橡胶制品加工机械,橡胶专用生产设备零件。(三)塑料加工专用设备。包括:注塑机,挤出机,吹塑机,其他塑料成型机械,塑料配混机械,塑料二次加工机械,塑料加工周边设备或配套装置,连续混炼挤出造粒机,塑料加工专用设备零件。(四)木竹材加工机械。包括:木工机床,木质板材挤压加工机械,木材处理及制品加工机械,木材加工机械用零件、附件。(五)模具。包括:金属铸造用型箱、型模底板,金属、硬质合金用模具,玻璃制品用模具,矿物材料用模具,塑料用模具,橡胶用模具,模架、模具标准件,其他未列明模具。(六)其他非金属加工专用设备。包括:非金属矿物材料成型机械,通用加料、分配装置,其他非金属相关成型、加工机械。
35075	农、林、牧、渔专用机械	(一)拖拉机。包括:拖拉机,农林用自装或自卸式挂车。(二)机械化农业及园艺机具。包括:土壤耕整机械,种植施肥机械,田间管理机械,收获机械,部分收获后处理机械,农田基本建设机械,喷灌机械设备,园艺、草坪专用机械。(三)营林及木竹采伐机械。包括:林地清理机械,造林机械,营林机械,风力灭火机具,竹木采集机械,木材运输机械,木材生产专用工具。(四)畜牧机械。包括:养蚕机械,草原建设机械,家禽孵卵器及育雏器,家禽饲养机械,家畜饲养机械,养蜂设备,畜禽配种机械,畜禽产品采集机械,其他畜禽动物饲养机械。(五)渔业机械。包括:渔业养殖机械,捕捞机械,鱼货起卸设备,渔业织网机械,网片处理机械,其他渔业捕捞养殖机械。(六)农林牧渔机械配件。包括:拖拉机零配件,农用喷射机械或器具零件,整地或耕作机械零件,作物收获机械零件,畜牧业机械零件。(七)棉花加工机械。包括:棉籽脱绒成套设备,棉花加工机械。(八)其他农、林、牧、渔业机械。包括:种子加工机械(部分),纺织纤维初加工机械(部分),农产品清洁、分选机械,农用包装机械,竹、藤、棕、草材料制品加工机械。

续表 14

代码	产品部门名称	包括范围
35076	其他专用设备	(一)食品、饮料、烟草及饲料生产专用设备。1.食品、酒、饮料及茶生产专用设备。2.农副食品加工专用设备。3.烟草生产专用设备。4.饲料生产专用设备。(二)印刷、制药、日化及日用品生产专用设备。1.制浆和造纸专用设备。2.印刷专用设备。3.日用化工专用设备。4.制药专用设备。5.照明器具生产专用设备。6.玻璃、陶瓷和搪瓷制品生产专用设备。7.其他日用品生产专用设备。(三)纺织、服装和皮革加工专用设备。1.纺织专用设备。2.皮革、毛皮及其制品加工专用设备。3.缝制机械。4.洗涤机械。(四)电子和电工机械专用设备。1.电工机械专用设备。2.半导体器件专用设备。3.电子元器件与机电组件设备。4.其他电子专用设备。5.其他电子专用设备。(五)医疗仪器设备及器械。1.医疗诊断、监护及治疗设备。2.口腔科用设备及器具。3.医疗实验室及医用消毒设备和器具。4.医疗、外科及兽医用器械。5.机械治疗及病房护理设备。6.康复辅具。7.眼镜。8.其他医疗设备及器械。(六)环保、邮政、社会公共服务及其他专用设备。1.环境保护专用设备。2.地质勘查专用设备。3.邮政专用机械及器材。4.商业、饮食、服务专用设备。5.社会公共安全设备及器材。6.交通安全、管制及类似专用设备。7.水资源专用机械。8.其他专用设备。
36077	汽车整车	(一)汽车整车。1.汽柴油车整车。2.新能源车整车。(二)汽车用发动机。包括：汽柴油车用发动机,汽车用汽油发动机零件,汽车用柴油发动机零件,新能源汽车用发动机,新能源汽车用发动机零部件。(三)改装汽车。包括：石油专用工程车辆设备,智能交通事故现场勘查车,改装汽车,城市无轨电车。(四)低速汽车。包括：三轮载货汽车,四轮载货汽车,其他低速载货汽车。(五)电车。包括：有轨电车,大型无轨电车、中型无轨电车、轻型无轨电车。(六)汽车车身、挂车。包括：汽车车身,挂车、半挂车,挂车及半挂车零件。
36078	汽车零部件及配件	指机动车辆及其车身的各种零配件。包括机动车(汽车)零配件,汽车底盘车架、车身及其零配件。
37079	铁路运输和城市轨道交通设备	(一)铁路运输设备。1.高铁车组。2.铁路机车车辆。3.窄轨机车车辆。4.高铁设备、配件。5.铁路机车车辆配件。6.铁路专用设备及器材、配件。7.其他铁路运输设备。(二)城市轨道交通设备。包括：地铁车辆,轻轨车辆,单轨车辆,城市有轨电车,磁悬浮车辆,其他城市轨道车辆。
37080	船舶及相关装置	(一)金属船舶。包括：民用钢质船舶,钢质机动货船,钢质机动非货船,钢质非机动船,铝合金船舶,其他金属制船舶。(二)非金属船舶。包括：非金属捕鱼船,水泥船,游览用船舶,船体类似娱乐船,但专为商业服务或与商业有关服务而装备的船舶,玻璃钢客货运船舶、木船、橡皮船、气垫船,其他非金属船舶。(三)娱乐船和运动船。包括：运动用船,娱乐用船舶。(四)船用配套设备。包括：船用推进器,船用螺旋桨桨叶,船用甲板机械,船舶专用设备,船用配套设备零件。(五)船舶改装。包括船舶改装。(六)船舶拆除。包括船舶拆船。(七)海洋工程装备。包括：海洋石油钻采设备,海洋石油浮动工程结构物、海洋浮动结构体、浮式装置,海洋可再生能源开发装备,海水淡化及综合利用装备,海洋矿产勘探开发装备,其他海洋工程专用设备。(八)航标器材及其他相关装置。包括：航标器材,内陆水域用浮舟,浮吊,浮柜,潜水箱,隔离舱,泊位平台,作坞门用浮动结构体,其他浮动结构体、浮式装置。
37081	其他交通运输设备	(一)航空、航天器及设备。1.飞机。2.航天器及运载火箭。3.航天相关设备。4.航空相关设备。5.其他航空航天器。(二)摩托车。1.摩托车整车。2.摩托车零部件及配件。(三)自行车和残疾人座车。1.自行车。2.残疾人座车。(四)助动车。(五)非公路休闲车及零配件。(六)潜水救捞及其他未列明运输设备。1.潜水装备。2.水下救捞装备。3.其他未列明运输设备。

续表 15

代码	产品部门名称	包括范围
38082	电机	(一)发电机及发电机组。包括：交流发电机,直流发电机,发电机组,内燃发电机组,电机及发电机组专用零件。(二)电动机。包括：数控机床用电机,旋转式变流机,直流电动机,交流电动机,交直流两用电动机,小功率电动机,新能源汽车电动机,新能源汽车,电动机零部件,其他电动机零件。(三)微特电机及组件。包括：微型特种电机及组件,减速器,控制微电机,驱动微电机,移动通信终端用微型振动电机,专用微特电机,玩具电动机,微电动机零件。(四)其他电机。包括：电力测功电机,其他未列明电机。
38083	输配电及控制设备	(一)变压器、整流器和电感器。包括：变压器,互感器,静止式变流器,电抗器,电感器,变压器、整流器和电感器零件。(二)电容器及其配套设备。包括：电力电容器,电力电容器成套装置,电力电容器零件。(三)配电开关控制设备。包括：全封闭组合电器(GIS),六氟化硫断路器,敞开式组合电器,隔离开关,接地开关,高压电路开关、保护电器装置,低压开关、保护控制装置,低压电路管座：集成电路插座、半导体分立器件插座、显像管插座、电子管插座、继电器插座、谐振器插座、电池插座、其他低压电路管座,电力控制或电力分配装置,安全、自动化监控设备。(四)电力电子元器件。包括：电路连接装置,电力半导体器件(5A以上),电力微电子组件,电力集成电路,继电器,继电器保护装置,配电或电器控制设备专用零件(部分)。(五)光伏设备及元器件。包括：太阳能电池(光伏电池),太阳能电池零部件,太阳能控制设备,其他太阳能设备和元器件。(六)其他输配电及控制设备。包括：电器辅件,配电或控制设备的零件,其他未列明的输配电及控制设备制造。
38084	电线、电缆、光缆及电工器材	(一)电线、电缆。包括：绝缘电线,同轴电缆,专用电缆,其他电力电缆。(二)光纤。包括：单模光纤,多模光纤,特种光纤,光纤预制棒。(三)光缆。包括：普通光缆,特种光缆。(四)绝缘制品。包括：电气绝缘子,电气设备用绝缘配件。(五)其他电工器材。包括：与内燃机配用发电机,部分内燃机电点火起动装置,电磁铁及电磁性装置,电动风挡刮水器,电阻除霜器,电阻去雾器,内燃机电点火起动装置零件,其他相关电工器材。
38085	电池	指以正极活性材料、负极活性材料,配合电介质,以密封式结构制成的,并具有一定公称电压和额定容量的化学电源的制造；包括一次性、不可充电和二次可充、重复使用的干电池、蓄电池(含太阳能用蓄电池)的制造,以及利用氢与氧的合成转换成电能的装置,即燃料电池制造；不包括利用太阳光转换成电能的太阳能电池制造。(一)锂离子电池。(二)镍氢电池。(三)铅蓄电池。(四)锌锰电池。(五)其他电池。
38086	家用器具	(一)家用电力器具。1.家用制冷电器具。2.家用空气调节器。3.家用通风电器具。4.家用厨房电器具。5.家用清洁卫生电器具。6.家用美容、保健护理电器具。7.家用电力器具专用配件。8.其他家用电力器具。(二)非电力家用器具。1.燃气及类似能源家用器具。2.太阳能器具。3.其他非电力家用器具。
38087	其他电气机械和器材	(一)照明器具。1.电光源。2.照明灯具。3.舞台及场地用灯。4.智能照明器具。5.灯用电器附件及其他照明器具。(二)其他电气机械及器材。1.电气信号设备装置。2.其他未列明电气机械及器材。
39088	计算机	(一)计算机整机制造。包括：计算机工作站,微型计算机设备,服务器。(二)计算机零部件制造。包括：终端显示设备,微机板卡,计算机电源,其他计算机零部件。(三)计算机外围设备制造。包括：输入设备及装置,输出设备及装置,外存储设备及部件,阅读机、数据转录及处理机,其他电子计算机耗材(部分)。(四)工业控制计算机及系统制造。包括：工业控制计算机系统形式自动数据处理设备,工业控制计算机处理部件、工业控制计算机输入输出部件,工业计算机网络控制设备,嵌入式、智能化及其他工业计算机制造。(五)信息安全设备制造。包括：访问控制类设备和系统,边界防护类设备和系统,数据保护类设备和系统,安全检测类设备和系统,安全智能卡类设备和系统,密钥管理类设备和系统,其他信息系统安全产品。(六)其他计算机制造。包括：系统形式自动数据处理设备,计算机数字式处理部件,网络控制设备,网络接口和适配器,网络连接设备,网络优化设备,网络检测设备,其他计算机网络设备。

续表 16

代码	产品部门名称	包括范围
39089	通信设备	（一）通信系统设备制造。包括：光通信设备，卫星通信设备，微波通信设备，散射通信设备，载波通信设备，通信导航定向设备，通信传输设备零件，程控交换机，ATM 交换机，光交换机通信交换设备零件，其他通信交换设备，光纤接入设备，铜缆接入设备，电力线宽带接入设备（BPL），固定无线接入设备。（二）通信终端设备制造。包括：收发合一中小型电台，电话单机，数据终端设备，通信终端设备用零件，数字蜂窝移动电话系统设备，集群通信系统设备，无中心选址通信系统设备，移动通信设备零件，移动通信手持机（手机），移动通信终端设备零件，其他移动通信终端设备。
39090	广播电视设备和雷达及配套设备	（一）广播电视设备制造。1. 广播电视节目制作及发射设备。2. 广播电视接收设备。3. 广播电视专用配件。4. 专业音响设备。5. 应用电视设备及其他广播电视设备。（二）雷达及配套设备制造。包括：雷达设备，雷达配套设备，无线电导航设备，无线电遥控设备，雷达及无线电导航设备零件，雷达测速仪。
39091	视听设备	（一）电视机。包括：彩色电视机，黑白电视机，其他视频设备。（二）音响设备。包括：组合音响，收音机，便携式音视频播放机，家用电唱机、放声机、家用录放音机，家庭影院，功率放大器（功放），耳机（塞），拾音设备，数字化多媒体组合机，音箱，汽车用音响设备，其他家用音响设备。（三）影视录放设备。指非专业用录像机、摄像机、激光视盘机等影视设备整机及零部件的制造，包括教学用影视设备的制造，但不包括广播电视等专业影视设备的制造。包括：家用影视摄、录、放设备，部分家用视频设备配件。
39092	电子元器件	（一）电子器件。1. 电子真空器件。2. 半导体分立器件。3. 集成电路。4. 显示器件。5. 半导体照明器件。6. 光电子器件。7. 其他电子器件。（二）电子元件及电子专用材料。1. 电阻电容电感元件。2. 电子电路。3. 敏感元件及传感器。4. 电声器件及零件。5. 电子专用材料。6. 其他电子元件。
39093	其他电子设备	（一）智能消费设备。1. 可穿戴智能设备。2. 智能车载设备。3. 智能无人飞行器。4. 服务消费机器人。5. 其他智能消费设备。（二）其他电子设备。包括：消声器（噪音控制设备），噪音与振动控制材料及元件，电子快译通、电子记事本、电子词典等电子设备，电子（气）加速器，邻近卡及签，电子白板，其他未包括电子设备。
40094	仪器仪表	（一）通用仪器仪表。1. 工业自动控制系统装置。2. 电工仪器仪表。3. 绘图、计算及测量仪器。4. 实验分析仪器。5. 试验机。6. 供应用仪器仪表。7. 其他通用仪器。（二）专用仪器仪表。1. 环境监测专用仪器仪表。2. 运输设备及生产用计数仪表。3. 导航、测绘、气象及海洋专用仪器。4. 农林牧渔专用仪器仪表。5. 地质勘探和地震专用仪器。6. 教学专用仪器。7. 核子及核辐射测量仪器。8. 电子测量仪器。9. 其他专用仪器。（三）钟表与计时仪器。包括：钟，表，表机心，钟机心，未组装钟表机心，定时器，时间记录器及类似计时仪器，钟表零配件，金属表带。（四）光学仪器。包括：光学望远镜，天文仪器，显微镜，望远镜瞄准具及类似器具，物镜（部分），已装配光学元件，偏振材料制片及板，光学仪器零件、附件，其他光学仪器。（五）衡器制造。包括：工业用衡器，商业用衡器，衡器用砝码，秤砣，称重显示控制器，称重传感器，应变计，其他衡器零配件。（六）其他仪器仪表制造业。包括：通用和专用仪器仪表的元件、器件，其他未列明的仪器仪表。
41095	其他制造产品	（一）日用杂品制造。1. 鬃毛加工、制刷及清扫工具。2. 其他日用杂品。（二）核辐射加工。包括：对电缆、电线、热收缩材料等工业品的辐射加工服务，对各种药材、种子、粮食、蔬菜、干鲜果品、禽肉食品、水产品、酒和饮料等的辐照加工服务，其他核技术加工产品。（三）其他未列明制造品。包括上述未包括的其他制造业产品。

续表17

代码	产品部门名称	包括范围
42096	废弃资源和废旧材料回收加工品	指废弃资源和废旧材料回收加工。(一)金属废料和碎屑加工处理品。包括：熔炼用废钢，熔炼用废铁，金属和金属化合物矿灰及残渣，有色金属废料与碎屑，贵金属或包贵金属废碎料，废电池，其他金属废料和碎屑。(二)非金属废料和碎屑加工处理品。包括：从金属矿山和黄金矿山回收的硫精矿、硫铁矿、萤石、磷等非金属原料，原油、天然气生产过程中回收提取的轻烃、硫磺等，从炭素生产废料中回收的石墨粉、煤焦粉、石英砂等，利用废水(液)回收生产的各种非金属原料，利用废物(油)炼油加工，纺织品废料，皮革废料，造纸废料、废纸，橡胶废料，塑料废料，废旧家电，利用废气回收的各种非金属原料，回收橡胶，如旧轮胎以生产二次原材料，对废玻璃的破碎、清洗和分选，对其他回收的废旧物资的破碎、清理和分选，如拆毁废物以获得二次原材料的处理活动，其他非金属废料和碎屑。
43097	金属制品、机械和设备修理服务	(一)金属制品修理。包括：金属集装箱专业修理，金属压力及大型容器专业修理，其他金属制品专业修理。(二)通用设备修理。包括：锅炉及辅助设备专业修理，内燃机专业修理，水轮机及辅机专业修理，机床专业修理，起重机专业修理，工业操作车辆专业修理，输送机械专业修理，泵及液体提升机专业修理，气体压缩机专业修理，非家用制冷、空调设备专业修理，其他通用设备专业修理。(三)专用设备修理。包括：采矿专用设备专业修理，石油开采专用设备专业修理，建筑工程专用设备专业修理，冶金专用设备专业修理，石油化工专用设备专业修理，纺织专用设备专业修理，农业机械专用设备专业修理，医疗仪器设备及器械专业修理，其他专用设备专业修理。(四)铁路、船舶、航空航天等运输设备修理。1.铁路运输设备修理服务。2.船舶修理服务。3.航空航天器修理服务。4.其他运输设备修理服务。(五)电气设备修理。包括：发电机专业修理，发动机专业修理，输配电及控制设备专业修理，其他电气机械及器材专业修理。(六)仪器仪表修理。包括：通用仪器仪表专业修理，专用仪器仪表专业修理，其他仪器仪表专业修理。(七)其他机械和设备修。包括：通信传输设备专业修理服务，通信交换设备专业修理服务，雷达、无线电导航设备专业修理服务，广播电视设备专业修理服务，其他通信设备专业修理服务，其他未列明设备、器械、制品的专业修理服务。
44098	电力、热力生产和供应	(一)电力生产。1.火电。2.热电联产，3.水电。4.核电。5.风电。6.太阳能电。7.生物质能电。8.其他电。(二)电力供应。包括：供电、售电，电能的输送与分配活动。(三)热力生产和供应。包括：热力、热水的生产，收费的热力供应服务，外购蒸汽、热水的供应、销售以及供热设施的维护和管理。
45099	燃气生产和供应	(一)燃气生产和供应。1.天然气生产和供应。2.液化石油气生产和供应。3.煤气生产和供应。(二)生物质燃气生产和供应。包括：农作物秸秆转化可燃性气体能源供应，林木废弃物转化可燃性气体能源供应，食用菌渣转化可燃性气体能源供应，畜禽粪便转化可燃性气体能源供应，其他生物质资源转化可燃性气体能源供应。
46100	水的生产和供应	(一)自来水生产和供应。包括：自来水生产，自来水供应，自来水蓄积。(二)污水处理及其再生利用。包括：污水的收集，污水的处理及深度净化。(三)海水淡化处理。包括：海水淡化处理厂海水淡化处理，海洋船舶海水淡化处理。(四)其他水的处理、利用与分配。包括：雨水的收集、处理、利用，微咸水及其他类似水的收集、处理和再利用，矿井水的收集、处理与利用。
47101	房屋建筑	(一)住宅房屋建筑。包括：保障性住房工程建筑活动，普通商品房工程建筑活动，公寓、别墅工程建筑活动，其他住宅房屋工程建筑活动。(二)体育场馆建筑。包括：体育场馆工程建筑活动，休闲健身用房屋工程建筑活动，综合体育休闲健身馆工程建筑活动。(三)其他房屋建筑业。包括：商厦房屋、宾馆用房屋、餐饮用房屋、商务会展用房屋、其他商业及服务用房屋工程建筑活动，办公用房屋工程建筑活动，科学研究用房屋、教育用房屋、医疗用房屋工程建筑活动，文化用房屋、娱乐用房屋工程建筑活动，车间、锅炉房、烟囱、水塔、其他厂房及建筑物工程建筑活动，仓库房屋工程建筑活动，火车候车室房屋、汽车候车室房屋、港口候船室房屋、民航候机厅房屋、民航指挥塔房屋、其他客运等候及指挥用房屋工程建筑活动，其他房屋建筑物工程建筑活动。

续表18

代码	产品部门名称	包括范围
48102	土木工程建筑	(一)铁路、道路、隧道和桥梁工程建筑。1.铁路工程建筑。2.公路工程建筑。3.市政道路工程建筑。4.城市轨道交通工程建筑。5.其他道路、隧道和桥梁工程建筑。(二)水利和水运工程建筑。1.水源及供水设施工程建筑。2.河湖治理及防洪设施工程建筑。3.港口及航运设施工程建筑。(三)海洋工程建筑。1.海洋油气资源开发利用工程建筑。2.海洋能源开发利用工程建筑。3.海底隧道工程建筑。4.海底设施铺设工程建筑。5.其他海洋工程建筑。(四)工矿工程建筑。包括：矿山工程施工活动，水利发电机电设备工程服务，自来水生产和供应设备安装施工、污水处理及再生利用设备安装施工，燃气、煤气、热力供应设施的施工，采矿建筑设施，制造业生产建筑设施，电、水、气生产建筑设施(部分)，电力工程施工与发电机组设备安装，工厂生产设施、设备的施工与安装，其他工矿设施。(五)架线和管道工程建筑。1.架线及设备工程建筑。2.管道工程建筑。3.地下综合管廊工程建筑。(六)节能环保工程施工。1.节能工程施工。2.环保工程施工。3.生态保护工程施工。(七)电力工程施工。1.火力发电工程施工。2.水力发电工程施工。3.核电工程施工风能发电工程施工。4.太阳能发电工程施工。5.其他电力工程施工。(八)其他土木工程建筑。1.园林绿化工程施工。2.体育场地设施工程施工。3.游乐设施工程施工。4.其他土木工程建筑施工。
49103	建筑安装	(一)电气安装。包括：电力系统安装服务，通信线路和设备的安装，广播电视及信号设备的安装，各种交通信号灯及系统安装，电子工程安装服务，智能化安装工程服务，其他电气安装。(二)管道和设备安装。包括：建筑物自来水系统安装服务，建筑物排水系统安装服务，建筑物燃气系统安装服务，建筑物采暖系统安装服务，建筑物空调设备、通风设备系统安装服务，其他建筑物管道安装服务。(三)其他建筑安装业。1.体育场地设施安装。2.其他建筑安装。
50104	建筑装饰、装修和其他建筑服务	(一)建筑装饰和装修业。1.公共建筑装饰和装修。2.住宅装饰和装修。3.建筑幕墙装饰和装修。(二)建筑物拆除和场地准备活动。1.建筑物拆除活动。2.场地准备活动。(三)提供施工设备服务。包括：提供建筑塔吊设备施工，提供混凝土设备施工，提供其他设备施工。(四)其他未列明建筑业。包括：工程环保设施施工，工程围栏装卸施工，其他未包括的建筑活动。
51105	批发	(一)农、林、牧、渔产品批发。1.谷物、豆及薯类批发。2.种子批发。3.畜牧渔业饲料批发。4.棉、麻批发。5.林业产品批发。6.牲畜批发。7.渔业产品批发。8.其他农牧产品批发。(二)食品、饮料及烟草制品批发。1.米、面制品及食用油批发。2.糕点、糖果及糖批发。3.果品、蔬菜批发。4.肉、禽、蛋、奶及水产品批发。5.盐及调味品批发。6.营养和保健品批发。7.酒、饮料及茶叶批发。8.烟草制品批发。9.其他食品批发。(三)纺织、服装及家庭用品批发。1.纺织品、针织品及原料批发。2.服装批发。3.鞋帽批发。4.化妆品及卫生用品批发。5.厨具卫具及日用杂品批发。6.灯具、装饰物品批发。7.家用视听设备批发。8.日用家电批发。9.其他家庭用品批发。(四)文化、体育用品及器材批发。1.文具用品批发。2.体育用品及器材批发。3.图书批发。4.报刊批发。5.音像制品、电子和数字出版物批发。6.首饰、工艺品及收藏品批发。7.乐器批发。8.其他文化用品批发。(五)医药及医疗器材批发。1.西药批发。2.中药批发。3.动物用药品批发。4.医疗用品及器材批发。(六)矿产品、建材及化工产品批发。1.煤炭及制品批发。2.石油及制品批发。3.非金属矿及制品批发。4.金属及金属矿批发。5.建材批发。6.化肥批发。7.农药批发。8.农用薄膜批发。9.其他化工产品批发。(七)机械设备、五金产品及电子产品批发。1.农业机械批发。2.汽车及零配件批发。3.摩托车及零配件批发。4.五金产品批发。5.电气设备批发。6.计算机、软件及辅助设备批发。7.通讯设备批发。8.广播影视设备批发。9.其他机械设备及电子产品批发。(八)贸易经纪与代理。1.贸易代理。2.一般物品拍卖。3.艺术品、收藏品拍卖。4.艺术品代理。5.其他贸易经纪与代理。(九)其他批发业。1.再生物资回收与批发。2.宠物食品用品批发。3.互联网批发。4.其他未列明批发业。

续表 19

代码	产品部门名称	包括范围
52106	零售	(一)综合零售。1. 百货零售。2. 超级市场零售。3. 便利店零售。4. 其他综合零售。(二)食品、饮料及烟草制品专门零售。1. 粮油零售。2. 糕点、面包零售。3. 果品、蔬菜零售。4. 肉、禽、蛋、奶及水产品零售。5. 营养和保健品零售。6. 酒、饮料及茶叶零售。7. 烟草制品零售。8. 其他食品零售。(三)纺织、服装及日用品专门零售。1. 纺织品及针织品零售。2. 服装零售。3. 鞋帽零售。4. 化妆品及卫生用品零售。5. 厨具卫具及日用杂品零售。6. 钟表、眼镜零售。7. 箱包零售。8. 自行车等代步设备零售。9. 其他日用品零售。(四)文化、体育用品及器材专门零售。1. 文具用品零售。2. 体育用品及器材零售。3. 图书、报刊零售。4. 音像制品、电子和数字出版物零售。5. 珠宝首饰零售。6. 工艺美术品及收藏品零售。7. 乐器零售。8. 照相器材零售。9. 其他文化用品零售。(五)医药及医疗器材专门零售。1. 西药零售。2. 中药零售。3. 动物用药品零售。4. 医疗用品及器材零售。5. 保健辅助治疗器材零售。(六)汽车、摩托车、零配件和燃料及其他动力销售。1. 汽车新车零售。2. 汽车旧车零售。3. 汽车零配件零售。4. 摩托车及零配件零售。5. 机动车燃油零售。6. 机动车燃气零售。7. 机动车充电销售。(七)家用电器及电子产品专门零售。1. 家用视听设备零售。2. 日用家电零售。3. 计算机、软件及辅助设备零售。4. 通信设备零售。5. 其他电子产品零售。(八)五金、家具及室内装饰材料专门零售。1. 五金零售。2. 灯具零售。3. 家具零售。4. 涂料零售。5. 卫生洁具零售。6. 木质装饰材料零售。7. 陶瓷、石材装饰材料零售。8. 其他室内装饰材料零售。(九)货摊、无店铺及其他零售业。1. 流动货摊零售。2. 互联网零售。3. 邮购及电视、电话零售。4. 自动售货机零售。5. 旧货零售。6. 生活用燃料零售。7. 宠物食品用品零售。8. 其他未列明零售业。
53107	铁路旅客运输	(一)高速铁路旅客运输。(二)城际铁路旅客运输。(三)普通铁路旅客运输。
53108	铁路货物运输和运输辅助活动	(一)铁路货物运输。包括:铁路班列运输服务,普通铁路整车运输服务,铁路零担运输服务,铁路集装箱运输服务。(二)铁路运输辅助活动。1. 客运火车站。2. 货运火车站(场)。3. 铁路运输维护活动。4. 其他铁路运输辅助活动。
54109	城市公共交通及公路客运	(一)城市公共交通运输。1. 公共电汽车客运。2. 城市轨道交通。3. 出租车客运。4. 公共自行车服务。5. 其他城市公共交通运输。(二)公路旅客运输。1. 长途客运。2. 旅游客运。3. 其他公路客运。
54110	道路货物运输和运输辅助活动	(一)道路货物运输。1. 普通货物道路运输。包括:普通货车道路运输服务,罐车道路运输服务,小型货车道路运输服务,小件货物(含小面包车)运输服务,其他普通货物道路运输。2. 冷藏车道路运输。包括冷藏车道路运输服务。3. 集装箱道路运输。包括集装箱道路运输服务。4. 大型货物道路运输。包括大型物件道路运输服务。5. 危险货物道路运输。包括:经营性危险货物道路运输服务,非经营性危险货物道路运输服务。6. 邮件包裹道路运输。包括:国家邮政道路运输,快递包裹道路运输,其他邮件包裹道路运输。7. 城市配送。包括:专门为超市、连锁店、加盟店、药店、住宿、餐饮提供配送的活动,其他城市配送服务。8. 搬家运输。包括搬家运输服务。9. 其他道路货物运输。包括:非机动车货物运输活动,其他道路货物运输活动。(二)道路运输辅助活动。1. 客运汽车站。2. 货运枢纽(站)。3. 公路管理与养护。4. 其他道路运输辅助活动。
55111	水上旅客运输	(一)海上旅客运输。包括:远洋客轮的旅客运输活动,以客运为主的远洋运输活动,沿海旅客运输服务。(二)内河旅客运输。包括:内河定期客轮运输服务,内河轮渡旅客运输服务,内河游览船客运服务,内河滚装客船运输服务,其他内河旅客运输服务。(三)客运轮渡运输。包括:沿海轮渡旅客运营服务,江、河、湖泊的轮渡旅客运营服务。

续表20

代码	产品部门名称	包括范围
55112	水上货物运输和运输辅助活动	（一）水上货物运输。1. 远洋货物运输。2. 沿海货物运输。3. 内河货物运输。（二）水上运输辅助活动。1. 客运港口。2. 货运港口。3. 其他水上运输辅助活动。
56113	航空旅客运输	指以旅客运输为主的航空运输活动。包括：航空旅客运输活动，客货同机的以客运为主的航空运输活动。
56114	航空货物运输和运输辅助活动	（一）航空货物运输。包括：定期航班飞机货运服务，不定期航班货物运输服务。（二）通用航空服务。1. 通用航空生产服务。2. 观光游览航空服务。3. 体育航空运动服务。4. 其他通用航空服务。（三）航空运输辅助活动。1. 机场。2. 空中交通管理。3. 其他航空运输辅助活动。
57115	管道运输	（一）海底管道运输。包括：海底管道气体运输，海底管道液体运输，其他海底管道运输。（二）陆地管道运输。包括：原油及成品油管道运输服务，水管道运输服务，其他液体管道运输服务，天然气管道运输服务，其他气体管道运输服务，其他管道运输服务。
58116	多式联运和运输代理	（一）多式联运。包括：海上运输与其他形式运输联运代理，航空运输与其他形式运输联运代理，铁路运输与其他形式运输联运代理，道路运输与其他形式运输联运代理。（二）运输代理业。1. 货物运输代理。2. 旅客票务代理。3. 其他运输代理业。
59117	装卸搬运和仓储	（一）装卸搬运。包括：运输货物装卸活动，非运输机械装卸搬运活动，为建筑工程、市政设施及大型机械设备等提供的专业装卸、起重活动，人力装卸搬运活动。（二）通用仓储。包括：普通货物仓储服务；百货仓储服务，连锁零售仓储服务，专卖店仓储服务，其他商业流通仓储服务。（三）低温仓储。包括：普通冷库服务，超低温冷库服务。（四）危险品仓储。1. 油气仓储。2. 危险化学品仓储。3. 其他危险品仓储。（五）谷物、棉花等农产品仓储。1. 谷物仓储。2. 棉花仓储。3. 其他农产品仓储。（六）中药材仓储。包括：中草药仓储，中成药仓储，其他中药仓储。（七）其他仓储业。包括：包装物（托盘周转箱纸箱等）运营服务，存储加工包装服务，其他未列明的仓储。
60118	邮政	（一）邮政基本服务。包括：函件、印刷品寄递服务，邮政包裹寄递服务，邮政汇兑服务，报刊邮政服务，邮政柜台服务，电子邮政服务，其他邮政服务（邮箱出租、邮政礼仪）。（二）快递服务。包括：邮政企业提供的快递服务，快递企业提供的寄递服务。（三）其他寄递服务。包括：邮政企业和快递企业之外的企业提供的邮（快）件收寄、运输、分拣、投递等服务，邮政企业和快递企业之外的企业提供的其他寄递服务。
61119	住宿	（一）旅游饭店。指按照国家有关规定评定的旅游饭店和具有同等质量、水平的饭店活动。包括：旅游星级饭店住宿服务，旅游非星级住宿服务具有旅游饭店服务水平的宾馆、饭店、酒店、旅馆，具有同等水平的公寓式饭店、商务饭店，具有同等水平的度假村、避暑山庄，各单位办的具有旅游饭店服务水平的招待所，以对外提供住宿服务（提供给散客、团组的旅游、出差、商务、休闲等住宿）为主，具有旅游饭店同等水平的会议中心、会所（俱乐部）、培训中心、疗养所。（二）一般旅馆。1. 经济型连锁酒店。2. 其他一般旅馆。（三）民宿服务。包括：城市家庭住宿服务，农村家住宿服务，牧民家庭民宿服务，特色古镇、古村家庭民宿服务，民族乡、村（寨）民宿服务，短租公寓服务，其他民宿。（四）露营地服务。包括：自驾游露营地服务，自行车游客及其他游客露营地服务，夏令营营地服务，房车营地服务，运动飞行营地服务，其他露营地服务。（五）其他住宿业。包括：学生公寓住宿服务，车船住宿服务，分时度假住宿服务，分时住宿服务，其他未列明住宿服务。

续表 21

代码	产品部门名称	包括范围
62120	餐饮	指在一定场所,对食物进行现场烹饪、调制,并出售给顾客主要供现场消费的服务活动。(一)正餐服务。包括:宾馆、饭店、酒店内独立(或相对独立)的酒楼、餐厅,各种以正餐为主的酒楼、饭店、饭馆及其他用餐场所,各种自助式餐饮服务,各种以涮、烤为主的餐饮服务,车站、机场、码头内设的独立的餐饮服务,火车、轮船上独立的餐饮服务。(二)快餐服务。包括:中式快餐服务,外国快餐服务。(三)饮料及冷饮服务。1.茶馆服务。2.咖啡馆服务。3.酒吧服务。4.其他饮料及冷饮服务。(四)餐饮配送及外卖送餐服务。1.餐饮配送服务。2.外卖送餐服务。(五)其他餐饮业。1.小吃服务。2.其他未列明餐饮业。
63121	电信	指利用有线、无线的电磁系统或者光电系统,传送、发射或者接收语音、文字、数据、图像以及其他任何形式信息的活动。(一)固定电信服务。包括:本地电话服务,国内长途电话服务,港澳台长途电话服务,国际长途电话服务,IP电话服务,固定数据通信服务。(二)移动电信服务。包括:移动通信服务,其他移动电信服务。(三)其他电信服务。包括:增值电信服务(部分),通信数据传送服务,其他电信服务。
63122	广播电视及卫星传输服务	(一)广播电视传输服务。1.有线广播电视传输服务。2.无线广播电视传输服务。(二)卫星传输服务。1.广播电视卫星传输服务。2.其他卫星传输服务。
64123	互联网和相关服务	(一)互联网接入及相关服务。包括:因特网虚拟专用网服务,互联网管理服务。(二)互联网信息服务。1.互联网搜索服务。2.互联网游戏服务。3.互联网其他信息服务。(三)互联网平台。1.互联网生产服务平台。2.互联网生活服务平台。3.互联网科技创新平台。4.互联网公共服务平台。5.其他互联网平台。(四)互联网安全服务。包括:网络安全集成服务,网络安全运维服务,网络安全灾备服务,网络安全监测和应急服务,网络安全认证、检测服务,网络安全风险评估服务,网络安全咨询服务,网络安全培训服务,其他网络安全服务。(五)互联网数据服务。包括:大数据资源服务,数据库和云数据库服务,云计算服务,云存储服务,其他互联网数据处理服务。(六)其他互联网服务。包括:物联网服务,其他未列明互联网服务。
65124	软件服务	(一)基础软件开发。包括:操作系统软件开发,数据库系统软件开发,中间件软件开发,办公软件开发,其他基础软件开发服务。(二)支撑软件开发。包括:需求分析软件开发,软件建模软件开发,集成开发环境软件开发,测试软件开发,开发管理软件开发,逆向工程与再工程软件开发,环境数据库软件开发,网络平台软件开发,系统接口软件开发,软件维护工具开发,网络控制配置工具开发,其他支撑软件开发。(三)应用软件开发。包括:通用应用软件,行业应用软件,嵌入式软件,工业软件,网络和信息安全软件,人工智能软件服务。(四)其他软件开发。包括:专业平台软件开发,软件外包服务,其他软件技术服务。
65125	信息技术服务	(一)集成电路设计。包括:MOS微器件,逻辑电路,MOS存储器,模拟电路,专用电路,智能卡芯片及电子标签芯片,传感器电路(设计),微波集成电路,混合集成电路。(二)信息系统集成和物联网技术服务。1.信息系统集成服务。2.物联网技术服务。(三)运行维护服务。包括:运行维护服务,局域网安装、调试服务,局域网维护服务,其他网络技术支持服务。(四)信息处理和存储支持服务。包括:信息和数据的存储、分析、整理、计算、编辑、转发、备份等加工处理服务,数据集成服务,因特网数据中心服务,存储转发类服务,数据处理服务,信息系统基础设施运营服务(IaaS),在线IT企业资源规划服务、在线杀毒服务,客户交互服务,其他数据处理和存储服务。(五)信息技术咨询服务。包括:网络咨询服务,信息化规划服务,信息技术管理咨询服务,信息技术管理咨询服务,信息系统工程监理服务,测试评估服务,软件售后服务,信息技术培训服务,其他信息技术咨询服务。(六)数字内容服务。1.地理遥感信息服务。2.动漫、游戏数字内容服务。3.其他数字内容服务。(七)其他信息技术服务业。1.呼叫中心。2.其他未列明信息技术服务业。

续表22

代码	产品部门名称	包括范围
66126	货币金融和其他金融服务	(一)货币金融服务。1.中央银行服务。包括：中国人民银行,中国人民银行分支机构。2.货币银行服务。包括：商业银行服务,政策性银行服务,信用合作社服务,农村资金互助社服务,其他货币银行服务。3.非货币银行服务。包括：融资租赁服务,财务公司服务,典当,汽车金融公司服务,小额贷款公司服务,消费金融公司服务,网络借贷服务,其他非货币银行服务。4.银行理财服务。5.银行监管服务。包括：中国银行业监督管理委员会,中国银行业监督管理委员会分支机构。(二)其他金融。1.金融信托与管理服务。指经中国银监会批准设立的,主要经营信托业务的金融机构;信托业务是指信托公司以营业和收取报酬为目的,以受托人身份承诺信托和处理信托事务的经营行为。2.控股公司服务。指通过一定比例股份,控制某个公司或多个公司的集团,控股公司仅控制股权,不直接参与经营管理,以及其他类似的活动。3.非金融机构支付服务。指非金融机构在收付款人之间作为中介机构提供下列部分或全部货币资金转移服务,包括网络支付、预付卡的发行与受理、银行卡收单及中国人民银行确定的其他支付等服务。4.金融信息服务。5.金融资产管理公司。指经批准成立的,以从事收购、管理和处置不良资产业务为主,同时通过全资或控股金融类子公司提供银行、信托、证券、租赁、保险等综合化金融服务的金融企业。6.其他未列明金融业。包括：货币经纪公司服务,其他未包括金融业。
67127	资本市场服务	(一)证券市场服务。1.证券市场管理服务。2.证券经纪交易服务。(二)公开募集证券投资基金。包括：基金投资管理服务,基金托管服务,基金销售服务(包括销售支付),基金份额登记、估值、投资顾问、评价、信息技术系统服务等。(三)非公开募集证券投资基金。1.创业投资基金。2.天使投资。3.其他非公开募集证券投资基金。(四)期货市场服务。1.期货市场管理服务。2.其他期货市场服务。(五)证券期货监管服务。包括：证券监管服务,期货监管服务,行业自律服务,其他证券期货监管服务。(六)资本投资服务。包括：机构证券自营投资服务,创业投资服务,企业投资服务。(七)其他资本市场服务。包括：企业年金,社保基金,专户理财,股权众筹,市场风险监测服务,证券投资咨询服务,证券市场资信评级服务,证券投资基金销售服务,其他未列明资本市场服务。
68128	保险	(一)人身保险。1.人寿保险。2.年金保险。3.健康保险。4.意外伤害保险。(二)财产保险。指除人身保险外的保险活动,包括财产损失保险、责任保险、信用保险、保证保险等。(三)再保险。指承担与其他保险公司承保的现有保单相关的所有或部分风险的活动。(四)商业养老金。指专为单位雇员或成员提供退休金补贴而设立的法定实体的活动(如基金、计划和/或项目等),以及个人自愿建立的商业养老年金保险计划(参与者可以是单位雇员,也可以是个体工商户、自由职业者、灵活就业与弹性就业人群,完全由个人缴费),包括养老金定额补贴计划以及完全根据成员贡献确定补贴数额的个人养老金计划等。(五)保险中介服务。1.保险经纪服务。2.保险代理服务。3.保险公估服务。(六)保险资产管理。指保险资产管理机构接受委托,开展的保险资金、商业养老金等资金的投资管理活动。(七)保险监管服务。指根据国务院授权及相关法律、法规规定所履行的对保险市场的监督、管理活动。(八)其他保险活动。指其他未列明的与保险和商业养老金相关或密切相关的活动,包括救助管理、保险精算等。
70129	房地产	(一)房地产开发经营。包括：土地开发服务,房地产开发服务,房地产商经营服务。(二)物业管理。指物业服务企业按照合同约定,对房屋及配套的设施设备和相关场地进行维修、养护、管理,维护环境卫生和相关秩序的活动。(三)房地产中介服务。指房地产咨询、房地产价格评估、房地产经纪等活动。(四)房地产租赁经营。指各类单位和居民住户的营利性房地产租赁活动,以及房地产管理部门和企事业单位、机关提供的非营利性房地产租赁服务,包括体育场地租赁服务。(五)其他房地产业。包括：住房公积金缴存服务,住房公积金提取服务,住房公积金个人贷款服务,其他住房公积金管理服务,保障性住房受理服务,各种保障方式服务,保障性住房查询服务,其他保障性住房管理服务,房屋征收拆迁服务,房地产交易与权属登记管理服务,房屋信息核验服务,房屋交易资金管理服务,其他未列明房地产服务。

续表 23

代码	产品部门名称	包括范围
71130	租赁	（一）机械设备经营租赁。1. 汽车租赁。2. 农业机械经营租赁。3. 建筑工程机械与设备经营租赁。4. 计算机及通讯设备经营租赁。5. 医疗设备经营租赁。6. 其他机械与设备经营租赁。（二）文体设备和用品出租。1. 休闲娱乐用品设备出租。2. 体育用品设备出租。3. 文化用品设备出租。4. 图书出租。5. 音像制品出租。6. 其他文体设备和用品出租。（三）日用品出租。包括：固定摊点经营自行车出租服务，家具及家用电器用品出租服务，家用亚麻及纺织品出租服务，服装和鞋帽出租服务，工具及手工设备出租服务，其他未列明用品出租服务。
72131	商务服务	（一）组织管理服务。1. 企业总部管理。2. 投资与资产管理。3. 资源与产权交易服务。4. 单位后勤管理服务。5. 农村集体经济组织管理。6. 其他组织管理服务。（二）综合管理服务。1. 园区管理服务。2. 商业综合体管理服务。3. 市场管理服务。4. 供应链管理服务。5. 其他综合管理服务。（三）法律服务。1. 律师及相关法律服务。2. 公证服务。3. 其他法律服务。（四）咨询与调查。1. 会计、审计及税务服务。2. 市场调查。3. 社会经济咨询。4. 健康咨询。5. 环保咨询。6. 体育咨询。7. 其他专业咨询与调查。（五）广告业。1. 互联网广告服务。2. 其他广告服务。（六）人力资源服务。1. 公共就业服务。2. 职业中介服务。3. 劳务派遣服务。4. 创业指导服务。5. 其他人力资源服务。（七）安全保护服务。1. 安全服务。2. 安全系统监控服务。3. 其他安全保护服务。（八）会议、展览及相关服务。1. 科技会展服务。2. 旅游会展服务。3. 体育会展服务。4. 文化会展服务。5. 其他会议、展览及相关服务。（九）其他商务服务业。1. 旅行社及相关服务。2. 包装服务。3. 办公服务。4. 翻译服务。5. 信用服务。6. 非融资担保服务。7. 商务代理代办服务。8. 票务代理服务。9. 其他未列明商务服务业。
73132	研究和试验发展	指为了增加知识（包括有关自然、工程、人类、文化和社会的知识），以及运用这些知识创造新的应用，所进行的系统的、创造性的活动；该活动仅限于对新发现、新理论的研究，新技术、新产品、新工艺的研制研究与试验发展，包括基础研究、应用研究和试验发展。（一）自然科学研究和试验发展。（二）工程和技术研究和试验发展。（三）农业科学研究和试验发展。（四）医学研究和试验发展。（五）社会人文科学研究。
74133	专业技术服务	（一）气象服务。指从事气象探测、预报、服务和气象灾害防御、气候资源利用等活动。（二）地震服务。指地震监测预报、震灾预防和紧急救援等防震减灾活动。（三）海洋服务。1. 海洋气象服务。2. 海洋环境服务。3. 其他海洋服务。（四）测绘地理信息服务。1. 遥感测绘服务。2. 其他测绘地理信息服务。（五）质检技术服务。1. 检验检疫服务。2. 检测服务。3. 计量服务。4. 标准化服务。5. 认证认可服务。6. 其他质检技术服务。（六）环境与生态监测检测服务。1. 环境保护监测。2. 生态资源监测。3. 野生动物疫源疫病防控监测。（七）地质勘查。1. 能源矿产地质勘查。2. 固体矿产地质勘查。3. 水、二氧化碳等矿产地质勘查。4. 基础地质勘查。5. 地质勘查技术服务。（八）工程技术与设计服务。1. 工程管理服务。2. 工程监理服务。3. 工程勘察活动。4. 工程设计活动。5. 规划设计管理。6. 土地规划服务。（九）工业与专业设计及其他专业技术服务。1. 工业设计服务。2. 专业设计服务。3. 兽医服务。4. 其他未列明专业技术服务业。

续表 24

代码	产品部门名称	包括范围
75134	科技推广和应用服务	(一)技术推广服务。指将新技术、新产品、新工艺直接推向市场而进行的相关技术活动,以及技术推广和转让活动。1.农林牧渔技术推广服务。2.生物技术推广服务。3.新材料技术推广服务。4.节能技术推广服务。5.新能源技术推广服务。6.环保技术推广服务。7.三维(3D)打印技术推广服务。8.其他技术推广服务。(二)知识产权服务。指对专利、商标、版权、著作权、软件、集成电路布图设计等的代理、转让、登记、鉴定、评估、认证、咨询、检索等活动。(三)科技中介服务。指为科技活动提供社会化服务与管理,在政府、各类科技活动主体与市场之间提供居间服务的组织,主要开展信息交流、技术咨询、科技评估和科技鉴证等活动。(四)创业空间服务。指顺应新科技革命和产业变革新趋势,有效满足网络时代大众创业创新需求的创业服务平台,主要包括众创空间、科技企业孵化器、大学科技园、企业加速器、创客空间、创业基地等创业孵化载体。(五)其他科技推广服务业。指除技术推广、科技中介以外的其他科技服务,但不包括短期的日常业务活动。
76135	水利管理	(一)防洪除涝设施管理。指对江河湖泊开展的河道、堤防、岸线整治等活动及对河流、湖泊、行蓄洪区和沿海的防洪设施的管理活动,包括防洪工程设施的管理及运行维护等。(二)水资源管理。指对水资源的开发、利用、配置、节约等活动。(三)天然水收集与分配。指通过各种方式收集、分配天然水资源的活动,包括通过蓄水(水库、塘堰等)、提水、引水和井等水源工程,收集和分配各类地表和地下淡水资源的活动。(四)水文服务。指通过布设水文站网,对水的时空分布规律进行监测、收集和分析处理的活动。(五)其他水利管理业。包括:水资源保护服务,水土流失防治服务,水利设施管理咨询服务,防洪除涝技术咨询服务,水利资源开发利用咨询服务,水环境保护咨询服务,水土保持技术咨询服务,节水管理与技术咨询服务,水利情报收集服务,其他水利管理服务。
77136	生态保护和环境治理	(一)生态保护。1.自然生态系统保护管理。2.自然遗迹保护管理。3.野生动物保护。4.野生植物保护。5.动物园、水族馆管理服务。6.植物园管理服务。7.其他自然保护。(二)环境治理业。1.水污染治理。2.大气污染治理。3.固体废物治理。4.危险废物治理。5.放射性废物治理。6.土壤污染治理与修复服务。7.噪声与振动控制服务。8.其他污染治理。
78137	公共设施管理及土地管理	(一)市政设施管理。指污水排放、雨水排放、路灯、道路、桥梁、隧道、广场、涵洞、防空等城乡公共设施的抢险、紧急处理、管理等活动。(二)环境卫生管理。指城乡生活垃圾的清扫、收集、运输、处理和处置、管理等活动,以及对公共厕所、化粪池的清扫、收集、运输、处理和处置、管理等活动。(三)城乡市容管理。指城市户外标志、外景照明、公共建筑物、施工围挡、材料堆放、渣土清运、竣工清理等管理活动;乡、村户外标志、村容镇貌、柴草堆放、树木花草养护等管理活动。(四)绿化管理。指城市绿地和生产绿地、防护绿地、附属绿地等的管理活动。(五)城市公园管理。指主要为人们提供休闲、观赏、游览以及开展科普活动的城市各类公园管理活动。(六)游览景区管理。1.名胜风景区管理。2.森林公园管理。3.其他游览景区管理。(七)土地管理业。1.土地整治服务。2.土地调查评估服务。3.土地登记服务。4.土地登记代理服务。5.其他土地管理服务。
80138	居民服务	(一)家庭服务。指雇用家庭雇工的家庭住户和家庭户的自营活动,以及在雇主家庭从事有报酬的家庭雇工的活动,包括钟点工和居住在雇主家里的家政劳动者的活动。(二)托儿所服务。指社会、街道、个人办的面向不足三岁幼儿的看护活动,可分为全托、日托、半托,或计时的服务。(三)洗染服务。指专营的洗染店以及在宾馆、饭店内常设的独立(或相对独立)洗染服务。(四)理发及美容服务。指专业理发、美容保健服务,以及在宾馆、饭店或娱乐场所常设的独立(或相对独立)理发、美容保健服务。(五)洗浴和保健养生服务。1.洗浴服务。2.足浴服务。3.养生保健服务。(六)摄影扩印服务。包括:摄影服务,照片扩印及处理服务。(七)婚姻服务。包括:婚姻介绍服务,婚庆礼仪服务。(八)殡葬服务。指与殡葬有关的各类服务。(九)其他居民服务业。指上述未包括的居民服务。

续表 25

代码	产品部门名称	包括范围
81139	其他服务	(一)汽车、摩托车等修理与维护。1.汽车修理与维护。2.大型车辆装备修理与维护。3.摩托车修理与维护。4.助动车等修理与维护。(二)计算机和办公设备维修。1.计算机和辅助设备修理。2.通讯设备修理。3.其他办公设备维修。(三)家用电器修理。1.家用电子产品修理。2.日用电器修理。(四)其他日用产品修理业。1.自行车修理。2.鞋和皮革修理。3.家具和相关物品修理。4.其他未列明日用产品修理业。(五)清洁服务。1.建筑物清洁服务。2.其他清洁服务。(六)宠物服务。1.宠物饲养。2.宠物医院服务。3.宠物医院服务。4.宠物寄托收养服务。5.其他宠物服务。(七)其他未列明服务业。
83140	教育	(一)学前教育。指经教育行政部门批准举办的对学龄前幼儿进行保育和教育的活动。(二)初等教育。1.普通小学教育。2.成人小学教育。(三)中等教育。1.普通初中教育。2.职业初中教育。3.成人初中教育。4.普通高中教育。5.成人高中教育。6.中等职业学校教育。(四)高等教育。1.普通高等教育。2.成人高等教育。(五)特殊教育。(六)技能培训、教育辅助及其他教育。1.职业技能培训。2.体校及体育培训。3.文化艺术培训。4.教育辅助服务。5.其他未列明教育。
84141	卫生	(一)医院。1.综合医院。2.中医医院。3.中西医结合医院。4.民族医院。5.专科医院。6.疗养院。(二)基层医疗卫生服务。1.社区卫生服务中心(站)。2.街道卫生院。3.乡镇卫生院。4.村卫生室。5.门诊部(所)。(三)专业公共卫生服务。1.疾病预防控制中心。2.专科疾病防治院(所、站)。3.妇幼保健院(所、站)。4.急救中心(站)服务。5.采供血机构服务。6.计划生育技术服务活动。(四)其他卫生活动。1.健康体检服务。2.临床检验服务。3.其他未列明卫生服务。
85142	社会工作	(一)提供住宿社会工作。1.干部休养所。2.护理机构服务。3.精神康复服务。4.老年人、残疾人养护服务。5.临终关怀服务。6.孤残儿童收养和庇护服务。7.其他提供住宿社会救助。(二)不提供住宿社会工作。1.社会看护与帮助服务。2.康复辅具适配服务。3.其他不提供住宿社会工作。
86143	新闻和出版	(一)新闻业。包括:新闻采访服务,新闻编辑服务,新闻发布服务,其他新闻服务。(二)出版业。1.图书出版。2.报纸出版。3.期刊出版。4.音像制品出版。5.电子出版物出版。6.数字出版。7.其他出版业。
87144	广播、电视、电影和影视录音制作	(一)广播。指广播节目的现场制作、播放及其他相关活动,还包括互联网广播。(二)电视。指有线和无线电视节目的现场制作、播放及其他相关活动,还包括互联网电视。(三)影视节目制作。指电影、电视和录像(含以磁带、光盘为载体)节目的制作活动,该节目可以作为电视、电影播出、放映,也可以作为出版、销售的原版录像带(或光盘),还可以在其他场合宣传播放,还包括影视节目的后期制作,但不包括电视台制作节目的活动。(四)广播电视集成播控。指 IP 电视、手机电视、互联网电视等专网及定向传播视听节目服务的集成播控,还包括普通广播电视节目集成播控。(五)电影和广播电视节目发行。包括:电影发行服务,非电视台制作的电视节目发行服务,非电视台制作的电视节目进出口服务,电影进出口交易服务。(六)电影放映。指专业电影院以及设在娱乐场所独立(或相对独立)的电影放映等活动。(七)录音制作。指从事录音节目、音乐作品的制作活动,其节目或作品可以在广播电台播放,也可以制作成出版、销售的原版录音带(磁带或光盘),还可以在其他宣传场合播放,但不包括广播电台制作节目的活动。

续表26

代码	产品部门名称	包括范围
88145	文化艺术	(一)文艺创作与表演。指文学、美术创造和表演艺术(如戏曲、歌舞、话剧、音乐、杂技、马戏、木偶等表演艺术)等活动。(二)艺术表演场馆。指有观众席、舞台、灯光设备,专供文艺团体演出的场所管理活动。(三)图书馆与档案馆。1.图书馆。2.档案馆。(四)文物及非物质文化遗产保护。指对具有历史、文化、艺术、科学价值,并经有关部门鉴定,列入文物保护范围的不可移动文物的保护和管理活动;对我国口头传统和表现形式,传统表演艺术,社会实践、意识、节庆活动,有关的自然界和宇宙的知识和实践,传统手工艺等非物质文化遗产的保护和管理活动。(五)博物馆。指收藏、研究、展示文物和标本的博物馆的活动,以及展示人类文化、艺术、科技、文明的美术馆、艺术馆、展览馆、科技馆、天文馆等管理活动。(六)烈士陵园、纪念馆。包括:烈士陵园管理服务,烈士纪念馆管理服务。(七)群众文体活动。指对各种主要由城乡群众参与的文艺类演出、比赛、展览等公益性文化活动的管理活动。(八)其他文化艺术业。包括:网络(手机)文化服务,指提供文化内容的服务,史料、史志编辑服务,艺(美)术品、收藏品鉴定服务,艺(美)术品、收藏品评估服务,街头报刊橱窗管理服务,其他未列明文化艺术服务。
89146	体育	(一)体育组织。1.体育竞赛组织。2.体育保障组织。3.其他体育组织。(二)体育场地设施管理。1.体育场馆管理。2.其他体育场地设施管理。(三)健身休闲活动。指主要面向社会开放的休闲健身场所和其他体育娱乐场所的管理活动。(四)其他体育。1.体育中介代理服务。2.体育健康服务。3.其他未列明体育。
90147	娱乐	(一)室内娱乐活动。1.歌舞厅娱乐活动。2.电子游艺厅娱乐活动。3.网吧活动。4.其他室内娱乐活动。(二)游乐园。指配有大型娱乐设施的室外娱乐活动及以娱乐为主的活动。(三)休闲观光活动。指以农林牧渔业、制造业等生产和服务领域为对象的休闲观光旅游活动。(四)彩票活动。1.体育彩票服务。2.福利彩票服务。3.其他彩票服务。(五)文化体育娱乐活动与经纪代理服务。1.文化活动服务。2.体育表演服务。3.文化娱乐经纪人。4.体育经纪人。5.其他文化艺术经纪代理。(六)其他娱乐业。
94148	社会保障	(一)基本保险。1.基本养老保险。2.基本医疗保险。3.失业保险。4.工伤保险。5.生育保险。6.其他基本保险。(二)补充保险。指企业年金、职业年金、补充医疗和其他补充保险。(三)其他社会保障。包括最低生活保障服务。
91149	公共管理和社会组织	(一)中国共产党机关。包括:中国共产党各级机关,中国共产党所属各级办事机构。(二)国家机构。1.国家权力机构。指宪法规定的全国和地方各级人民代表大会及常委会机关的活动。2.国家行政机构。指国务院及所属行政主管部门的活动;县以上地方各级人民政府及所属各工作部门的活动;乡(镇)级地方人民政府的活动;行政管理部门下属的监督、检查机构的活动。3.监察委员会、人民法院和人民检察院。指宪法规定的人民法院和人民检察院的活动。4.其他国家机构。(三)人民政协、民主党派。1.人民政协。2.民主党派。(四)群众团体、社会团体和其他成员组织。1.群众团体。2.社会团体。3.基金会。4.宗教组织。(五)基层群众自治组织及其他组织。指通过选举产生的社区性组织,该组织为本地区提供一般性管理、调解、治安、优抚、计划生育等服务。1.社区居民自治组织。2.村民自治组织。

附件 3

投入产出调查指标与投入产出产品部门对照

1.1 种植业投入构成

指标名称	代码	对应的投入产出产品部门	投入产出产品部门代码
甲	乙		
一、种植业总产值	01	总产出	
其中：新经济活动产值	02	—	—
二、种植业中间消耗合计	03	—	—
1. 物质消耗	04	—	—
(1) 用种支出	05	农产品	01001
(2) 饲料、饲草	06	5%农产品	01001
		5%谷物磨制品	13012
		90%饲料加工品	13013
(3) 肥料	07	肥料	26044
(4) 燃料	08	8%煤炭开采和洗选产品	06006
		90%精炼石油和核燃料加工品	25041
		2%燃气生产和供应	45099
(5) 农药	09	农药	26045
(6) 农用塑料薄膜	10	塑料制品	29053
(7) 电	11	电力、热力生产和供应	44098
(8) 小农具购置费	12	50%农、林、牧、渔专用机械	35075
		50%金属制品	33066
(9) 办公用品购置费	13	10%造纸和纸制品	22037
		10%印刷和记录媒介复制品	23038
		60%文教、体育和娱乐用品	24040
		10%文化、办公用机械	34071
		10%计算机	39088
(10) 其他物质消耗	14	20%木材加工和木、竹、藤、棕、草制品	20035
		5%家具	21036
		20%钢压延产品	31062
		35%金属制品	33066
		10%农、林、牧、渔专用机械	35075
		5%汽车零部件及配件	36078
		5%其他交通运输设备	37081

续表

指 标 名 称	代　码	对应的投入产出产品部门	投入产出产品部门代码
甲	乙		
2.生产服务支出	15	—	—
（1）修理费	16	2012年典型调查	
（2）外雇运输费	17	20％铁路货物运输和运输辅助活动	53108
		45％道路货物运输和运输辅助活动	54110
		20％水上货物运输和运输辅助活动	55112
		10％航空货物运输和运输辅助活动	56114
		5％装卸搬运和仓储	59117
（3）生产性邮电费	18	30％邮政	60118
		70％电信	63121
（4）外雇排灌费	19	农、林、牧、渔服务产品	05005
（5）外雇机械作业费	20	农、林、牧、渔服务产品	05005
（6）配种费	21	农、林、牧、渔服务产品	05005
（7）防疫费	22	农、林、牧、渔服务产品	05005
（8）技术服务费	23	50％专业技术服务	74133
		50％科技推广和应用服务	75134
（9）上缴管理费	24	营业盈余	
（10）保险费	25	保险	68128
（11）广告费	26	商务服务	72131
（12）职工教育费	27	教育	83140
（13）差旅费	28	2017年典型调查	
（14）会议费	29	6％印刷和记录媒介复制品	23038
		1％工艺美术品	24039
		2％文教、体育和娱乐用品	24040
		8％铁路旅客运输	53107
		4％城市公共交通及公路客运	54109
		8％航空旅客运输	56113
		30％住宿	61119
		20％餐饮	62120
		1％软件服务	65124
		5％租赁	71130
		13％商务服务	72131
		2％劳动者报酬	
（15）其他服务费	30	余额按"生产服务支出"的中间投入比例分摊	
		10％资本市场服务	67127
		40％水利管理	76135
		5％公共管理和社会组织	91149

1.2 林业投入构成

指标名称	代码	对应的投入产出产品部门	投入产出产品部门代码
甲	乙		
一、林业总产值	01	总产出	
其中:新经济活动产值	02	—	—
二、林业中间消耗合计	03	—	—
1. 物质消耗	04	—	—
(1)用种支出	05	林产品	02002
(2)肥料	06	肥料	26044
(3)燃料	07	8%煤炭开采和洗选产品	06006
		90%精炼石油和核燃料加工品	25041
		2%燃气生产和供应	45099
(4)农药	08	农药	26045
(5)电	09	电力、热力生产和供应	44098
(6)小农具购置费	10	50%农、林、牧、渔专用机械	35075
		50%金属制品	33066
(7)办公用品购置费	11	10%造纸和纸制品	22037
		10%印刷和记录媒介复制品	23038
		60%文教、体育和娱乐用品	24040
		10%文化、办公用机械	34071
		10%计算机	39088
(8)其他物质消耗	12	20%木材加工和木、竹、藤、棕、草制品	20035
		5%家具	21036
		20%钢压延产品	31062
		35%金属制品	33066
		10%农、林、牧、渔专用机械	35075
		5%汽车零部件及配件	36078
		5%其他交通运输设备	37081
2. 生产服务支出	13	—	—
(1)修理费	14	2012年典型调查	
(2)外雇运输费	15	20%铁路货物运输和运输辅助活动	53108
		45%道路货物运输和运输辅助活动	54110
		20%水上货物运输和运输辅助活动	55112
		10%航空货物运输和运输辅助活动	56114
		5%装卸搬运和仓储	59117
(3)生产性邮电费	16	30%邮政	60118
		70%电信	63121
(4)外雇排灌费	17	农、林、牧、渔服务产品	05005
(5)外雇机械作业费	18	农、林、牧、渔服务产品	05005
(6)配种费	19	农、林、牧、渔服务产品	05005
(7)防疫费	20	农、林、牧、渔服务产品	05005

续表

指 标 名 称	代 码	对应的投入产出产品部门	投入产出产品部门代码
甲	乙		
(8)技术服务费	21	50%专业技术服务	74133
		50%科技推广和应用服务	75134
(9)上缴管理费	22	营业盈余	
(10)保险费	23	保险	68128
(11)广告费	24	商务服务	72131
(12)职工教育费	25	教育	83140
(13)差旅费	26	2017年典型调查	
(14)会议费	27	6%印刷和记录媒介复制品	23038
		1%工艺美术品	24039
		2%文教、体育和娱乐用品	24040
		8%铁路旅客运输	53107
		4%城市公共交通及公路客运	54109
		8%航空旅客运输	56113
		30%住宿	61119
		20%餐饮	62120
		1%软件服务	65124
		5%租赁	71130
		13%商务服务	72131
		2%劳动者报酬	
(15)其他服务费	28	余额按"生产服务支出"的中间投入比例分摊	
		10%资本市场服务	67127
		5%公共管理和社会组织	91149

1.3 牧业投入构成

指标名称	代码	对应的投入产出产品部门	投入产出产品部门代码
甲	乙		
一、牧业总产值	01	总产出	
其中:新经济活动产值	02	—	—
二、牧业中间消耗合计	03		—
1. 物质消耗	04	—	—
(1)用种支出	05	畜牧产品	03003
(2)饲料、饲草	06	5%农产品	01001
		5%谷物磨制品	13012
		90%饲料加工品	13013
(3)燃料	07	8%煤炭开采和洗选产品	06006
		90%精炼石油和核燃料加工品	25041
		2%燃气生产和供应	45099
(4)电	08	电力、热力生产和供应	44098
(5)畜牧水产养殖用药品	09	医药制品	27050
(6)其他物质消耗	10	30%金属制品	33066
		40%农、林、牧、渔专用机械	35075
		30%汽车零部件及配件	36078
2. 生产服务支出	11	—	—
(1)修理费	12	2012年典型调查	
(2)外雇运输费	13	20%铁路货物运输和运输辅助活动	53108
		45%道路货物运输和运输辅助活动	54110
		20%水上货物运输和运输辅助活动	55112
		10%航空货物运输和运输辅助活动	56114
		5%装卸搬运和仓储	59117
(3)生产性邮电费	14	30%邮政	60118
		70%电信	63121
(4)外雇排灌费	15	农、林、牧、渔服务产品	05005
(5)外雇机械作业费	16	农、林、牧、渔服务产品	05005
(6)配种费	17	农、林、牧、渔服务产品	05005
(7)防疫费	18	农、林、牧、渔服务产品	05005
(8)技术服务费	19	50%专业技术服务	74133
		50%科技推广和应用服务	75134
(9)上缴管理费	20	营业盈余	
(10)保险费	21	保险	68128
(11)广告费	22	商务服务	72131
(12)职工教育费	23	教育	83140
(13)差旅费	24	2017年典型调查	
(14)会议费	25	6%印刷和记录媒介复制品	23038

续表

指标名称	代码	对应的投入产出产品部门	投入产出产品部门代码
甲	乙		
（14）会议费	25	1％工艺美术品	24039
		2％文教、体育和娱乐用品	24040
		8％铁路旅客运输	53107
		4％城市公共交通及公路客运	54109
		8％航空旅客运输	56113
		30％住宿	61119
		20％餐饮	62120
		1％软件服务	65124
		5％租赁	71130
		13％商务服务	72131
		2％劳动者报酬	
（15）其他服务费	26	余额按"生产服务支出"的中间投入比例分摊	
		10％资本市场服务	67127
		5％公共管理和社会组织	91149

1.4 渔业投入构成

指 标 名 称	代 码	对应的投入产出产品部门	投入产出产品部门代码
甲	乙		
一、渔业总产值	01	总产出	
其中:新经济活动产值	02	—	—
二、渔业中间消耗合计	03	—	—
1.物质消耗	04	—	—
(1)用种支出	05	渔产品	04004
(2)饲料	06	5%农产品	01001
		5%谷物磨制品	13012
		90%饲料加工品	13013
(3)燃料	07	8%煤炭开采和洗选产品	06006
		90%精炼石油和核燃料加工品	25041
		2%燃气生产和供应	45099
(4)电	08	电力、热力生产和供应	44098
(5)畜牧水产养殖用药品	09	医药制品	27050
(6)办公用品购置费	10	10%造纸和纸制品	22037
		10%印刷和记录媒介复制品	23038
		60%文教、体育和娱乐用品	24040
		10%文化、办公用机械	34071
		10%计算机	39088
(7)其他物质消耗	11	5%木材加工和木、竹、藤、棕、草制品	20035
		5%家具	21036
		5%砖瓦、石材等建筑材料	30056
		5%陶瓷制品	30058
		15%金属制品	33066
		20%农、林、牧、渔专用机械	35075
		10%汽车零部件及配件	36078
		30%船舶及相关装置	37080
		5%其他交通运输设备	37081
2.生产服务支出	12	—	—
(1)修理费	13	2012年典型调查	
(2)外雇运输费	14	20%铁路货物运输和运输辅助活动	53108
		45%道路货物运输和运输辅助活动	54110
		20%水上货物运输和运输辅助活动	55112
		10%航空货物运输和运输辅助活动	56114
		5%装卸搬运和仓储	59117
(3)生产性邮电费	15	30%邮政	60118
		70%电信	63121
(4)外雇排灌费	16	农、林、牧、渔服务产品	05005
(5)外雇机械作业费	17	农、林、牧、渔服务产品	05005

续表

指标名称	代码	对应的投入产出产品部门	投入产出产品部门代码
甲	乙		
(6)配种费	18	农、林、牧、渔服务产品	05005
(7)防疫费	19	农、林、牧、渔服务产品	05005
(8)技术服务费	20	50%专业技术服务	74133
		50%科技推广和应用服务	75134
(9)上缴管理费	21	营业盈余	
(10)保险费	22	保险	68128
(11)广告费	23	商务服务	72131
(12)职工教育费	24	教育	83140
(13)差旅费	25	2017年典型调查	
(14)会议费	26	6%印刷和记录媒介复制品	23038
		1%工艺美术品	24039
		2%文教、体育和娱乐用品	24040
		8%铁路旅客运输	53107
		4%城市公共交通及公路客运	54109
		8%航空旅客运输	56113
		30%住宿	61119
		20%餐饮	62120
		1%软件服务	65124
		5%租赁	71130
		13%商务服务	72131
		2%劳动者报酬	
(15)其他服务费	27	余额按"生产服务支出"的中间投入比例分摊	
		10%资本市场服务	67127
		5%公共管理和社会组织	91149

1.5 农林牧渔服务业投入构成

指 标 名 称	代 码	对应的投入产出产品部门	投入产出产品部门代码
甲	乙		
一、农林牧渔服务业总产值	01	总产出	—
其中:新经济活动产值	02	—	—
二、农林牧渔服务业中间消耗合计	03	—	—
1. 物质消耗	04	—	—
(1)用种支出	05	70%农产品	01001
		10%林产品	02002
		10%畜牧产品	03003
		10%渔产品	04004
(2)饲料、饲草	06	5%农产品	01001
		5%谷物磨制品	13012
		90%饲料加工品	13013
(3)肥料	07	肥料	26044
(4)燃料	08	8%煤炭开采和洗选产品	06006
		90%精炼石油和核燃料加工品	25041
		2%燃气生产和供应	45099
(5)农药	09	农药	26045
(6)农用塑料薄膜	10	塑料制品	29053
(7)电	11	电力、热力生产和供应	44098
(8)小农具购置费	12	50%农、林、牧、渔专用机械	35075
		50%金属制品	33066
(9)畜牧水产养殖用药品	13	医药制品	27050
(10)办公用品购置费	14	10%造纸和纸制品	22037
		10%印刷和记录媒介复制品	23038
		60%文教、体育和娱乐用品	24040
		10%文化、办公用机械	34071
		10%计算机	39088
(11)其他物质消耗	15	10%木材加工和木、竹、藤、棕、草制品	20035
		5%家具	21036
		5%砖瓦、石材等建筑材料	30056
		5%陶瓷制品	30058
		5%钢压延产品	31062
		30%金属制品	33066
		20%农、林、牧、渔专用机械	35075
		5%汽车零部件及配件	36078
		10%船舶及相关装置	37080
		5%其他交通运输设备	37081
2. 生产服务支出	16	—	—
(1)修理费	17	2012年典型调查	

续表

指标名称	代码	对应的投入产出产品部门	投入产出产品部门代码
甲	乙		
(2)外雇运输费	18	20%铁路货物运输和运输辅助活动	53108
		45%道路货物运输和运输辅助活动	54110
		20%水上货物运输和运输辅助活动	55112
		10%航空货物运输和运输辅助活动	56114
		5%装卸搬运和仓储	59117
(3)生产性邮电费	19	30%邮政	60118
		70%电信	63121
(4)外雇排灌费	20	农、林、牧、渔服务产品	05005
(5)外雇机械作业费	21	农、林、牧、渔服务产品	05005
(6)配种费	22	农、林、牧、渔服务产品	05005
(7)防疫费	23	农、林、牧、渔服务产品	05005
(8)技术服务费	24	50%专业技术服务	74133
		50%科技推广和应用服务	75134
(9)上缴管理费	25	营业盈余	
(10)保险费	26	保险	68128
(11)广告费	27	商务服务	72131
(12)职工教育费	28	教育	83140
(13)差旅费	29	2017年典型调查	
(14)会议费	30	6%印刷和记录媒介复制品	23038
		1%工艺美术品	24039
		2%文教、体育和娱乐用品	24040
		8%铁路旅客运输	53107
		4%城市公共交通及公路客运	54109
		8%航空旅客运输	56113
		30%住宿	61119
		20%餐饮	62120
		1%软件服务	65124
		5%租赁	71130
		13%商务服务	72131
		2%劳动者报酬	
(15)其他服务费	31	按"生产服务支出"的中间投入比例分摊	

续表

2 规模以上工业企业产品成本和费用汇总表

指 标 名 称	汇总代码	对应的投入产出产品部门	投入产出产品部门代码
甲	乙		
一、工业总产值(当年价格)	01	总产出	
其中:新经济活动产值	02	—	—
二、制造成本	03	—	—
1. 直接材料消耗	04	—	—
(1)原材料及外购半成品	05	—	—
(工业企业材料消耗分类目录)	—		
…		—	
(2)燃料和动力	06	—	—
烟煤和无烟煤	07	煤炭开采和洗选产品	06006
褐煤	08	煤炭开采和洗选产品	06006
其他煤炭	09	煤炭开采和洗选产品	06006
天然气	10	石油和天然气开采产品	07007
原油及石油制品	11	精炼石油和核燃料加工品	25041
人造原油制品	12	精炼石油和核燃料加工品	25041
焦炭及其副产品	13	煤炭加工品	25042
电力、热力	14	电力、热力生产和供应	44098
其他	15	电力、热力生产和供应	44098
(3)包装物	16	4％棉、化纤纺织及印染精加工品	17027
		2％麻、丝绢纺织及加工品	17029
		12％木材加工和木、竹、藤、棕、草制品	20035
		40％造纸和纸制品	22037
		28％塑料制品	29053
		5％玻璃和玻璃制品	30057
		9％金属制品	33066
(4)修理用备件	17	2012年修理费典型调查中的自行修理材料费	
(5)其他直接材料	18	计入本部门消耗	
2. 直接人工	19	劳动者报酬	
3. 其他直接费用	20	余额计入金属制品、机械和设备修理服务	43097
其中:支付给个人部分	21	劳动者报酬	
上交给政府部分	22	生产税	
4. 制造费用	23	—	—
(1)生产单位管理人员工资	24	劳动者报酬	
(2)生产单位管理人员福利费	25	劳动者报酬	
(3)折旧费	26	固定资产折旧	
(4)修理费	27	2012年典型调查	

续表1

指标名称	汇总代码	对应的投入产出产品部门	投入产出产品部门代码
甲	乙		
(5)经营租赁费	28	余额计入租赁	71130
其中:房屋租赁费	29	房地产	70129
(6)保险费	30	保险	68128
(7)取暖费	31	50%电力、热力生产和供应	44098
		50%劳动者报酬	
(8)运输费	32	7%精炼石油和核燃料加工品	25041
		20%铁路货物运输和运输辅助活动	53108
		45%道路货物运输和运输辅助活动	54110
		20%水上货物运输和运输辅助活动	55112
		5%航空货物运输和运输辅助活动	56114
		3%多式联运和运输代理	58116
(9)劳动保护费	33	余额计入纺织服装服饰	18032
其中:保健补贴、洗理费	34	劳动者报酬	
(10)工具摊销	35	金属制品	33066
(11)设计制图费	36	专业技术服务	74133
(12)研发、试验检验费	37	余额不进行转换分解	—
其中:对外支付试验检验费	38	专业技术服务	74133
(13)水电费	39	余额计入电力、热力生产和供应	44098
其中:水费	40	水的生产和供应	46100
(14)机物料消耗	41	2017年典型调查	
(15)差旅费	42	2017年典型调查	
(16)办公费	43	2012年典型调查	
(17)劳务费	44	—	
①劳务派遣费	45	商务服务	72131
工资、社保费	46	—	
劳务管理费	47	—	
②劳务工资	48	劳动者报酬	
(18)邮政通信费	49	余额计入电信	63121
其中:邮政费	50	邮政	60118
互联网费	51	互联网和相关服务	64123
(19)外部加工费	52	计入对本部门消耗	—
(20)社保费	53	劳动者报酬	
(21)住房公积金和住房补贴	54	劳动者报酬	
(22)装卸费	55	装卸搬运和仓储	59117
(23)环境保护费	56	生产税	
(24)补偿费	57	营业盈余	
(25)其他制造费用	58	余额计入本部门消耗	—
其中:支付给个人部分	59	劳动者报酬	

续表2

指 标 名 称	汇总代码	对应的投入产出产品部门	投入产出产品部门代码
甲	乙		
上交给政府部分	60	生产税	
三、补充指标	—	—	—
1. 销售费用	61	—	—
运输费	831	7%精炼石油和核燃料加工品	25041
		20%铁路货物运输和运输辅助活动	53108
		45%道路货物运输和运输辅助活动	54110
		20%水上货物运输和运输辅助活动	55112
		5%航空货物运输和运输辅助活动	56114
		3%多式联运和运输代理	58116
装卸费	832	装卸搬运和仓储	59117
包装费	833	4%棉、化纤纺织及印染精加工品	17027
		1%麻、丝绢纺织及加工品	17029
		11%木材加工和木、竹、藤、棕、草制品	20035
		40%造纸和纸制品	22037
		28%塑料制品	29053
		2%玻璃和玻璃制品	30057
		9%金属制品	33066
		2%铁路货物运输和运输辅助活动	53108
		2%道路货物运输和运输辅助活动	54110
		1%水上货物运输和运输辅助活动	55112
保险费	834	保险	68128
仓库保管费	835	装卸搬运和仓储	59117
委托代销手续费	836	批发	51105
广告费、展览费、宣传费	837	70%商务服务	72131
		20%印刷和记录媒介复制品	23038
		8%文教、体育和娱乐用品	24040
		2%邮政	60118
业务费	838	60%餐饮	62120
		40%商务服务	72131
经营租赁费	839	租赁	71130
销售服务费用	840	其他服务	79139
销售部门人员工资	841	劳动者报酬	VA001
销售部门人员福利费	842	劳动者报酬	VA001
差旅费	843	2017年典型调查	
办公费	844	2012年典型调查	
邮政通信费	845	30%邮政	60118
		55%电信	63121
		15%互联网和相关服务	64123

续表 3

指标名称	汇总代码	对应的投入产出产品部门	投入产出产品部门代码
甲	乙		
招待费	846	5％酒精和酒	15023
		4％工艺美术品	24039
		2％城市公共交通及公路客运	54109
		7％住宿	61119
		70％餐饮	62120
		2％公共设施管理	78137
		10％娱乐	90147
折旧费	847	固定资产折旧	
修理费	848	2012年典型调查	
机物料消耗	849	2017年典型调查	
低值易耗品摊销	850	2017年典型调查	
社保费	851	劳动者报酬	
其他销售费用	852	余额计入商务服务	72131
其中:支付给个人部分	853	劳动者报酬	
上交给政府部分	899	生产税	
2. 管理费用	62	—	—
公司经费	854	余额计入商务服务	72131
其中:行政管理人员工资	855	劳动者报酬	
行政管理人员福利费	856	劳动者报酬	
折旧费	857	固定资产折旧	
差旅费	315	2017年典型调查	
办公费	858	2012年典型调查	
修理费	859	2012年典型调查	
机物料消耗	860	2017年典型调查	
低值易耗品摊销	861	2017年典型调查	
工会经费	316	60％劳动者报酬	
		40％营业盈余	
无形资产摊销	862	50％固定资产折旧	
		50％营业盈余	
邮政通信费	863	30％邮政	60118
		55％电信	63121
		15％互联网和相关服务	64123
印刷费	864	印刷和记录媒介复制品	23038
会议费	865	6％印刷和记录媒介复制品	23038
		3％工艺美术品	24039
		8％铁路旅客运输	53107
		4％城市公共交通及公路客运	54109
		8％航空旅客运输	56113
		30％住宿	61119

续表 4

指标名称	汇总代码	对应的投入产出产品部门	投入产出产品部门代码
甲	乙		
会议费	865	20%餐饮	62120
		1%软件服务	65124
		5%租赁	71130
		13%商务服务	72131
		2%劳动者报酬	
水电费	866	余额80%电力、热力生产和供应	44098
		余额20%水的生产和供应	46100
其中：上缴的各项税费	867	生产税	
警卫消防费、人防基金	868	50%商务服务	72131
		50%生产税	
仓库经费	869	10%纺织制成品	17031
		10%纺织服装服饰	18032
		20%木材加工和木、竹、藤、棕、草制品	20035
		10%水泥、石灰和石膏	30054
		20%金属制品	33066
		20%其他电气机械和器材	38087
		10%装卸搬运和仓储	59117
劳动保护费	870	余额计入纺织服装服饰	18032
其中：保健补贴、洗理费	871	劳动者报酬	
上交管理费	872	营业盈余	
职工取暖费和防暑降温费	873	劳动者报酬	
劳务费	874	劳动者报酬	
社保费	875	劳动者报酬	
住房公积金和住房补贴	876	劳动者报酬	
董事会费	877	6%印刷和记录媒介复制品	23038
		4%铁路旅客运输	53107
		4%城市公共交通及公路客运	54109
		7%航空旅客运输	56113
		30%住宿	61119
		25%餐饮	62120
		6%商务服务	72131
		3%教育	83140
		15%劳动者报酬	
聘请中介机构费（审计费）	878	商务服务	72131
咨询费	879	商务服务	72131
诉讼费	880	80%商务服务	72131
		20%公共管理和社会组织	91149
业务招待费	881	5%酒精和酒	15023

续表 5

指标名称	汇总代码	对应的投入产出产品部门	投入产出产品部门代码
甲	乙		
业务招待费	881	4％工艺美术品	24039
		2％城市公共交通及公路客运	54109
		7％住宿	61119
		70％餐饮	62120
		2％公共设施管理	78137
		10％娱乐	90147
上交的各种专项费用	882	生产税	
技术转让费	883	科技推广和应用服务	75134
职工教育经费	884	教育	83140
技术（研究）开发费	885	—	—
其中：支付科研人员的工资及福利费	886	—	—
汽车费支出	887	55％精炼石油和核燃料加工品	25041
		10％汽车零部件及配件	36078
		15％道路货物运输和运输辅助活动	54110
		10％保险	68128
		5％其他服务	79139
		5％公共管理和社会组织	91149
排污费	888	生产税	
绿化费	889	20％林产品	02002
		80％生产税	
坏账准备	890	营业盈余	
存货跌价准备	891	营业盈余	
其他管理费用	892	余额计入商务服务	72131
其中：支付给个人部分	893	劳动者报酬	
上交给政府部分	900	生产税	
3. 财务费用	63	余额计入货币金融和其他金融服务	66126
利息收入	318	货币金融和其他金融服务	66126
利息支出	319	货币金融和其他金融服务	66126
4. 从业人员平均人数（人）	64	—	—
5. 应付职工薪酬（本年贷方累计发生额）	65	—	—
6. 应交增值税	66	—	—
7. 税金及附加	309	—	—
其中：主营业务税金及附加	310	生产税	
8. 资产减值损失	320	—	—
9. 公允价值变动收益（损失以"－"号记）	321	以负数计入营业盈余	
10. 投资收益（损失以"－"号记）	322	以负数计入营业盈余	
11. 其他收益	330	—	—
12. 营业利润	323	营业盈余	

3. 规模以下工业企业成本费用汇总表

指标名称	汇总代码	对应的投入产出产品部门	投入产出产品部门代码
甲	乙		
一、工业总产值	01	总产出	
其中：新经济活动产值	02	—	—
二、成本费用支出	03	—	—
（一）材料消耗	04	—	—
1. 农、牧、渔产品及食品类	05	1_按规上工业农林牧渔、食品的比例分摊	
2. 煤炭类	06	煤炭开采和洗选产品	06006
3. 原油及燃料类	07	2_按规上工业石油和天然气开采产品的比例分摊	
4. 焦炭类	08	煤炭加工品	25042
5. 酒及酒精类	09	酒精和酒	15023
6. 纺织类	10	3_按规上工业纺织的比例分摊	
7. 原木、锯材及人造板类	11	木材加工和木、竹、藤、棕、草制品	20035
8. 纸浆及各类纸张类	12	造纸和纸制品	22037
9. 化工类	13	4_按规上工业化学产品的比例分摊	
10. 橡胶类	14	橡胶制品	29052
11. 塑料类	15	塑料制品	29053
12. 水泥、石灰等建材类	16	5_按规上工业非金属矿物制品的比例分摊	
13. 玻璃类	17	玻璃和玻璃制品	30057
14. 金属材料类	18	6_按规上工业金属冶炼和压延加工品、金属制品部门的比例分摊	
15. 机械及机械零配件类	19	7_按规上工业通用设备的比例分摊	
16. 电线、电缆、光缆及电工器材类	20	8_按规上工业电器机械和器材的比例分摊	
17. 仪器仪表类	21	仪器仪表	40094
18. 废品废料类	22	废弃资源和废旧材料回收加工品	42096
19. 其他类	23	9_按上述未出现的部门比例分摊	
（二）费用支出	24	—	—
1. 应付职工薪酬	25	劳动者报酬	
2. 本年折旧	26	固定资产折旧	
3. 修理费	27	余额按规上工业自行修理材料支出的比例分摊	
其中：房屋修理费	28	建筑装饰、装修和其他建筑服务	50104
机械设备、工具、器具修理费	29	金属制品、机械和设备修理服务	43097
4. 经营租赁费	30	余额计入租赁	71130
其中：房屋租赁费	31	房地产	70129
5. 财产保险费	32	保险	68128

续表1

指标名称	汇总代码	对应的投入产出产品部门	投入产出产品部门代码
甲	乙		
6. 取暖费及防暑降温费	33	50%电力、热力生产和供应	44098
		50%劳动者报酬	
7. 运输费	34	7%精炼石油和核燃料加工品	25041
		20%铁路货物运输和运输辅助活动	53108
		45%道路货物运输和运输辅助活动	54110
		20%水上货物运输和运输辅助活动	55112
		5%航空货物运输和运输辅助活动	56114
		3%多式联运和运输代理	58116
8. 劳动保护费	35	50%纺织服装服饰	18032
		50%劳动者报酬	
9. 生产工具摊销	36	金属制品	33066
10. 机物料消耗	37	2017年典型调查	
11. 设计制图费	38	专业技术服务	74133
12. 试验检验费	39	专业技术服务	74133
13. 电费	40	电力、热力生产和供应	44098
14. 水费	41	水的生产和供应	46100
15. 装卸费	42	装卸搬运和仓储	59117
16. 包装费	43	4%棉、化纤纺织及印染精加工品	17027
		1%麻、丝绢纺织及加工品	17029
		11%木材加工和木、竹、藤、棕、草制品	20035
		40%造纸和纸制品	22037
		28%塑料制品	29053
		2%玻璃和玻璃制品	30057
		9%金属制品	33066
		2%铁路货物运输和运输辅助活动	53108
		2%道路货物运输和运输辅助活动	54110
		1%水上货物运输和运输辅助活动	55112
17. 广告费	44	商务服务	72131
18. 展览费	45	商务服务	72131
19. 销售服务费用	46	其他服务	79139
20. 差旅费	47	2017年典型调查	
21. 办公费	48	2012年典型调查	
22. 工会经费	49	60%劳动者报酬	
		40%营业盈余	
23. 聘请中介机构费	50	商务服务	72131
24. 咨询费	51	商务服务	72131
25. 诉讼费	52	80%商务服务	72131
		20%公共管理和社会组织	91149
26. 业务招待费	53	5%酒精和酒	15023

续表 2

指标名称	汇总代码	对应的投入产出产品部门	投入产出产品部门代码
甲	乙		
26. 业务招待费	53	4%工艺美术品	24039
		2%城市公共交通及公路客运	54109
		7%住宿	61119
		70%餐饮	62120
		2%公共设施管理	78137
		10%娱乐	90147
27. 税金	54	生产税	
28. 技术转让费	55	科技推广和应用服务	75134
29. 职工教育经费	56	教育	83140
30. 技术（研究）开发费	57	2017年典型调查	
31. 排污费	58	生产税	
32. 绿化费	59	20%林产品	02002
		80%生产税	
33. 上交管理费	60	营业盈余	
34. 利息支出	61	货币金融和其他金融服务	66126
35. 利息收入	62	货币金融和其他金融服务	66126
36. 汇兑损失等其他财务费用	63	货币金融和其他金融服务	66126
37. 其他费用	64	50%软件服务	65124
		50%信息技术服务	65125
三、补充资料	—	—	—
1. 应交增值税	65	—	—
2. 税金及附加	66	生产税	
3. 从业人员平均人数（人）	67	—	—
4. 主营业务收入	68	—	—
5. 营业利润	69	营业盈余	

4.1 建筑业企业主营业务成本构成

指标名称	代 码	(项目金额)对应的投入产出部门	投入产出部门代码
甲	乙		
建筑业总产值	01	—	—
其中：房屋建筑业	02	总产出	
土木工程建筑业	03	总产出	
建筑安装业	04	总产出	
建筑装饰和其他建筑业	05	总产出	
主营业务成本	06	—	—
一、直接成本	07	—	—
1. 人工费	08	劳动者报酬	
2. 材料费	09	—	—
(按建筑业企业材料消耗分类目录填报)	—		
…	…	…	…
3. 机械使用费	10	—	—
(1)外单位施工机械租赁费	11	租赁	71130
(2)进出场费	12	余额计入劳动者报酬	
其中：人工费	13	劳动者报酬	
材料费	14	15%橡胶制品	29052
		25%塑料制品	29053
		20%石墨及其他非金属矿物制品	30060
		40%金属制品	33066
(3)自有机械使用费	15	—	—
①人工费	16	劳动者报酬	
②燃料及动力费	17	—	—
燃料费	18	40%煤炭开采和洗选产品	06006
		60%精炼石油和核燃料加工品	25041
动力费	19	电力、热力生产和供应	44098
③折旧费	20	固定资产折旧	
④修理费	21	2012年典型调查	
⑤机械其他直接费	22	90%道路货物运输和运输辅助活动	54110
		10%劳动者报酬	
⑥机械使用间接费	23	70%文化、办公用机械	34071
		30%劳动者报酬	
4. 其他直接费	24	—	—
(1)材料二次搬运费	25	道路货物运输和运输辅助活动	54110
(2)生产工具用具使用费	26	15%塑料制品	29053
		60%金属制品	33066
		25%其他通用设备	34072
(3)检验试验费	27	专业技术服务	74133

续表1

指标名称	代码	(项目金额)对应的投入产出部门	投入产出部门代码
甲	乙		
(4)工程定位复测费	28	专业技术服务	74133
(5)工程点交、场地清理费	29	50%建筑装饰、装修和其他建筑服务	50104
		50%专业技术服务	74133
(6)水电费	30	余额计入电力、热力生产和供应	44098
其中:水费	31	水的生产和供应	46100
(7)措施费(周转材料租用费)	32	租赁	71130
(8)其他	33	计入本部门消耗	
二、间接成本	34	—	—
1. 施工单位管理人员工资、奖金	35	劳动者报酬	
2. 施工单位管理人员职工福利费	36	劳动者报酬	
3. 施工单位管理用固定资产折旧	37	固定资产折旧	
4. 修理费	38	2012年典型调查	
5. 物料消耗	39	10%木材加工和木、竹、藤、棕、草制品	20035
		20%精炼石油和核燃料加工品	25041
		4%塑料制品	29053
		5%水泥、石灰和石膏	30054
		5%石墨及其他非金属矿物制品	30060
		20%金属制品	33066
		4%锅炉及原动设备	34067
		8%汽车零部件及配件	36078
		10%其他电气机械和器材	38087
		8%计算机	39088
		4%电子元器件	39092
		2%其他制造产品	41095
6. 办公费	40	2012年典型调查	
7. 低值易耗品摊销	41	2017年典型调查	
8. 劳动保护费	42	余额计入纺织服装服饰	18032
其中:保健补贴、洗理费	43	劳动者报酬	
9. 差旅费	44	2017年典型调查	
10. 财产保险费	45	保险	68128
11. 检验试验费	46	专业技术服务	74133
12. 工程保修费	47	建筑装饰、装修和其他建筑服务	50104
13. 排污费	48	生产税	
14. 其他费用	49	80%计入本部门消耗	
		20%其他服务	79139

4.2 建筑业企业期间费用构成

指标名称	代　码	对应的投入产出部门	投入产出部门代码
甲	乙		
一、管理费用	01	—	—
1. 公司经费	02	—	—
(1)行政管理部门职工工资	03	劳动者报酬	
(2)福利费	04	劳动者报酬	
(3)折旧费	05	固定资产折旧	
(4)差旅费	06	2017年典型调查	
(5)办公费	07	2012年典型调查	
(6)修理费	08	2012年典型调查	
(7)物料消耗	09	2%棉、化纤纺织及印染精加工品	17027
		4%纺织服装服饰	18032
		10%木材加工和木、竹、藤、棕、草制品	20035
		6%塑料制品	29053
		22%金属制品	33066
		8%家用器具	38086
		30%其他电气机械和器材	38087
		6%计算机	39088
		10%通信设备	39089
		2%其他制造产品	41095
(8)低值易耗品摊销	10	2017年典型调查	
(9)其他公司经费	11	商务服务	72131
2. 工会经费	12	60%劳动者报酬	
		40%营业盈余	
3. 社保费	13	劳动者报酬	
4. 董事会费	14	6%印刷和记录媒介复制品	23038
		4%铁路旅客运输	53107
		4%城市公共交通及公路客运	54109
		7%航空旅客运输	56113
		30%住宿	61119
		25%餐饮	62120
		6%商务服务	72131
		3%教育	83140
		15%劳动者报酬	
5. 聘请中介机构费(审计费)	15	商务服务	72131
6. 咨询费	16	商务服务	72131
7. 诉讼费	17	80%商务服务	72131
		20%公共管理和社会组织	91149
8. 招待费	18	5%酒精和酒	15023
		4%工艺美术品	24039

续表1

指标名称	代　码	对应的投入产出部门	投入产出部门代码
甲	乙		
8. 招待费	18	2％城市公共交通及公路客运	54109
		7％住宿	61119
		70％餐饮	62120
		2％公共设施管理	78137
		10％娱乐	90147
9. 税金及上交的各种专项费用	19	生产税	
10. 技术转让费	20	科技推广和应用服务	75134
11. 技术（研究）开发费	21	—	—
12. 排污费	22	生产税	
13. 绿化费	23	20％林产品	02002
		80％生产税	
14. 坏账准备与存货跌价准备	24	营业盈余	
15. 企业年金	25	劳动者报酬	
16. 会议会务费	26	6％印刷和记录媒介复制品	23038
		3％工艺美术品	24039
		8％铁路旅客运输	53107
		4％城市公共交通及公路客运	54109
		8％航空旅客运输	56113
		30％住宿	61119
		20％餐饮	62120
		1％软件服务	65124
		5％租赁	71130
		13％商务服务	72131
		2％劳动者报酬	
17. 水电费	27	余额计入电力、热力生产和供应	44098
其中：水费	28	水的生产和供应	46100
18. 出国人员经费	29	3％铁路旅客运输	53107
		2％城市公共交通及公路客运	54109
		1％水上旅客运输	55111
		35％航空旅客运输	56113
		33％住宿	61119
		15％餐饮	62120
		1％保险	68128
		1％商务服务	72131
		1％公共管理和社会组织	91149
		8％劳动者报酬	
19. 警卫消防费	30	商务服务	72131
20. 仓库经费	31	10％纺织制成品	17031
		10％纺织服装服饰	18032

续表2

指标名称	代 码	对应的投入产出部门	投入产出部门代码
甲	乙		
20. 仓库经费	31	20％木材加工和木、竹、藤、棕、草制品	20035
		10％水泥、石灰和石膏	30054
		20％金属制品	33066
		20％其他电气机械和器材	38087
		10％装卸搬运和仓储	59117
21. 劳动保护费	32	余额计入纺织服装服饰	18032
其中:保健补贴、洗理费	33	劳动者报酬	
22. 上交管理费	34	营业盈余	
23. 住房公积金和住房补贴	35	劳动者报酬	
24. 广告费	36	商务服务	72131
25. 职工取暖费和防暑降温费	37	劳动者报酬	
26. 运输费	38	7％精炼石油和核燃料加工品	25041
		20％铁路货物运输和运输辅助活动	53108
		45％道路货物运输和运输辅助活动	54110
		20％水上货物运输和运输辅助活动	55112
		5％航空货物运输和运输辅助活动	56114
		3％多式联运和运输代理	58116
27. 装卸费	39	装卸搬运和仓储	59117
28. 保险费	40	保险	68128
29. 租赁费	41	余额计入租赁	71130
其中:房屋租赁费	42	房地产	70129
30. 投标招标费	43	商务服务	72131
31. 劳务费	44	—	—
(1)劳务派遣费	45	商务服务	72131
工资、社保费	46	—	
劳务管理费	47	—	
(2)劳务工资	48	劳动者报酬	
32. 邮政通信费	49	余额计入电信	63121
其中:邮政费	50	邮政	60118
互联网费	51	互联网和相关服务	64123
33. 印刷费	52	印刷和记录媒介复制品	23038
34. 设计制图费	53	专业技术服务	74133
35. 职工教育经费	54	教育	83140
36. 取暖费	55	电力、热力生产和供应	44098
37. 无形资产摊销	56	50％固定资产折旧	
		50％营业盈余	
38. 安全施工措施费	57	50％印刷和记录媒介复制品	23038
		50％金属制品	33066

续表3

指标名称	代码	对应的投入产出部门	投入产出部门代码
甲	乙		
39. 其他管理费用	58	余额计入商务服务	72131
其中:支付给个人部分	59	劳动者报酬	
上交给政府部分	60	生产税	
二、财务费用	61	—	—
1. 利息支出	62	货币金融和其他金融服务	66126
2. 利息收入	63	货币金融和其他金融服务	66126
3. 汇兑损益	64	货币金融和其他金融服务	66126
4. 其他财务费用	65	余额计入货币金融和其他金融服务	66126
其中:支付证券公司手续费	66	资本市场服务	67127

4.3 建筑业企业利润表

指标名称	代 码	对应的投入产出部门	投入产出部门代码
甲	乙		
一、损益及分配	—	—	—
1. 营业收入	01	总产出	
其中:主营业务收入	02	—	—
其中:新经济活动营业收入	03	—	—
2. 营业成本	04	—	—
其中:主营业务成本	05	—	—
3. 税金及附加	06	生产税	
4. 管理费用	07	—	—
5. 财务费用	08	—	—
6. 资产减值损失	09	—	—
7. 公允价值变动收益((损失以"－"号记)	10	以负数计入营业盈余	
8. 投资收益(损失以"－"号记)	11	以负数计入营业盈余	
9. 其他收益	12	生产补贴	
10. 营业利润	13	营业盈余	
二、补充指标	—	—	—
1. 从业人员平均人数(人)	14	—	—
2. 应付职工薪酬(本年贷方累计发生额)	15	—	—
3. 应交增值税	16	—	—

5.1 批发和零售企业期间费用构成

指标名称	代码	对应的投入产出部门	投入产出部门代码
甲	乙		
一、销售费用	001	—	—
1. 运输费	002	7%精炼石油和核燃料加工品	25041
		20%铁路货物运输和运输辅助活动	53108
		45%道路货物运输和运输辅助活动	54110
		20%水上货物运输和运输辅助活动	55112
		5%航空货物运输和运输辅助活动	56114
		3%多式联运和运输代理	58116
2. 装卸费	003	装卸搬运和仓储	59117
3. 整理费	004	1%棉、化纤纺织和印染精加工品	17027
		9%麻、丝绢纺织及加工品	17029
		1%木材加工和木、竹、藤、棕、草制品	20035
		10%造纸和纸制品	22037
		33%塑料制品	29053
		30%金属制品	33066
		6%铁路旅客运输	53107
		6%道路货物运输和运输辅助活动	54110
		3%水上货物运输和运输辅助活动	55112
		1%航空货物运输和运输辅助活动	56114
4. 包装费	005	1%棉、化纤纺织及印染精加工品	17027
		13%麻、丝绢纺织及加工品	17029
		1%木材加工和木、竹、藤、棕、草制品	20035
		14%造纸和纸制品	22037
		47%塑料制品	29053
		1%金属制品	33066
		9%铁路货物运输和运输辅助活动	53108
		9%道路货物运输和运输辅助活动	54110
		4%水上货物运输和运输辅助活动	55112
		1%航空货物运输和运输辅助活动	56114
5. 保险费	006	保险	68128
6. 差旅费	007	2017年典型调查	
7. 广告费、展览费	008	商务服务	72131
8. 保管费	009	装卸搬运和仓储	59117
9. 检验费	010	专业技术服务	74133
10. 中转费	011	50%道路货物运输和运输辅助活动	54110
		50%装卸搬运和仓储	59117
11. 劳务费	012	—	—
（1）劳务派遣费	013	商务服务	72131
工资、社保费	014	—	—

续表1

指标名称	代码	对应投入产出部门	投入产出部门代码
甲	乙		
劳务管理费	015	—	—
（2）劳务工资	016	劳动者报酬	
12. 商品损耗	017	—	—
（1）粮油类损耗	018	—	—
（2）肉禽蛋类损耗	019	—	—
（3）其他食品损耗	020	—	—
（4）饮料类损耗	021	—	—
（5）烟酒类损耗	022	—	—
（6）纺织品类损耗	023	—	—
（7）针织品类损耗	024	—	—
（8）煤炭及制品类损耗	025	—	—
（9）石油及制品类损耗	026	—	—
（10）其他损耗	027	—	—
13. 进出口商品累计佣金	028	劳动者报酬	
14. 经营人员工资	029	劳动者报酬	
15. 经营人员福利费	030	劳动者报酬	
16. 住房公积金和住房补贴	031	劳动者报酬	
17. 社保费	032	劳动者报酬	
18. 各项津贴补贴、科技奖励等	033	劳动者报酬	
19. 工会经费	034	60%劳动者报酬	
		40%营业盈余	
20. 职工教育经费	035	教育	83140
21. 售后服务费	036	37%家用器具	38086
		10%广播电视设备和雷达及配套设备	39090
		44%视听设备	39091
		9%其他电子设备	39093
22. 清洁卫生费	037	房地产	70129
23. 服装费	038	纺织服装服饰	18032
24. 经营租赁费	039	余额计入租赁	71130
其中：房屋租赁费	040	房地产	70129
25. 修理费	041	2012年典型调查	
26. 邮政通信费	042	余额计入电信	63121
其中：邮政费	043	邮政	60118
互联网费	044	互联网和相关服务	64123
27. 水电费	045	余额计入电力、热力生产和供应	44098

续表2

指标名称	代码	对应投入产出部门	投入产出部门代码
甲	乙		
其中:水费	046	水的生产和供应	46100
28. 取暖费	047	50%电力、热力生产和供应	44098
		50%劳动者报酬	
29. 燃油费	048	精炼石油和核燃料加工品	25041
30. 折旧费	049	固定资产折旧	
31. 招待费	050	5%酒精和酒	15023
		4%工艺美术品	24039
		2%城市公共交通及公路客运	54109
		7%住宿	61119
		70%餐饮	62120
		2%公共设施管理	78137
		10%娱乐	90147
32. 会议会务费	051	9%印刷和记录媒介复制品	23038
		8%铁路旅客运输	53107
		4%城市公共交通及公路客运	54109
		8%航空旅客运输	56113
		30%住宿	61119
		20%餐饮	62120
		1%软件服务	65124
		5%租赁	71130
		13%商务服务	72131
		2%劳动者报酬	
33. 交易手续费	052	20%商务服务	72131
		40%劳动者报酬	
		40%生产税	
34. 其他销售费用	053	批发	51105
二、管理费用	054	—	—
1. 工资	055	劳动者报酬	
2. 福利费	056	劳动者报酬	
3. 折旧费	057	固定资产折旧	
4. 差旅费	058	2017年典型调查	
5. 办公费	059	2012年典型调查	
6. 修理费	060	2012年典型调查	
7. 物料消耗	061	26%家具	21036
		14%造纸和纸制品	22037
		10%印刷和记录媒介复制品	23038
		5%工艺美术品	24039
		4%精炼石油和核燃料加工品	25041
		4%塑料制品	29053

续表3

指标名称	代码	对应投入产出部门	投入产出部门代码
甲	乙		
7. 物料消耗	061	2％有色金属压延加工品	32065
		2％金属制品	33066
		2％文化、办公用机械	34071
		31％其他电气机械和器材	38087
8. 低值易耗品摊销	062	2017年典型调查	
9. 工会经费	063	60％劳动者报酬	
		40％营业盈余	
10. 董事会费	064	6％印刷和记录媒介复制品	23038
		4％铁路旅客运输	53107
		4％城市公共交通及公路客运	54109
		7％航空旅客运输	56113
		30％住宿	61119
		25％餐饮	62120
		6％商务服务	72131
		3％教育	83140
		15％劳动者报酬	
11. 聘请中介机构费（审计费）	065	商务服务	72131
12. 咨询费	066	商务服务	72131
13. 诉讼费	067	80％商务服务	72131
		20％公共管理和社会组织	91149
14. 招待费	068	5％酒精和酒	15023
		4％工艺美术品	24039
		2％城市公共交通及公路客运	54109
		7％住宿	61119
		70％餐饮	62120
		2％公共设施管理	78137
		10％娱乐	90147
15. 税金	069	生产税	
16. 技术转让费	070	科技推广和应用服务	75134
17. 职工教育经费	071	教育	83140
18. 技术（研究）开发费	072	—	—
19. 排污费	073	生产税	
20. 绿化费	074	20％林产品	02002
		80％生产税	
21. 坏账准备和存货跌价准备	075	营业盈余	
22. 企业年金	076	劳动者报酬	
23. 印刷费	077	印刷和记录媒介复制品	23038

续表4

指标名称	代码	对应投入产出部门	投入产出部门代码
甲	乙		
24. 会议会务费	078	9%印刷和记录媒介复制品	23038
		8%铁路旅客运输	53107
		4%城市公共交通及公路客运	54109
		8%航空旅客运输	56113
		30%住宿	61119
		20%餐饮	62120
		1%软件服务	65124
		5%租赁	71130
		13%商务服务	72131
		2%劳动者报酬	
25. 水电费	079	余额计入电力、热力生产和供应	44098
其中：水费	080	水的生产和供应	46100
26. 取暖费	081	电力、热力生产和供应	44098
27. 警卫消防费	082	商务服务	72131
28. 仓库经费	083	10%纺织制成品	17031
		10%纺织服装服饰	18032
		20%木材加工和木、竹、藤、棕、草制品	20035
		10%水泥、石灰和石膏	30054
		20%金属制品	33066
		20%其他电气机械和器材	38087
		10%装卸搬运和仓储	59117
29. 劳动保护费	084	余额计入纺织服装服饰	18032
其中：保健补贴、洗理费	085	劳动者报酬	
30. 上交管理费	086	营业盈余	
31. 住房公积金和住房补贴	087	劳动者报酬	
32. 防洪建设维护费	088	生产税	
33. 职工取暖费和防暑降温费	089	劳动者报酬	
34. 保险费	090	保险	68128
35. 广告费、展览费	091	商务服务	72131
36. 燃料费	092	余额计入精炼石油和核燃料加工品	25041
其中：汽油、柴油	093	精炼石油和核燃料加工品	25041
天然气	094	燃气生产和供应	45099
煤气	095	燃气生产和供应	45099
37. 劳务费	096	—	—
（1）劳务派遣费	097	商务服务	72131

续表5

指标名称	代码	对应投入产出部门	投入产出部门代码
甲	乙		
工资、社保费	098	—	—
劳务管理费	099	—	—
（2）劳务工资	100	劳动者报酬	
38. 制服费	101	纺织服装服饰	18032
39. 邮政通信费	102	余额计入电信	63121
其中：邮政费	103	邮政	60118
互联网费	104	互联网和相关服务	64123
40. 洗涤费	105	其他服务	79139
41. 招聘费	106	10%印刷和记录媒介复制品	23038
		30%房地产	70129
		60%商务服务	72131
42. 执照/许可证费	107	生产税	
43. 员工体检费	108	卫生	84141
44. 人防基金	109	生产税	
45. 社保费	110	劳动者报酬	
46. 租赁费	111	余额计入租赁	71130
其中：房屋租赁费	112	房地产	70129
47. 环保卫生费	113	公共设施管理	78137
48. 协(学)会会费	114	公共管理和社会组织	91149
49. 外事费	115	余额4%计入城市公共交通及公路客运	54109
		余额2%计入邮政	60118
		余额30%计入住宿	61119
		余额60%计入餐饮	62120
		余额4%计入商务服务	72131
其中：出国人员经费	116	3%铁路旅客运输	53107
		2%城市公共交通及公路客运	54109
		1%水上旅客运输	55111
		35%航空旅客运输	56113
		33%住宿	61119
		15%餐饮	62120
		1%保险	68128
		1%商务服务	72131
		1%公共管理和社会组织	91149
		8%劳动者报酬	
50. 长期待摊费用摊销	117	营业盈余	
51. 物业管理费	118	房地产	70129

续表6

指标名称	代码	对应投入产出部门	投入产出部门代码
甲	乙		
52. 举报费	119	营业盈余	
53. 协同办案费	120	公共管理和社会组织	91149
54. 检测举证费	121	专业技术服务	74133
55. 系统维护费	122	软件服务	65124
56. 其他管理费用	123	商务服务	72131
三、财务费用	124	—	—
1. 利息支出	125	货币金融和其他金融服务	66126
2. 利息收入	126	货币金融和其他金融服务	66126
3. 汇兑损益	127	货币金融和其他金融服务	66126
4. 其他财务费用	128	余额计入货币金融和其他金融服务	66126
其中:支付证券公司手续费	129	资本市场服务	67127

5.2 批发和零售企业利润表

指 标 名 称	代 码	对应投入产出部门	投入产出部门代码
甲	乙		
一、损益及分配	—	—	—
1. 营业收入	01	总产出	
其中:主营业务收入	02	—	—
其中:新经济活动营业收入	03	—	—
2. 营业成本	04	以负数计入总产出	
其中:主营业务成本	05	—	—
3. 税金及附加	06	生产税	
4. 销售费用	07	—	—
5. 管理费用	08	—	—
6. 财务费用	09	—	—
7. 资产减值损失	10	—	—
8. 公允价值变动收益(损失以"－"号记)	11	以负数计入营业盈余	
9. 投资收益(损失以"－"号记)	12	以负数计入营业盈余	
10. 其他收益	13	生产补贴	
11. 营业利润	14	营业盈余	
二、补充指标	—	—	—
1. 从业人员平均人数(人)	15	—	—
2. 应付职工薪酬(本年贷方累计发生额)	16	—	—
3. 应交增值税	17	—	—

5.3 批发和零售企业毛利额

指标名称	代码	投入产出部门	投入产出部门代码
甲	乙		
合计	01	—	—
1. 粮油、食品类	02	余额对应林产品	02002
		余额对应其他食品	14022
其中：粮油类	03	农产品	01001
		谷物磨制品	13012
		植物油加工品	13014
		糖及糖制品	13015
		方便食品	14019
		乳制品	14020
		调味品、发酵制品	14021
肉禽蛋类	04	畜牧产品	03003
		屠宰及肉类加工品	13016
水产品类	05	渔产品	04004
		水产加工品	13017
蔬菜类	06	蔬菜、水果、坚果和其他农副食品加工品	13018
干鲜果品类	07	蔬菜、水果、坚果和其他农副食品加工品	13018
2. 饮料类	08	饮料	15024
		精制茶	15025
3. 烟酒类	09	—	—
（1）烟草类	10	烟草制品	16026
（2）酒类	11	酒精和酒	15023
4. 服装、鞋帽、针纺织品类	12	—	—
（1）服装类	13	纺织服装服饰	18032
		皮革、毛皮、羽毛及其制品	19033
（2）鞋帽类	14	鞋	19034
（3）纺织品类	15	棉、化纤纺织及印染精加工品	17027
		毛纺织及染整精加工品	17028
		麻、丝绢纺织及加工品	17029
		纺织制成品	17031
（4）针织品类	16	针织或钩针编织及其制品	17030
5. 化妆品类	17	日用化学产品	26049
6. 金银珠宝类	18	工艺美术品	24039
7. 日用品类	19	—	—
其中：儿童玩具类	20	文教、体育和娱乐用品	24040
洗涤用品类	21	日用化学产品	26049
日用金属制品	22	金属制品	33066
日用搪瓷制品	23	陶瓷制品	30058
日用塑料制品	24	橡胶制品	29052

续表1

指标名称	代码	投入产出部门	投入产出部门代码
甲	乙		
日用皮革制品	25	皮革、毛皮、羽毛及其制品	19033
日用玻璃器皿	26	玻璃和玻璃制品	30057
工艺美术品	27	工艺美术品	24039
其他日用品	28	木材加工和木、竹、藤、棕、草制品	20035
		其他制造产品	41095
8. 五金、电料类	29	金属制品	33066
		电线、电缆、光缆及电工器材	38084
		其他电气机械和器材	38087
9. 体育、娱乐用品类	30	余额计入文教、体育和娱乐用品	24040
其中:照相器材类	31	文化、办公用机械	34071
10. 书报杂志类	32	印刷和记录媒介复制品	23038
		新闻和出版	86143
11. 电子出版物及音像制品类	33	印刷和记录媒介复制品	23038
12. 家用电器和音像器材类	34	家用器具	38086
		视听设备	39091
13. 中西药品类	35	医药制品	27050
其中:西药类	36	—	—
中草药及中成药类	37	—	—
14. 文化办公用品类	38	造纸和纸制品	22037
		文教、体育和娱乐用品	24040
		文化、办公用机械	34071
其中:计算机及其配套产品	39	计算机	39088
15. 家具类	40	家具	21036
16. 通讯器材类	41	通信设备	39089
17. 煤炭及制品类	42	煤炭开采和洗选产品	06006
		煤炭加工品	25042
18. 木材及制品类	43	木材加工和木、竹、藤、棕、草制品	20035
19. 石油及制品类	44	石油和天然气开采产品	07007
		精炼石油和核燃料加工品	25041
20. 化工材料及制品类	45	非金属矿采选产品	10010
		基础化学原料	26043
		农药	26045
		涂料、油墨、颜料及类似产品	26046
		合成材料	26047
		专用化学产品和炸药、火工、焰火产品	26048
		化学纤维制品	28051

续表 2

指标名称	代码	投入产出部门	投入产出部门代码
甲	乙		
其中:化肥类	46	肥料	26044
橡胶制品	47	橡胶制品	29052
塑料制品	48	塑料制品	29053
21. 金属材料类	49	黑色金属矿采选产品	08008
		有色金属矿采选产品	09009
		钢	31061
		钢压延产品	31062
		铁及铁合金产品	31063
		有色金属及其合金	32064
		有色金属压延加工品	32065
22. 建筑及装潢材料类	50	非金属矿采选产品	10010
		涂料、油墨、颜料及类似产品	26046
		水泥、石灰和石膏	30054
		石膏、水泥制品及类似制品	30055
		砖瓦、石材等建筑材料	30056
		玻璃和玻璃制品	30057
		陶瓷制品	30058
		耐火材料制品	30059
		石墨及其他非金属矿物制品	30060
23. 机电产品及设备类	51	锅炉及原动设备	34067
		金属加工机械	34068
		物料搬运设备	34069
		泵、阀门、压缩机及类似机械	34070
		文化、办公用机械	34071
		其他通用设备	34072
		采矿、冶金、建筑专用设备	35073
		化工、木材、非金属加工专用设备	35074
		其他专用设备	35076
		铁路运输和城市轨道交通设备	37079
		船舶及相关装置	37080
		其他交通运输设备	37081
		电机	38082
		输配电及控制设备	38083
		电线、电缆、光缆及电工器材	38084
		电池	38085
		其他电气机械和器材	38087
		通信设备	39089
		广播电视设备和雷达及配套设备	39090
		视听设备	39091

续表3

指标名称	代码	投入产出部门	投入产出部门代码
甲	乙		
23. 机电产品及设备类	51	电子元器件	39092
		其他电子设备	39093
		仪器仪表	40094
其中:农机类	52	农、林、牧、渔专用机械	35075
24. 汽车类	53	汽车整车	36077
		汽车零部件及配件	36078
25. 种子饲料类	54	农产品	01001
		饲料加工品	13013
26. 棉麻类	55	农产品	01001
27. 其他类	56	其他制造产品	41095

5.4 批发和零售企业购进商品来源

指 标 名 称	代 码	投入产出部门	投入产出部门代码
甲	乙		
合计	01	—	—
1.粮油、食品类	02	余额归入林产品	02002
		余额归入其他食品	14022
其中:粮油类	03	农产品	01001
		谷物磨制品	13012
		植物油加工品	13014
		糖及糖制品	13015
		方便食品	14019
		乳制品	14020
		调味品、发酵制品	14021
肉禽蛋类	04	畜牧产品	03003
		屠宰及肉类加工品	13016
水产品类	05	渔产品	04004
		水产加工品	13017
蔬菜类	06	蔬菜、水果、坚果和其他农副食品加工品	13018
干鲜果品类	07	蔬菜、水果、坚果和其他农副食品加工品	13018
2.饮料类	08	饮料	15024
		精制茶	15025
3.烟酒类	09	—	—
(1)烟草类	10	烟草制品	16026
(2)酒类	11	酒精和酒	15023
4.服装、鞋帽、针纺织品类	12	—	—
(1)服装类	13	纺织服装服饰	18032
		皮革、毛皮、羽毛及其制品	19033
(2)鞋帽类	14	鞋	19034
(3)纺织品类	15	棉、化纤纺织及印染精加工品	17027
		毛纺织及染整精加工品	17028
		麻、丝绢纺织及加工品	17029
		纺织制成品	17031
(4)针织品类	16	针织或钩针编织及其制品	17030
5.化妆品类	17	日用化学产品	26049
6.金银珠宝类	18	工艺美术品	24039
7.日用品类	19	—	—
其中:儿童玩具类	20	文教、体育和娱乐用品	24040
洗涤用品类	21	日用化学产品	26049
日用金属制品	22	金属制品	33066

续表1

指标名称	代码	投入产出部门	投入产出部门代码
甲	乙		
日用搪瓷制品	23	陶瓷制品	30058
日用塑料制品	24	橡胶制品	29052
日用皮革制品	25	皮革、毛皮、羽毛及其制品	19033
日用玻璃器皿	26	玻璃和玻璃制品	30057
工艺美术品	27	工艺美术品	24039
其他日用品	28	木材加工和木、竹、藤、棕、草制品	20035
		其他制造产品	41095
8. 五金、电料类	29	金属制品	33066
		电线、电缆、光缆及电工器材	38084
		其他电气机械和器材	38087
9. 体育、娱乐用品类	30	余额计入文教、体育和娱乐用品	24040
其中:照相器材类	31	文化、办公用机械	34071
10. 书报杂志类	32	印刷和记录媒介复制品	23038
		新闻和出版	86143
11. 电子出版物及音像制品类	33	印刷和记录媒介复制品	23038
12. 家用电器和音像器材类	34	家用器具	38086
		视听设备	39091
13. 中西药品类	35	医药制品	27050
其中:西药类	36	—	—
中草药及中成药类	37	—	—
14. 文化办公用品类	38	造纸和纸制品	22037
		文教、体育和娱乐用品	24040
		文化、办公用机械	34071
其中:计算机及其配套产品	39	计算机	39088
15. 家具类	40	家具	21036
16. 通讯器材类	41	通信设备	39089
17. 煤炭及制品类	42	煤炭开采和洗选产品	06006
		煤炭加工品	25042
18. 木材及制品类	43	木材加工和木、竹、藤、棕、草制品	20035
19. 石油及制品类	44	石油和天然气开采产品	07007
		精炼石油和核燃料加工品	25041
20. 化工材料及制品类	45	非金属矿采选产品	10010
		基础化学原料	26043
		农药	26045
		涂料、油墨、颜料及类似产品	26046
		合成材料	26047
		专用化学产品和炸药、火工、焰火产品	26048
		化学纤维制品	28051

续表2

指 标 名 称	代 码	投入产出部门	投入产出部门代码
甲	乙		
其中:化肥类	46	肥料	26044
橡胶制品	47	橡胶制品	29052
塑料制品	48	塑料制品	29053
21. 金属材料类	49	黑色金属矿采选产品	08008
		有色金属矿采选产品	09009
		钢	31061
		钢压延产品	31062
		铁及铁合金产品	31063
		有色金属及其合金	32064
		有色金属压延加工品	32065
22. 建筑及装潢材料类	50	非金属矿采选产品	10010
		涂料、油墨、颜料及类似产品	26046
		水泥、石灰和石膏	30054
		石膏、水泥制品及类似制品	30055
		砖瓦、石材等建筑材料	30056
		耐火材料制品	30059
		玻璃和玻璃制品	30057
		陶瓷制品	30058
		石墨及其他非金属矿物制品	30060
23. 机电产品及设备类	51	锅炉及原动设备	34067
		金属加工机械	34068
		物料搬运设备	34069
		泵、阀门、压缩机及类似机械	34070
		文化、办公用机械	34071
		其他通用设备	34072
		采矿、冶金、建筑专用设备	35073
		化工、木材、非金属加工专用设备	35074
		其他专用设备	35076
		铁路运输和城市轨道交通设备	37079
		船舶及相关装置	37080
		其他交通运输设备	37081
		电机	38082
		输配电及控制设备	38083
		电线、电缆、光缆及电工器材	38084
		电池	38085
		其他电气机械和器材	38087
		通信设备	39089
		广播电视设备和雷达及配套设备	39090
		视听设备	39091

续表3

指标名称	代码	投入产出部门	投入产出部门代码
甲	乙		
23. 机电产品及设备类	51	电子元器件	39092
		其他电子设备	39093
		仪器仪表	40094
其中:农机类	52	农、林、牧、渔专用机械	35075
24. 汽车类	53	汽车整车	36077
		汽车零部件及配件	36078
25. 种子饲料类	54	农产品	01001
		饲料加工品	13013
26. 棉麻类	55	农产品	01001
27. 其他类	56	其他制造产品	41095

6.1 道路运输企业主营业务成本构成

指标名称	代码	对应的投入产出部门	投入产出部门代码
甲	乙		
主营业务成本	01	—	—
1.工资	02	劳动者报酬	
2.福利费	03	劳动者报酬	
3.折旧费	04	固定资产折旧	
4.修理费	05	2012年典型调查	
5.低值易耗品摊销	06	2017年典型调查	
6.燃料费	07	余额计入精炼石油和核燃料加工品	25041
其中:汽油、柴油	08	精炼石油和核燃料加工品	25041
天然气	09	燃气生产和供应	45099
煤气	10	燃气生产和供应	45099
7.润料	11	精炼石油和核燃料加工品	25041
8.轮胎	12	橡胶制品	29052
9.车辆牌照检验费	13	专业技术服务	74133
10.车辆清洗费	14	其他服务	79139
11.车辆冬季预热费	15	精炼石油和核燃料加工品	25041
12.过路过桥费	16	道路货物运输和运输辅助活动	54110
13.过渡费	17	水上货物运输和运输辅助活动	55112
14.过隧道费	18	道路货物运输和运输辅助活动	54110
15.租赁费	19	余额计入租赁	71130
其中:房屋租赁费	20	房地产	70129
16.取暖费	21	50%电力、热力生产和供应	44098
		50%劳动者报酬	
17.水电费	22	余额计入电力、热力生产和供应	44098
其中:水费	23	水的生产和供应	46100
18.办公费	24	2012年典型调查	
19.差旅费	25	2017年典型调查	
20.司机途中宿费	26	住宿	61119
21.司机途中餐费	27	餐饮	62120
22.社保费	28	劳动者报酬	
23.劳动保护费	29	余额计入纺织服装服饰	18032
其中:保健补贴、洗理费	30	劳动者报酬	
24.保险费	31	保险	68128
25.罚款支出	32	—	—
26.其他成本	33	装卸搬运和仓储	59117

6.2 道路运输企业期间费用构成

指标名称	代码	对应的投入产出部门	投入产出部门代码
甲	乙		
一、管理费用	01	—	—
1.工资	02	劳动者报酬	
2.福利费	03	劳动者报酬	
3.折旧费	04	固定资产折旧	
4.差旅费	05	2017年典型调查	
5.办公费	06	2012年典型调查	
6.修理费	07	2012年典型调查	
7.物料消耗	08	4%纺织制成品	17031
		1%纺织服装服饰	18032
		1%皮革、毛皮、羽毛及其制品	19033
		1%鞋	19034
		18%家具	21036
		3%专用化学产品和炸药、火工、焰火产品	26048
		2%橡胶制品	29052
		5%塑料制品	29053
		17%金属制品	33066
		8%文化、办公用机械	34071
		2%其他通用设备	34072
		3%其他专用设备	35076
		12%汽车零部件及配件	36078
		7%其他交通运输设备	37081
		3%家用器具	38086
		2%其他电气机械和器材	38087
		5%计算机	39088
		1%视听设备	39091
		1%电子元器件	39092
		3%其他电子设备	39093
		1%仪器仪表	40094
8.低值易耗品摊销	09	2017年典型调查	
9.工会经费	10	60%劳动者报酬	
		40%营业盈余	
10.董事会费	11	6%印刷和记录媒介复制品	23038
		4%铁路旅客运输	53107
		4%城市公共交通及公路客运	54109
		7%航空旅客运输	56113
		30%住宿	61119
		25%餐饮	62120
		6%商务服务	72131

续表1

指标名称	代码	对应的投入产出部门	投入产出部门代码
甲	乙		
10.董事会费	11	3%教育	83140
		15%劳动者报酬	
11.聘请中介机构费(审计费)	12	商务服务	72131
12.咨询费	13	商务服务	72131
13.诉讼费	14	80%商务服务	72131
		20%公共管理和社会组织	91149
14.招待费	15	5%酒精和酒	15023
		4%工艺美术品	24039
		2%城市公共交通及公路客运	54109
		7%住宿	61119
		70%餐饮	62120
		2%公共设施管理	78137
		10%娱乐	90147
15.税金	16	生产税	
16.技术转让费	17	科技推广和应用服务	75134
17.职工教育经费	18	教育	83140
18.技术(研究)开发费	19	—	—
19.排污费	20	生产税	
20.绿化费	21	20%林产品	02002
		80%生产税	
21.坏账损失	22	营业盈余	
22.企业年金	23	劳动者报酬	
23.印刷费	24	印刷和记录媒介复制品	23038
24.会议会务费	25	9%印刷和记录媒介复制品	23038
		8%铁路旅客运输	53107
		4%城市公共交通及公路客运	54109
		8%航空旅客运输	56113
		30%住宿	61119
		20%餐饮	62120
		1%软件服务	65124
		5%租赁	71130
		13%商务服务	72131
		2%劳动者报酬	
25.水电费	26	余额计入电力、热力生产和供应	44098
其中:水费	27	水的生产和供应	46100
26.出国人员经费	28	3%铁路旅客运输	53107
		2%城市公共交通及公路客运	54109

续表2

指标名称	代码	对应的投入产出部门	投入产出部门代码
甲	乙		
26.出国人员经费	28	1%水上旅客运输	55111
		18%航空旅客运输	56113
		45%住宿	61119
		20%餐饮	62120
		1%保险	68128
		1%商务服务	72131
		1%公共管理和社会组织	91149
		8%劳动者报酬	
27.警卫消防费	29	商务服务	72131
28.仓库经费	30	10%纺织制成品	17031
		10%纺织服装服饰	18032
		20%木材加工和木、竹、藤、棕、草制品	20035
		10%水泥、石灰和石膏	30054
		20%金属制品	33066
		20%其他电气机械和器材	38087
		10%装卸搬运和仓储	59117
29.劳动保护费	31	余额计入纺织服装服饰	18032
其中:保健补贴、洗理费	32	劳动者报酬	
30.上交管理费	33	营业盈余	
31.住房公积金和住房补贴	34	劳动者报酬	
32.广告费、展览费	35	商务服务	72131
33.防洪建设维护费	36	生产税	
34.职工取暖费和防暑降温费	37	劳动者报酬	
35.保险费	38	保险	68128
36.燃料费	39	余额计入精炼石油和核燃料加工品	25041
其中:汽油、柴油	40	精炼石油和核燃料加工品	25041
天然气	41	燃气生产和供应	45099
煤气	42	燃气生产和供应	45099
37.劳务费	43	—	—
(1)劳务派遣费	44	商务服务	72131
工资、社保费	45	—	—
劳务管理费	46	—	—
(2)劳务工资	47	劳动者报酬	
38.邮政通信费	48	—	—

续表3

指 标 名 称	代 码	对应的投入产出部门	投入产出部门代码
甲	乙		
其中:邮政费	49	邮政	60118
互联网费	50	互联网和相关服务	64123
39.执照/许可证费	51	生产税	
40.员工体检费	52	卫生	84141
41.人防基金	53	生产税	
42.社保费	54	劳动者报酬	
43.租赁费	55	余额计入租赁	71130
其中:房屋租赁费	56	房地产	70129
44.环保卫生费	57	公共设施管理	78137
45.协(学)会会费	58	公共管理和社会组织	91149
46.长期待摊费用摊销	59	营业盈余	
47.物业管理费	60	房地产	70129
48.取暖费	61	电力、热力生产和供应	44098
49.其他管理费用	62	商务服务	72131
二、财务费用	63	—	—
1.利息支出	64	货币金融和其他金融服务	66126
2.利息收入	65	货币金融和其他金融服务	66126
3.汇兑损益	66	货币金融和其他金融服务	66126
4.其他财务费用	67	余额计入货币金融和其他金融服务	66126
其中:支付证券公司手续费	68	资本市场服务	67127

6.3 道路运输企业利润表

指 标 名 称	汇总代码	对应的投入产出部门	投入产出部门代码
甲	乙		
一、损益及分配	—		—
1.营业收入	01	总产出	
其中:主营业务收入	02	—	—
其中:新经济活动营业收入	03	—	
2.营业成本	04	—	
其中:主营业务成本	05	—	
3.税金及附加	06	生产税	
4.管理费用	07	—	
5.财务费用	08	—	
6.资产减值损失	09	—	
7.公允价值变动收益(亏损以"－"号填列)	10	以负数计入营业盈余	
8.投资收益(亏损以"－"号填列)	11	以负数计入营业盈余	
9.其他收益	12	生产补贴	
10.营业利润	13	营业盈余	
二、补充指标	—	—	—
1.从业人员平均人数(人)	14	—	—
2.应付职工薪酬(本年贷方累计发生额)	15	—	—
3.应交增值税	16	—	—

7.1　水上运输企业主营业务成本构成

指标名称	代码	对应投入产出部门	投入产出部门代码
甲	乙		
主营业务成本	01	—	—
1.工资	02	劳动者报酬	
2.福利费	03	劳动者报酬	
3.职工出航费	04	劳动者报酬	
4.职工奖金	05	劳动者报酬	
5.船舶检验费	06	专业技术服务	74133
6.船舶保险费	07	保险	68128
7.生产用材料费	08	—	—
(1)缆绳	09	纺织制成品	17031
(2)木材加工产品	10	木材加工和木、竹、藤、棕、草制品	20035
(3)家具用品	11	家具	21036
(4)油漆	12	涂料、油墨、颜料及类似产品	26046
(5)润滑油	13	精炼石油和核燃料加工品	25041
(6)塑料制品	14	塑料制品	29053
(7)玻璃制品	15	玻璃和玻璃制品	30057
(8)陶瓷制品	16	陶瓷制品	30058
(9)钢材	17	钢压延产品	31062
(10)金属铸、锻件	18	金属制品	33066
(11)焊条	19	金属制品	33066
(12)氧、乙炔	20	基础化学原料	26043
(13)五金材料	21	金属制品	33066
(14)码头装卸设备及皮带机配件	22	物料搬运设备	34069
(15)轴承、齿轮、转动及驱动部件	23	其他通用设备	34072
(16)移动车辆配件	24	汽车零部件及配件	36078
(17)电器用品	25	50％家用器具	38086
		50％其他电气机械和器材	38087
(18)仪器仪表	26	仪器仪表	40094
(19)餐饮材料	27	7％农产品	01001
		4％畜牧产品	03003
		10％渔产品	04004
		4％谷物磨制品	13012
		3％植物油加工品	13014
		1％糖及糖制品	13015
		29％屠宰及肉类加工品	13016
		5％水产加工品	13017

续表1

指标名称	代码	对应投入产出部门	投入产出部门代码
甲	乙		
(19)餐饮材料	27	8%蔬菜、水果、坚果和其他农副食品加工品	13018
		8%方便食品	14019
		8%其他食品	14022
		7%酒精和酒	15023
		4%饮料	15024
		2%烟草制品	16026
(20)其他	28	按上述"生产用材料费(08)"分摊	
8.燃料费	29	余额计入精炼石油和核燃料加工品	25041
其中:汽油、柴油	30	精炼石油和核燃料加工品	25041
天然气	31	燃气生产和供应	45099
煤气	32	燃气生产和供应	45099
9.折旧费	33	固定资产折旧	
10.租赁费	34	余额计入租赁	71130
其中:房屋租赁费	35	房地产	70129
11.港口费	36	水上货物运输和运输辅助活动	55112
12.破冰费	37	水上货物运输和运输辅助活动	55112
13.乘客紧急救护费	38	卫生	84141
14.灯塔费	39	水上货物运输和运输辅助活动	55112
15.吨税、国境税	40	生产税	
16.运河费	41	水上货物运输和运输辅助活动	55112
17.船舶、电器修理费	42	80%船舶及相关装置	37080
		20%其他服务	79139
18.过渡费	43	水上货物运输和运输辅助活动	55112
19.服装费	44	纺织服装服饰	18032
20.取暖费	45	50%电力、热力生产和供应	44098
		50%劳动者报酬	
21.清凉补助费	46	劳动者报酬	
22.码头停靠费	47	水上货物运输和运输辅助活动	55112
23.车辆、船舶办证费	48	公共管理和社会组织	91149
24.船用GPS费用	49	电信	63121
25.港务费	50	水上货物运输和运输辅助活动	55112
26.报讯、气象费	51	专业技术服务	74133
27.办公费	52	2012年典型调查	
28.差旅费	53	2017年典型调查	
29.设计制图费	54	专业技术服务	74133
30.试验检验费	55	专业技术服务	74133
31.联运运费	56	多式联运和运输代理	58116
32.社保费	57	劳动者报酬	
33.润料费	58	精炼石油和核燃料加工品	25041
34.其他成本	59	装卸搬运和仓储	59117

7.2 水上运输企业期间费用构成

指标名称	代码	对应投入产出部门	投入产出部门代码
甲	乙		
一、管理费用	01	—	—
1.工资	02	劳动者报酬	
2.福利费	03	劳动者报酬	
3.折旧费	04	固定资产折旧	
4.差旅费	05	2017年典型调查	
5.办公费	06	2012年典型调查	
6.修理费	07	2012年典型调查	
7.物料消耗	08	4%纺织制成品	17031
		1%纺织服装服饰	18032
		1%皮革、毛皮、羽毛及其制品	19033
		1%鞋	19034
		18%家具	21036
		3%专用化学产品和炸药、火工、焰火产品	26048
		2%橡胶制品	29052
		5%塑料制品	29053
		17%金属制品	33066
		8%文化、办公用机械	34071
		2%其他通用设备	34072
		3%其他专用设备	35076
		12%汽车零部件及配件	36078
		7%其他交通运输设备	37081
		3%家用器具	38086
		2%其他电气机械和器材	38087
		5%计算机	39088
		1%视听设备	39091
		1%电子元器件	39092
		3%其他电子设备	39093
		1%仪器仪表	40094
8.低值易耗品摊销	09	2017年典型调查	
9.工会经费	10	60%劳动者报酬	
		40%营业盈余	
10.董事会费	11	6%印刷和记录媒介复制品	23038
		4%铁路旅客运输	53107
		4%城市公共交通及公路客运	54109
		7%航空旅客运输	56113
		30%住宿	61119
		25%餐饮	62120

续表1

指标名称	代码	对应投入产出部门	投入产出部门代码
甲	乙		
10.董事会费	11	6%商务服务	72131
		3%教育	83140
		15%劳动者报酬	
11.聘请中介机构费(审计费)	12	商务服务	72131
12.咨询费	13	商务服务	72131
13.诉讼费	14	80%商务服务	72131
		20%公共管理和社会组织	91149
14.招待费	15	5%酒精和酒	15023
		4%工艺美术品	24039
		2%城市公共交通及公路客运	54109
		7%住宿	61119
		70%餐饮	62120
		2%公共设施管理	78137
		10%娱乐	90147
15.税金	16	生产税	
16.技术转让费	17	科技推广和应用服务	75134
17.职工教育经费	18	教育	83140
18.技术(研究)开发费	19	—	—
19.排污费	20	生产税	
20.绿化费	21	20%林产品	02002
		80%生产税	
21.坏账损失	22	营业盈余	
22.企业年金	23	劳动者报酬	
23.印刷费	24	印刷和记录媒介复制品	23038
24.会议会务费	25	9%印刷和记录媒介复制品	23038
		8%铁路旅客运输	53107
		4%城市公共交通及公路客运	54109
		8%航空旅客运输	56113
		30%住宿	61119
		20%餐饮	62120
		1%软件服务	65124
		5%租赁	71130
		13%商务服务	72131
		2%劳动者报酬	
	26	余额计入电力、热力生产和供应	44098
其中:水费	27	水的生产和供应	46100
26.出国人员经费	28	3%铁路旅客运输	53107
		2%城市公共交通及公路客运	54109

续表 2

指标名称	代码	对应投入产出部门	投入产出部门代码
甲	乙		
26.出国人员经费	28	1％水上旅客运输	55111
		18％航空旅客运输	56113
		45％住宿	61119
		20％餐饮	62120
		1％保险	68128
		1％商务服务	72131
		1％公共管理和社会组织	91149
		8％劳动者报酬	
27.警卫消防费	29	商务服务	72131
28.仓库经费	30	10％纺织制成品	17031
		10％纺织服装服饰	18032
		20％木材加工和木、竹、藤、棕、草制品	20035
		10％水泥、石灰和石膏	30054
		20％金属制品	33066
		20％其他电气机械和器材	38087
		10％装卸搬运和仓储	59117
29.劳动保护费	31	余额计入纺织服装服饰	18032
其中:保健补贴、洗理费	32	劳动者报酬	
30.上交管理费	33	营业盈余	
31.住房公积金和住房补贴	34	劳动者报酬	
32.广告费、展览费	35	商务服务	72131
33.防洪建设维护费	36	生产税	
34.职工取暖费和防暑降温费	37	劳动者报酬	
35.保险费	38	保险	68128
36.燃料费	39	余额计入精炼石油和核燃料加工品	25041
其中:汽油、柴油	40	精炼石油和核燃料加工品	25041
天然气	41	燃气生产和供应	45099
煤气	42	燃气生产和供应	45099
37.劳务费	43	—	—
(1)劳务派遣费	44	商务服务	72131
工资、社保费	45	—	—
劳务管理费	46	—	—
(2)劳务工资	47	劳动者报酬	
38.邮政通信费	48	余额计入电信	63121
其中:邮政费	49	邮政	60118
互联网费	50	互联网和相关服务	64123
39.执照/许可证费	51	生产税	
40.员工体检费	52	卫生	84141

续表3

指标名称	代码	对应投入产出部门	投入产出部门代码
甲	乙		
41.人防基金	53	生产税	
42.社保费	54	劳动者报酬	
43.租赁费	55	余额计入租赁	71130
其中:房屋租赁费	56	房地产	70129
44.环保卫生费	57	公共设施管理	78137
45.协(学)会会费	58	公共管理和社会组织	91149
46.长期待摊费用摊销	59	营业盈余	
47.物业管理费	60	房地产	70129
48.取暖费	61	电力、热力生产和供应	44098
49.交通费	62	55%精炼石油和核燃料加工品	25041
		10%汽车零部件及配件	36078
		15%道路货物运输和运输辅助活动	54110
		10%保险	68128
		5%其他服务	79139
		5%公共管理和社会组织	91149
50.后勤车油料费	63	精炼石油和核燃料加工品	25041
51.后勤车修理费	64	2012年典型调查	
52.后勤车过桥费	65	道路货物运输和运输辅助活动	54110
53.其他管理费用	66	商务服务	72131
二、财务费用	67	—	—
1.利息支出	68	货币金融和其他金融服务	66126
2.利息收入	69	货币金融和其他金融服务	66126
3.汇兑损益	70	货币金融和其他金融服务	66126
4.其他财务费用	71	余额计入货币金融和其他金融服务	66126
其中:支付证券公司手续费	72	资本市场服务	67127

7.3 水上运输企业利润表

指标名称	代码	对应投入产出部门	投入产出部门代码
甲	乙		
一、损益及分配	—	—	—
1.营业收入	01	总产出	
其中:主营业务收入	02	—	—
其中:新经济活动营业收入	03	—	—
2.营业成本	04	—	—
其中:主营业务成本	05	—	—
3.税金及附加	06	生产税	
4.管理费用	07	—	—
5.财务费用	08	—	—
6.资产减值损失	09	—	—
7.公允价值变动收益(亏损以"－"号填列)	10	以负数计入营业盈余	
8.投资收益(亏损以"－"号填列)	11	以负数计入营业盈余	
9.其他收益	12	生产补贴	
10.营业利润	13	营业盈余	
二、补充指标	—	—	—
1.从业人员平均人数(人)	14	—	—
2.应付职工薪酬(本年贷方累计发生额)	15	—	—
3.应交增值税	16	—	—

8.1 航空运输企业主营业务成本构成

指标名称	代码	对应投入产出部门	投入产出部门代码
甲	乙		
一、航空客货运输成本（航空公司填报）	01	—	—
1.工资	02	劳动者报酬	
2.福利费	03	劳动者报酬	
3.住房公积金和住房补贴	04	劳动者报酬	
4.折旧费	05	固定资产折旧	
5.修理费	06	2012年典型调查	
6.航材消耗件消耗	07	—	—
其中：金属密封件	08	其他通用设备	34072
紧固件	09	其他通用设备	34072
金属丝绳及其制品	10	金属制品	33066
其他	11	其他专用设备	35076
7.高价周转件摊销	12	固定资产折旧	
其中：内燃机及配件	13	—	—
飞机零部件	14	—	—
其他	15	—	—
8.低值易耗品摊销	16	2017年典型调查	
9.上下班交通补贴	17	劳动者报酬	
10.制服费	18	纺织服装服饰	18032
11.航空油料消耗	19	精炼石油和核燃料加工品	25041
12.飞行训练费	20	航空货物运输和运输辅助活动	56114
13.国内外起降服务费	21	航空货物运输和运输辅助活动	56114
14.客舱服务费	22	15％纺织制成品	17031
		5％金属制品、机械和设备修理服务	43097
		15％租赁	71130
		25％其他服务	81139
		10％新闻和出版	86143
		30％广播、电视、电影和影视录音制作	87144
15.租赁费	23	余额计入租赁	71130
其中：房屋租赁费	24	房地产	70129
16.经营性租赁和融资租赁关税	25	生产税	
17.经营性租赁增值税	26	生产税	
18.职工取暖费和防暑降温费	27	劳动者报酬	
19.水电费	28	余额计入电力、热力生产和供应	44098
其中：水费	29	水的生产和供应	46100
20.办公费	30	2012年典型调查	
21.劳动保护费	31	余额计入纺织服装服饰	18032

续表1

指标名称	代码	对应投入产出部门	投入产出部门代码
甲	乙		
其中:保健补贴、洗理费	32	劳动者报酬	
22.保险费	33	保险	68128
23.旅客餐宿供应品费	34	5%其他食品	14022
		5%酒精和酒	15023
		10%饮料	15024
		5%精制茶	15025
		20%纺织制成品	17031
		7%造纸和纸制品	22037
		5%日用化学产品	26049
		1%医药制品	27050
		1%其他制造产品	41095
		40%餐饮	62120
		4%新闻和出版	86143
		2%广播、电视、电影和影视录音制作	87144
24.差旅费	35	2017年典型调查	
25.机物料消耗	36	2017年典型调查	
26.警卫消防费	37	商务服务	72131
27.地面运输费	38	60%精炼石油和核燃料加工品	25041
		20%汽车零部件及配件	36078
		10%保险	68128
		10%公共管理和社会组织	91149
28.劳务费	39	—	—
(1)劳务派遣费	40	商务服务	72131
工资、社保费	41	—	—
劳务管理费	42	—	—
(2)劳务工资	43	劳动者报酬	
29.不正常航班费	44	40%住宿	61119
		15%餐饮	62120
		30%航空货物运输和运输辅助活动	56114
		5%城市公共交通及公路客运	54109
		10%以负数计入营业盈余	
30.行李、货物、邮件赔偿费	45	以负数计入营业盈余	
31.民航基础设施建设基金	46	生产税	
32.资料及印刷费	47	印刷和记录媒介复制品	23038
33.技术训练费	48	教育	83140
34.取暖费	49	电力、热力生产和供应	44098
35.其他运输成本	50	航空货物运输和运输辅助活动	56114

续表2

指标名称	代码	对应投入产出部门	投入产出部门代码
甲	乙		
二、机场服务成本（机场企业（单位）填报）	51	—	—
1.工资	52	劳动者报酬	
2.福利费	53	劳动者报酬	
3.伙食费	54	劳动者报酬	
4.燃料费	55	余额计入精炼石油和核燃料加工品	25041
其中:汽油、柴油	56	精炼石油和核燃料加工品	25041
天然气	57	燃气生产和供应	45099
煤气	58	燃气生产和供应	45099
5.低值易耗品消耗	59	2017年典型调查	
6.制服费	60	纺织服装服饰	18032
7.折旧费	61	固定资产折旧	
8.租赁费	62	余额计入租赁	71130
其中:房屋租赁费	63	房地产	70129
9.修理费	64	2012年典型调查	
10.急救费	65	卫生	84141
11.防汛、防灾、防疫费	66	生产税	
12.机场绿化费	67	20%林产品	02002
		80%生产税	
13.环卫费	68	公共设施管理	78137
14.排污费	69	生产税	
15.跑道、停机坪等修理维护费	70	2012年典型调查	
16.行李货物损失赔偿费	71	以负数计入营业盈余	
17.劳动保护费	72	余额计入纺织服装服饰	18032
其中:保健补贴、洗理费	73	劳动者报酬	
18.差旅费	74	2017年典型调查	
19.办公费	75	2012年典型调查	
20.保险费	76	保险	68128
21.社保费	77	劳动者报酬	
22.工会经费	78	60%劳动者报酬	
		40%营业盈余	
23.职工教育经费	79	教育	83140
24.住房公积金	80	劳动者报酬	
25.企业年金	81	劳动者报酬	
26.运输费	82	7%精炼石油和核燃料加工品	25041
		20%铁路货物运输和运输辅助活动	53108
		45%道路货物运输和运输辅助活动	54110
		20%水上货物运输和运输辅助活动	55112
		5%航空货物运输和运输辅助活动	56114
		3%多式联运和运输代理	58116
27.其他机场服务成本	83	70%航空货物运输和运输辅助活动	56114
		15%专业技术服务	74133
		15%商务服务	72131

8.2 航空运输企业期间费用构成

指标名称	代码	对应投入产出部门	投入产出部门代码
甲	乙		
一、销售费用	001	—	—
1.工资	002	劳动者报酬	
2.福利费	003	劳动者报酬	
3.住房公积金和住房补贴	004	劳动者报酬	
4.制服费	005	纺织服装服饰	18032
5.运输费	006	7%精炼石油和核燃料加工品	25041
		20%铁路货物运输和运输辅助活动	53108
		45%道路货物运输和运输辅助活动	54110
		20%水上货物运输和运输辅助活动	55112
		5%航空货物运输和运输辅助活动	56114
		3%多式联运和运输代理	58116
6.保险费	007	保险	68128
7.租赁费	008	余额计入租赁	71130
其中:房屋租赁费	009	房地产	70129
8.票证印制费	010	印刷和记录媒介复制品	23038
9.低值易耗品摊销	011	2017年典型调查	
10.修理费	012	2012年典型调查	
11.电脑电传费用	013	电信	63121
12.劳务费	014	—	—
(1)劳务派遣费	015	商务服务	72131
工资、社保费	016	—	—
劳务管理费	017	—	—
(2)劳务工资	018	劳动者报酬	
13.邮政通信费	019	余额计入电信	63121
其中:邮政费	020	邮政	60118
互联网费	021	互联网和相关服务	64123
14.促销费	022	商务服务	72131
15.代理手续费	023	多式联运和运输代理	58116
16.清算手续费	024	货币金融和其他金融服务	66126
17.水电费	025	余额计入电力、热力生产和供应	44098
其中:水费	026	水的生产和供应	46100
18.折旧费	027	固定资产折旧	
19.代理退票手续费	028	多式联运和运输代理	58116
20.广告费	029	商务服务	72131
21.资料及印刷费	030	印刷和记录媒介复制品	23038
22.业务宣传费	031	75%印刷和记录媒介复制品	23038
		20%工艺美术品	24039

续表1

指标名称	代码	对应投入产出部门	投入产出部门代码
甲	乙		
22.业务宣传费	031	5%邮政	60118
23.会议会务费	032	9%印刷和记录媒介复制品	23038
		8%铁路旅客运输	53107
		4%城市公共交通及公路客运	54109
		8%航空旅客运输	56113
		30%住宿	61119
		20%餐饮	62120
		1%软件服务	65124
		5%租赁	71130
		13%商务服务	72131
		2%劳动者报酬	
24.常旅客服务费	033	5%印刷和记录媒介复制品	23038
		5%方便食品	14019
		5%饮料	15024
		50%航空旅客运输	56113
		5%邮政	60118
		5%电信	63121
		25%软件服务	65124
25.结算系统使用费	034	软件服务	65124
26.招待费	035	5%酒精和酒	15023
		4%工艺美术品	24039
		2%城市公共交通及公路客运	54109
		7%住宿	61119
		70%餐饮	62120
		2%公共设施管理	78137
		10%娱乐	90147
27.差旅费	036	2017年典型调查	
28.取暖费	037	50%电力、热力生产和供应	44098
		50%劳动者报酬	
29.其他销售费用	038	商务服务	72131
二、管理费用	039	—	—
1.工资	040	劳动者报酬	
2.福利费	041	劳动者报酬	
3.制服费	042	纺织服装服饰	18032
4.折旧费	043	固定资产折旧	
5.差旅费	044	2017年典型调查	
6.办公费	045	2012年典型调查	
7.修理费	046	2012年典型调查	
8.物料消耗	047	4%纺织制成品	17031

续表2

指标名称	代码	对应投入产出部门	投入产出部门代码
甲	乙		
8.物料消耗	047	1%纺织服装服饰	18032
		1%皮革、毛皮、羽毛及其制品	19033
		1%鞋	19034
		18%家具	21036
		3%专用化学产品和炸药、火工、焰火产品	26048
		2%橡胶制品	29052
		5%塑料制品	29053
		17%金属制品	33066
		8%文化、办公用机械	34071
		2%其他通用设备	34072
		3%其他专用设备	35076
		12%汽车零部件及配件	36078
		7%其他交通运输设备	37081
		3%家用器具	38086
		2%其他电气机械和器材	38087
		5%计算机	39088
		1%视听设备	39091
		1%电子元器件	39092
		3%其他电子设备	39093
		1%仪器仪表	40094
9.低值易耗品摊销	048	2017年典型调查	
10.工会经费	049	60%劳动者报酬	
		40%营业盈余	
11.董事会费	050	6%印刷和记录媒介复制品	23038
		4%铁路旅客运输	53107
		4%城市公共交通及公路客运	54109
		7%航空旅客运输	56113
		30%住宿	61119
		25%餐饮	62120
		6%商务服务	72131
		3%教育	83140
		15%劳动者报酬	
12.聘请中介机构费(审计费)	051	商务服务	72131
13.咨询费	052	商务服务	72131
14.诉讼费	053	80%商务服务	72131
		20%公共管理和社会组织	91149
15.招待费	054	5%酒精和酒	15023
		4%工艺美术品	24039

续表3

指标名称	代码	对应投入产出部门	投入产出部门代码
甲	乙		
15.招待费	054	2%城市公共交通及公路客运	54109
		7%住宿	61119
		70%餐饮	62120
		2%公共设施管理	78137
		10%娱乐	90147
16.税金	055	生产税	
17.技术转让费	056	科技推广和应用服务	75134
18.职工教育经费	057	教育	83140
19.技术(研究)开发费	058	—	—
20.排污费	059	生产税	
21.绿化费	060	20%林产品	02002
		80%生产税	
22.坏账损失	061	以负值计入营业盈余	
23.企业年金	062	劳动者报酬	
24.资料和印刷费	063	印刷和记录媒介复制品	23038
25.会议会务费	064	9%印刷和记录媒介复制品	23038
		8%铁路旅客运输	53107
		4%城市公共交通及公路客运	54109
		8%航空旅客运输	56113
		30%住宿	61119
		20%餐饮	62120
		1%软件服务	65124
		5%租赁	71130
		13%商务服务	72131
		2%劳动者报酬	
26.水电费	065	余额计入电力、热力生产和供应	44098
其中:水费	066	水的生产和供应	46100
27.出国人员经费	067	3%铁路旅客运输	53107
		2%城市公共交通及公路客运	54109
		1%水上旅客运输	55111
		18%航空旅客运输	56113
		45%住宿	61119
		20%餐饮	62120
		1%保险	68128
		1%商务服务	72131
		1%公共管理和社会组织	91149
		8%劳动者报酬	
28.警卫消防费	068	商务服务	72131
29.仓库经费	069	10%纺织制成品	17031

续表4

指标名称	代码	对应投入产出部门	投入产出部门代码
甲	乙		
29.仓库经费	069	10%纺织服装服饰	18032
		20%木材加工和木、竹、藤、棕、草制品	20035
		10%水泥、石灰和石膏	30054
		20%金属制品	33066
		20%其他电气机械和器材	38087
		10%装卸搬运和仓储	59117
30.劳动保护费	070	余额计入纺织服装服饰	18032
其中:保健补贴、洗理费	071	劳动者报酬	
31.上交管理费	072	营业盈余	
32.住房公积金和住房补贴	073	劳动者报酬	
33.广告费、展览费	074	商务服务	72131
34.防洪建设维护费	075	生产税	
35.职工取暖费和防暑降温费	076	劳动者报酬	
36.保险费(不含汽车保险)	077	保险	68128
37.燃料费	078	余额计入精炼石油和核燃料加工品	25041
其中:汽油、柴油	079	精炼石油和核燃料加工品	25041
天然气	080	燃气生产和供应	45099
煤气	081	燃气生产和供应	45099
38.劳务费	082	—	—
(1)劳务派遣费	083	商务服务	72131
工资、社保费	084	—	—
劳务管理费	085	—	—
(2)劳务工资	086	劳动者报酬	
39.邮政通信费	087	余额计入电信	63121
其中:邮政费	088	邮政	60118
互联网费	089	互联网和相关服务	64123
40.执照/许可证费	090	生产税	
41.员工体检费	091	卫生	84141
42.人防基金	092	生产税	
43.社保费	093	劳动者报酬	
44.租赁费	094	余额计入租赁	71130
其中:房屋租赁费	095	房地产	70129
45.环保卫生费	096	公共设施管理	78137
46.协(学)会会费	097	公共管理和社会组织	91149
47.长期待摊费用摊销	098	营业盈余	
48.物业管理费	099	房地产	70129
49.无形资产摊销	100	50%固定资产折旧	
		50%营业盈余	

续表5

指 标 名 称	代 码	对应投入产出部门	投入产出部门代码
甲	乙		
50.存货盘亏损毁	101	以负值计入营业盈余	
51.存货跌价准备	102	营业盈余	
52.取暖费	103	电力、热力生产和供应	44098
53.系统服务费	104	软件服务	65124
54.其他管理费用	105	商务服务	72131
三、财务费用	106	—	—
1.利息支出	107	货币金融和其他金融服务	66126
2.利息收入	108	货币金融和其他金融服务	66126
3.汇兑损益	109	货币金融和其他金融服务	66126
4.其他财务费用	110	余额计入货币金融和其他金融服务	66126
其中:支付证券公司手续费	111	资本市场服务	67127

8.3 航空运输企业利润表

指 标 名 称	代 码	对应投入产出部门	投入产出部门代码
甲	乙		
一、损益及分配	—		—
1.营业收入	01	总产出	
其中:主营业务收入	02	—	—
其中:新经济活动营业收入	03	—	—
2.营业成本	04	—	
其中:主营业务成本	05	—	
3.税金及附加	06	生产税	
4.销售费用	07		
5.管理费用	08	—	
6.财务费用	09	—	
7.资产减值损失	10	—	
8.公允价值变动收益(亏损以"－"号填列)	11	以负数计入营业盈余	
9.投资收益(亏损以"－"号填列)	12	以负数计入营业盈余	
10.其他收益	13	生产补贴	
11.营业利润	14	营业盈余	
二、补充指标	—	—	—
1.从业人员平均人数(人)	15	—	
2.应付职工薪酬(本年贷方累计发生额)	16	—	
3.应交增值税	17	—	—

9.1 仓储企业主营业务成本构成

指标名称	代码	对应的投入产出部门	投入产出部门代码
甲	乙		
一、储备粮油购进成本(仅限粮油储备类仓储企业填报)	01	以负数计入总产出	
二、主营业务成本	02	—	—
1.工资	03	劳动者报酬	
2.福利费	04	劳动者报酬	
3.物料消耗	05	—	—
(1)农产品类	06	农产品	01001
(2)纺织品类	07	纺织制成品	17031
(3)服装鞋帽类	08	80％纺织服装服饰	18032
		20％鞋	19034
(4)皮革类	09	皮革、毛皮、羽毛及其制品	19033
(5)家具类	10	家具	21036
(6)化学品类	11	11％基础化学原料	26043
		1％肥料	26044
		1％农药	26045
		20％涂料、油墨、颜料及类似产品	26046
		2％合成材料	26047
		60％专用化学产品和炸药、火工、焰火产品	26048
		5％日用化学产品	26049
(7)橡胶制品类	12	橡胶制品	29052
(8)塑料制品类	13	塑料制品	29053
(9)金属制品类	14	金属制品	33066
(10)电线、电缆、光缆及电工器材	15	电线、电缆、光缆及电工器材	38084
(11)计算机网络设备及计算机外部设备	16	计算机	39088
(12)视听设备	17	视听设备	39091
(13)仪器仪表类	18	仪器仪表	40094
(14)其他	19	5％糖及糖制品	13015
		5％屠宰及肉类加工品	13016
		10％针织或钩针编织及其制品	17030
		10％文教、体育和娱乐用品	24040
		20％物料搬运设备	34069
		10％文化、办公用机械	34071
		10％其他通用设备	34072
		5％其他专用设备	35076
		5％家用器具	38086

续表1

指 标 名 称	代 码	对应的投入产出部门	投入产出部门代码
甲	乙		
(14)其他	19	5%电子元器件	39092
		5%其他电子设备	39093
		10%其他制造产品	41095
4.办公费	20	2012年典型调查	
5.差旅费	21	2017年典型调查	
6.交通费	22	55%精炼石油和核燃料加工品	25041
		10%汽车零部件及配件	36078
		15%城市公共交通及公路客运	54109
		10%保险	68128
		5%其他服务	79139
		5%公共管理和社会组织	91149
7.修理费	23	2012年典型调查	
8.折旧费	24	固定资产折旧	
9.保管费	25	装卸搬运和仓储	59117
10.租赁费	26	余额计入租赁	71130
其中:房屋租赁费	27	房地产	70129
11.招待费	28	5%酒精和酒	15023
		4%工艺美术品	24039
		2%城市公共交通及公路客运	54109
		7%住宿	61119
		70%餐饮	62120
		2%公共设施管理	78137
		10%娱乐	90147
12.保险费	29	保险	68128
13.燃料费	30	余额计入精炼石油和核燃料加工品	25041
其中:汽油、柴油	31	精炼石油和核燃料加工品	25041
天然气	32	燃气生产和供应	45099
煤气	33	燃气生产和供应	45099
14.水电费	34	余额计入电力、热力生产和供应	44098
其中:水费	35	水的生产和供应	46100
15.社保费	36	劳动者报酬	
16.工会经费	37	60%劳动者报酬	
		40%营业盈余	
17.运输费	38	7%精炼石油和核燃料加工品	25041
		20%铁路货物运输和运输辅助活动	53108
		45%道路货物运输和运输辅助活动	54110
		20%水上货物运输和运输辅助活动	55112
		5%航空货物运输和运输辅助活动	56114
		3%多式联运和运输代理	58116

续表2

指标名称	代码	对应的投入产出部门	投入产出部门代码
甲	乙		
18.搬运费	39	装卸搬运和仓储	59117
19.取暖费	40	50%电力、热力生产和供应	44098
		50%劳动者报酬	
20.中转业务费	41	50%道路货物运输和运输辅助活动	54110
		50%装卸搬运和仓储	59117
21.包装费	42	—	—
其中:冷链包材	43	塑料制品	29053
纸箱	44	造纸和纸制品	22037
标签炭带	45	造纸和纸制品	22037
包装捆绑材料	46	30%橡胶制品	29052
		70%塑料制品	29053
其他	47	1%棉、化纤纺织及印染精加工品	17027
		26%麻、丝绢纺织及加工品	17029
		17%木材加工和木、竹、藤、棕、草制品	20035
		3%造纸和纸制品	22037
		35%塑料制品	29053
		11%金属制品	33066
		3%铁路货物运输和运输辅助活动	53108
		3%道路货物运输和运输辅助活动	54110
		1%水上货物运输和运输辅助活动	55112
22.住房公积金	48	劳动者报酬	
23.检验费	49	专业技术服务	74133
24.物业管理费	50	房地产	70129
25.其他成本	51	按上述中间投入比例分摊	

9.2　仓储企业期间费用构成

指标名称	代码	对应的投入产出部门	投入产出部门代码
甲	乙		
一、销售费用	001	—	—
1.工资	002	劳动者报酬	
2.福利费	003	劳动者报酬	
3.劳动保护费	004	余额计入纺织服装服饰	18032
其中:保健补贴、洗理费	005	劳动者报酬	
4.办公费	006	2012年典型调查	
5.邮政通信费	007	余额计入电信	63121
其中:邮政费	008	邮政	60118
互联网费	009	互联网和相关服务	64123
6.交通费	010	55%精炼石油和核燃料加工品	25041
		10%汽车零部件及配件	36078
		15%城市公共交通及公路客运	54109
		10%保险	68128
		5%其他服务	79139
		5%公共管理和社会组织	91149
7.修理费	011	2012年典型调查	
8.低值易耗品摊销	012	2017年典型调查	
9.水电费	013	余额计入电力、热力生产和供应	44098
其中:水费	014	水的生产和供应	46100
10.装饰费	015	建筑装饰、装修和其他建筑服务	50104
11.广告费	016	商务服务	72131
12.宣传费	017	75%印刷和记录媒介复制品	23038
		20%工艺美术品	24039
		5%邮政	60118
13.差旅费	018	2017年典型调查	
14.会议会务费	019	9%印刷和记录媒介复制品	23038
		8%铁路旅客运输	53107
		4%城市公共交通及公路客运	54109
		8%航空旅客运输	56113
		30%住宿	61119
		20%餐饮	62120
		1%软件服务	65124
		5%租赁	71130
		13%商务服务	72131
		2%劳动者报酬	
15.租赁费	020	余额计入租赁	71130
其中:房屋租赁费	021	房地产	70129
16.燃料费	022	余额计入精炼石油和核燃料加工品	25041

续表1

指标名称	代码	对应的投入产出部门	投入产出部门代码
甲	乙		
其中:汽油、柴油	023	精炼石油和核燃料加工品	25041
天然气	024	燃气生产和供应	45099
煤气	025	燃气生产和供应	45099
17.劳务费	026	—	—
(1)劳务派遣费	027	商务服务	72131
工资、社保费	028	—	—
劳务管理费	029	—	—
(2)劳务工资	030	劳动者报酬	
18.折旧费	031	固定资产折旧	
19.取暖费	032	50%电力、热力生产和供应	44098
		50%劳动者报酬	
20.运输费	033	7%精炼石油和核燃料加工品	25041
		20%铁路货物运输和运输辅助活动	53108
		45%道路货物运输和运输辅助活动	54110
		20%水上货物运输和运输辅助活动	55112
		5%航空货物运输和运输辅助活动	56114
		3%多式联运和运输代理	58116
21.装卸费	034	装卸搬运和仓储	59117
22.招待费	035	5%酒精和酒	15023
		4%工艺美术品	24039
		2%城市公共交通及公路客运	54109
		7%住宿	61119
		70%餐饮	62120
		2%公共设施管理	78137
		10%娱乐	90147
23.仓储费	036	装卸搬运和仓储	59117
24.社保费	037	劳动者报酬	
25.住房公积金和住房补贴	038	劳动者报酬	
26.工会经费	039	60%劳动者报酬	
		40%营业盈余	
27.粮油损耗费	040	30%农产品	01001
		60%谷物磨制品	13012
		10%植物油加工品	13014
28.保险费	041	保险	68128
29.检验费	042	专业技术服务	74133
30.其他销售费用	043	商务服务	72131
二、管理费用	044	—	—
1.工资	045	劳动者报酬	
2.福利费	046	劳动者报酬	

续表2

指 标 名 称	代 码	对应的投入产出部门	投入产出部门代码
甲	乙		
3.折旧费	047	固定资产折旧	
4.差旅费	048	2017年典型调查	
5.办公费	049	2012年典型调查	
6.修理费	050	2012年典型调查	
7.物料消耗	051	1%针织或钩针编织及其制品	17030
		1%纺织制成品	17031
		1%纺织服装服饰	18032
		1%鞋	19034
		11%家具	21036
		1%工艺美术品	24039
		7%专用化学产品和炸药、火工、焰火产品	26048
		1%塑料制品	29053
		2%金属制品	33066
		62%文化、办公用机械	34071
		1%其他通用设备	34072
		1%其他专用设备	35076
		1%家用器具	38086
		5%计算机	39088
		1%视听设备	39091
		1%电子元器件	39092
		1%其他电子设备	39093
		1%其他制造产品	41095
8.低值易耗品摊销	052	2017年典型调查	
9.工会经费	053	60%劳动者报酬	
		40%营业盈余	
10.聘请中介机构费（审计费）	054	商务服务	72131
11.咨询费	055	商务服务	72131
12.诉讼费	056	80%商务服务	72131
		20%公共管理和社会组织	91149
13.招待费	057	5%酒精和酒	15023
		4%工艺美术品	24039
		2%城市公共交通及公路客运	54109
		7%住宿	61119
		70%餐饮	62120
		2%公共设施管理	78137
		10%娱乐	90147
14.税金	058	生产税	
15.技术转让费	059	科技推广和应用服务	75134
16.职工教育经费	060	教育	83140

续表3

指标名称	代码	对应的投入产出部门	投入产出部门代码
甲	乙		
17.技术（研究）开发费	061	2017年典型调查	
18.排污费	062	生产税	
19.绿化费	063	20%林产品	02002
		80%生产税	
20.坏账损失	064	以负值计入营业盈余	
21.企业年金	065	劳动者报酬	
22.印刷费	066	印刷和记录媒介复制品	23038
23.会议会务费	067	9%印刷和记录媒介复制品	23038
		8%铁路旅客运输	53107
		4%城市公共交通及公路客运	54109
		8%航空旅客运输	56113
		30%住宿	61119
		20%餐饮	62120
		1%软件服务	65124
		5%租赁	71130
		13%商务服务	72131
		2%劳动者报酬	
24.水电费	068	余额计入电力、热力生产和供应	44098
其中:水费	069	水的生产和供应	46100
25.出国人员经费	070	3%铁路旅客运输	53107
		2%城市公共交通及公路客运	54109
		1%水上旅客运输	55111
		35%航空旅客运输	56113
		33%住宿	61119
		15%餐饮	62120
		1%商务服务	72131
		1%保险	68128
		1%公共管理和社会组织	91149
		8%劳动者报酬	
26.警卫消防费	071	商务服务	72131
27.仓库经费	072	10%纺织制成品	17031
		10%纺织服装服饰	18032
		20%木材加工和木、竹、藤、棕、草制品	20035
		10%水泥、石灰和石膏	30054
		20%金属制品	33066
		20%其他电气机械和器材	38087
		10%装卸搬运和仓储	59117
28.劳动保护费	073	余额计入纺织服装服饰	18032
其中:保健补贴、洗理费	074	劳动者报酬	

续表 4

指 标 名 称	代 码	对应的投入产出部门	投入产出部门代码
甲	乙		
29.上交管理费	075	营业盈余	
30.住房公积金和住房补贴	076	劳动者报酬	
31.广告费、展览费	077	商务服务	72131
32.宣传费	078	75%印刷和记录媒介复制品	23038
		20%工艺美术品	24039
		5%邮政	60118
33.防洪建设维护费	079	生产税	
34.职工取暖费和防暑降温费	080	劳动者报酬	
35.劳务费	081	—	—
（1）劳务派遣费	082	商务服务	72131
工资、社保费	083	—	—
劳务管理费	084	—	—
（2）劳务工资	085	劳动者报酬	
36.邮政通信费	086	余额计入电信	63121
其中：邮政费	087	邮政	60118
互联网费	088	互联网和相关服务	64123
37.运输费	089	7%精炼石油和核燃料加工品	25041
		20%铁路货物运输和运输辅助活动	53108
		45%道路货物运输和运输辅助活动	54110
		20%水上货物运输和运输辅助活动	55112
		5%航空货物运输和运输辅助活动	56114
		3%多式联运和运输代理	58116
38.交通费	090	55%精炼石油和核燃料加工品	25041
		10%汽车零部件及配件	36078
		15%城市公共交通及公路客运	54109
		10%保险	68128
		5%其他服务	79139
		5%公共管理和社会组织	91149
39.燃料费	091	余额计入精炼石油和核燃料加工品	25041
其中：汽油、柴油	092	精炼石油和核燃料加工品	25041
天然气	093	燃气生产和供应	45099
煤气	094	燃气生产和供应	45099
40.财产保险费	095	保险	68128
41.人防基金	096	生产税	
42.社保费	097	劳动者报酬	
43.租赁费	098	余额计入租赁	71130
其中：房屋租赁费	099	房地产	70129
44.环保卫生费	100	公共设施管理	78137
45.行业会费	101	公共管理和社会组织	91149

续表5

指 标 名 称	代　码	对应的投入产出部门	投入产出部门代码
甲	乙		
46.长期待摊费用摊销	102	营业盈余	
47.物业管理费	103	房地产	70129
48.取暖费	104	电力、热力生产和供应	44098
49.土地使用费	105	生产税	
50.其他管理费用	106	商务服务	72131
三、财务费用	107	—	—
1.利息支出	108	货币金融和其他金融服务	66126
2.利息收入	109	货币金融和其他金融服务	66126
3.汇兑损益	110	货币金融和其他金融服务	66126
4.其他财务费用	111	余额计入货币金融和其他金融服务	66126
其中:支付证券公司手续费	112	资本市场服务	67127

9.3 仓储企业利润表

指 标 名 称	代 码	对应的投入产出部门	投入产出部门代码
甲	乙		
一、损益及分配	—	—	—
1.营业收入（粮油储备类仓储企业填报）	01	—	—
其中：主营业务收入	02	总产出	
（1）储备粮油销售收入	03	—	—
（2）储备粮油轮换销售收入	04	—	—
（3）商品粮油销售收入	05	—	—
其他业务收入	06	—	—
（1）代储业务收入	07	—	—
（2）房屋出租业务收入	08	—	—
（3）中转业务收入	09	—	—
其中：新经济活动营业收入	10	—	—
2.营业收入（其他类型仓储企业填报）	11	—	—
其中：主营业务收入	12	总产出	
（1）保管费收入（仓租收入）	13	—	—
（2）装卸费收入	14	—	—
（3）运输收入	15	—	—
（4）包装整理收入	16	—	—
其他业务收入	17	—	—
其中：新经济活动营业收入	18	—	—
3.营业成本	19	—	—
其中：主营业务成本	20	—	—
4.税金及附加	21	生产税	
5.销售费用	22	—	—
6.管理费用	23	—	—
7.财务费用	24	—	—
8.资产减值损失	25	—	—
9.公允价值变动收益（亏损以"－"号填列）	26	以负数计入营业盈余	
10.投资收益（亏损以"－"号填列）	27	以负数计入营业盈余	
11.其他收益	28	生产补贴	
12.营业利润	29	营业盈余	
二、补充指标	—	—	—
1.从业人员平均人数（人）	30	—	—
2.应付职工薪酬（本年贷方累计发生额）	31	—	—
3.应交增值税	32	—	—
4.补贴收入（政府补助）	33	生产补贴	

10.1 住宿企业主营业务成本构成

指标名称	代码	对应投入产出部门	投入产出部门代码
甲	乙		
主营业务成本	01	—	—
1.工资	02	劳动者报酬	
2.福利费	03	劳动者报酬	
3.折旧费	04	固定资产折旧	
4.修理费	05	2012年典型调查	
5.餐饮原材料成本	06	15%农产品	01001
		10%林产品	02002
		10%畜牧产品	03003
		10%渔产品	04004
		15%屠宰及肉类加工品	13016
		15%水产加工品	13017
		10%蔬菜、水果、坚果和其他农副食品加工品	13018
		15%酒精和酒	15023
6.房间用品及物料消耗	07	—	—
其中：笔、信封、便笺等文化用品	08	工艺美术品	24039
茶叶、咖啡等饮料制品	09	50%饮料	15024
		50%精制茶	15025
方便食品	10	方便食品	14019
鲜花、瓜果	11	农产品	01001
口杯垫、卫生纸、面巾纸等纸制品	12	造纸和纸制品	22037
牙具、梳子等卫生间用品	13	塑料制品	29053
洗发液、浴液、香皂等洗涤用品	14	日用化学产品	26049
淋浴帽、垃圾袋、洗衣袋等塑料用品	15	塑料制品	29053
枕套、床单、被套等床上用品	16	95%纺织制成品	17031
		5%皮革、毛皮、羽毛及其制品	19033
茶杯、暖壶、烟灰缸、托盘等搪瓷玻璃制品	17	16%塑料制品	29053
		15%玻璃和玻璃制品	30057
		45%陶瓷制品	30058
		24%金属制品	33066

续表1

指标名称	代码	对应投入产出部门	投入产出部门代码
甲	乙		
手巾、面巾、浴巾、浴袍、地巾等用品	18	纺织制成品	17031
门锁等金属制品	19	金属制品	33066
燃料费	20	燃气生产和供应	45099
其他（火柴、打火机、拖鞋等）	21	10%文教、体育和娱乐用品	24040
		10%塑料制品	29053
		80%其他制造产品	41095
7.出售商品进价成本	22	25%饮料	15024
		25%精制茶	15025
		50%方便食品	14019
8.收视费	23	广播电视及卫星传输服务	63122
9.邮政通信费	24	余额计入电信	63121
其中:邮政费	25	邮政	60118
互联网费	26	互联网和相关服务	64123
10.租赁费	27	余额计入租赁	71130
其中:房屋租赁费	28	房地产	70129
11.差旅费	29	2017年典型调查	
12.车队的营业成本	30	余额按其中项比例分摊	
其中:工资	31	劳动者报酬	
福利费	32	劳动者报酬	
折旧费	33	固定资产折旧	
车辆保险费	34	保险	68128
过路过桥费	35	城市公共交通及公路客运	54109
停车费	36	城市公共交通及公路客运	54109
修车费	37	其他服务	79139
耗油费	38	精炼石油和核燃料加工品	25041
13.社保费	39	劳动者报酬	
14.其他	40	50%电力、热力生产和供应	44098
		50%水的生产和供应	46100

10.2 住宿企业期间费用构成

指标名称	代码	对应投入产出部门	投入产出部门代码
甲	乙		
一、销售费用	001	—	—
1.工资	002	劳动者报酬	
2.福利费	003	劳动者报酬	
3.运输费	004	7%精炼石油和核燃料加工品	25041
		20%铁路货物运输和运输辅助活动	53108
		45%道路货物运输和运输辅助活动	54110
		20%水上货物运输和运输辅助活动	55112
		5%航空货物运输和运输辅助活动	56114
		3%多式联运和运输代理	58116
4.住房公积金和住房补贴	005	劳动者报酬	
5.社保费	006	劳动者报酬	
6.各项津贴补贴、科技奖励等	007	劳动者报酬	
7.工会经费	008	60%劳动者报酬	
		40%营业盈余	
8.职工教育经费	009	教育	83140
9.办公费	010	2012年典型调查	
10.劳务费	011	—	—
（1）劳务派遣费	012	商务服务	72131
工资、社保费	013		
劳务管理费	014	—	—
（2）劳务工资	015	劳动者报酬	
11.装卸费	016	装卸搬运和仓储	59117
12.包装费	017	1%木材加工和木、竹、藤、棕、草制品	20035
		75%造纸和纸制品	22037
		24%塑料制品	29053
13.保管费	018	装卸搬运和仓储	59117
14.保险费	019	保险	68128
15.燃料费	020	余额计入精炼石油和核燃料加工品	25041
其中：汽油、柴油费	021	精炼石油和核燃料加工品	25041
天然气费	022	燃气生产和供应	45099
煤气费	023	燃气生产和供应	45099
16.广告费、展览费	024	商务服务	72131
17.宣传费	025	75%印刷和记录媒介复制品	23038
		20%工艺美术品	24039
		5%邮政	60118
18.水电费	026	余额计入电力、热力生产和供应	44098
其中：水费	027	水的生产和供应	46100
19.邮政通信费	028	余额计入电信	63121

续表1

指标名称	代码	对应投入产出部门	投入产出部门代码
甲	乙		
其中:邮政费	029	邮政	60118
互联网费	030	互联网和相关服务	64123
20.差旅费	031	2017年典型调查	
21.洗涤费	032	居民服务	80138
22.清洁卫生费	033	其他服务	79139
23.招待费	034	5%酒精和酒	15023
		4%工艺美术品	24039
		2%城市公共交通及公路客运	54109
		7%住宿	61119
		70%餐饮	62120
		2%公共设施管理	78137
		10%娱乐	90147
24.低值易耗品摊销	035	2017年典型调查	
25.物料消耗	036	1%纺织制成品	17031
		1%纺织服装服饰	18032
		1%鞋	19034
		11%家具	21036
		1%工艺美术品	24039
		7%专用化学产品和炸药、火工、焰火产品	26048
		1%塑料制品	29053
		2%金属制品	33066
		63%文化、办公用机械	34071
		1%其他通用设备	34072
		1%其他专用设备	35076
		1%家用器具	38086
		5%计算机	39088
		1%视听设备	39091
		1%电子元器件	39092
		1%其他电子设备	39093
		1%其他制造产品	41095
26.折旧费	037	固定资产折旧	
27.服装费	038	纺织服装服饰	18032
28.经营租赁费	039	余额计入租赁	71130
其中:房屋租赁费	040	房地产	70129
29.修理费	041	2012年典型调查	
30.检验费	042	专业技术服务	74133
31.取暖费	043	50%电力、热力生产和供应	44098
		50%劳动者报酬	
32.报刊杂志	044	新闻和出版	86143

续表2

指标名称	代码	对应投入产出部门	投入产出部门代码
甲	乙		
33.交通费	045	55%精炼石油和核燃料加工品	25041
		10%汽车零部件及配件	36078
		15%城市公共交通及公路客运	54109
		10%保险	68128
		5%其他服务	79139
		5%公共管理和社会组织	91149
34.音乐及娱乐	046	50%广播、电视、电影和影视录音制作	87144
		50%娱乐	90147
35.执照/许可证费	047	生产税	
36.佣金－旅行社/公司	048	商务服务	72131
37.佣金－员工	049	劳动者报酬	
38.收视费	050	广播电视及卫星传输服务	63122
39.其他销售费用	051	商务服务	72131
二、管理费用	052	—	—
1.工资	053	劳动者报酬	
2.福利费	054	劳动者报酬	
3.折旧费	055	固定资产折旧	
4.差旅费	056	2017年典型调查	
5.办公费	057	2012年典型调查	
6.修理费	058	2012年典型调查	
7.物料消耗	059	1%纺织制成品	17031
		1%纺织服装服饰	18032
		1%鞋	19034
		11%家具	21036
		1%工艺美术品	24039
		7%专用化学产品和炸药、火工、焰火产品	26048
		1%塑料制品	29053
		2%金属制品	33066
		63%文化、办公用机械	34071
		1%其他通用设备	34072
		1%其他专用设备	35076
		1%家用器具	38086
		5%计算机	39088
		1%视听设备	39091
		1%电子元器件	39092
		1%其他电子设备	39093
		1%其他制造产品	41095
8.低值易耗品摊销	060	2017年典型调查	
9.工会经费	061	60%劳动者报酬	

续表3

指 标 名 称	代 码	对应投入产出部门	投入产出部门代码
甲	乙		
9.工会经费	061	40%营业盈余	
10.董事会费	062	15%劳动者报酬	
		6%印刷和记录媒介复制品	23038
		4%铁路旅客运输	53107
		4%城市公共交通及公路客运	54109
		7%航空旅客运输	56113
		30%住宿	61119
		25%餐饮	62120
		6%商务服务	72131
		3%教育	83140
11.聘请中介机构费(审计费)	063	商务服务	72131
12.咨询费	064	商务服务	72131
13.诉讼费	065	80%商务服务	72131
		20%公共管理和社会组织	91149
14.招待费	066	5%酒精和酒	15023
		4%工艺美术品	24039
		2%城市公共交通及公路客运	54109
		7%住宿	61119
		70%餐饮	62120
		2%公共设施管理	78137
		10%娱乐	90147
15.税金	067	生产税	
16.技术转让费	068	科技推广和应用服务	75134
17.职工教育经费	069	教育	83140
18.技术(研究)开发费	070	—	—
19.排污费	071	生产税	
20.绿化费	072	20%林产品	02002
		80%生产税	
21.坏账准备和存货跌价准备	073	营业盈余	
22.企业年金	074	劳动者报酬	
23.印刷费	075	印刷和记录媒介复制品	23038
24.会议会务费	076	9%印刷和记录媒介复制品	23038
		8%铁路旅客运输	53107
		4%城市公共交通及公路客运	54109
		8%航空旅客运输	56113
		30%住宿	61119
		20%餐饮	62120
		1%软件服务	65124

续表 4

指 标 名 称	代　码	对应投入产出部门	投入产出部门代码
甲	乙		
24.会议会务费	076	5%租赁	71130
		13%商务服务	72131
		2%劳动者报酬	
25.水电费	077	余额计入电力、热力生产和供应	44098
其中:水费	078	水的生产和供应	46100
26.外事费	079	余额 4%城市公共交通及公路客运	54109
		余额 2%邮政	60118
		余额 30%住宿	61119
		余额 60%餐饮	62120
		余额 4%商务服务	72131
其中:出国人员经费	080	3%铁路旅客运输	53107
		2%城市公共交通及公路客运	54109
		1%水上旅客运输	55111
		18%航空旅客运输	56113
		45%住宿	61119
		20%餐饮	62120
		1%保险	68128
		1%商务服务	72131
		1%公共管理和社会组织	91149
		8%劳动者报酬	
27.警卫消防费	081	商务服务	72131
28.仓库经费	082	10%纺织制成品	17031
		10%纺织服装服饰	18032
		20%木材加工和木、竹、藤、棕、草制品	20035
		10%水泥、石灰和石膏	30054
		20%金属制品	33066
		20%其他电气机械和器材	38087
		10%装卸搬运和仓储	59117
29.劳动保护费	083	余额计入纺织服装服饰	18032
其中:保健补贴、洗理费	084	劳动者报酬	
30.上交管理费	085	营业盈余	
31.住房公积金和住房补贴	086	劳动者报酬	
32.广告费、展览费	087	商务服务	72131
33.防洪建设维护费	088	生产税	
34.职工取暖费和防暑降温费	089	劳动者报酬	
35.保险费	090	保险	68128
36.燃料费	091	余额计入精炼石油和核燃料加工品	25041
其中:汽油、柴油费	092	精炼石油和核燃料加工品	25041

续表 5

指标名称	代码	对应投入产出部门	投入产出部门代码
甲	乙		
天然气费	093	燃气生产和供应	45099
煤气费	094	燃气生产和供应	45099
37.劳务费	095	—	—
（1）劳务派遣费	096	商务服务	72131
工资、社保费	097	—	—
劳务管理费	098	—	—
（2）劳务工资	099	劳动者报酬	
38.制服费	100	纺织服装服饰	18032
39.邮政通信费	101	余额计入电信	63121
其中：邮政费	102	邮政	60118
互联网费	103	互联网和相关服务	64123
40.洗涤费	104	其他服务	79139
41.软件维护费	105	软件服务	65124
42.招聘费	106	商务服务	72131
43.执照/许可证费	107	生产税	
44.员工体检费	108	卫生	84141
45.人防基金	109	生产税	
46.社保费	110	劳动者报酬	
47.交通费	111	55％精炼石油和核燃料加工品	25041
		10％汽车零部件及配件	36078
		15％城市公共交通及公路客运	54109
		10％保险	68128
		5％其他服务	79139
		5％公共管理和社会组织	91149
48.租赁费	112	余额计入租赁	71130
其中：房屋租赁费	113	房地产	70129
49.环保卫生费	114	公共设施管理	78137
50.协（学）会会费	115	公共管理和社会组织	91149
51.长期待摊费用摊销	116	营业盈余	
52.物业管理费	117	房地产	70129
53.取暖费	118	电力、热力生产和供应	44098
54.其他管理费用	119	商务服务	72131
三、财务费用	120	—	—
1.利息支出	121	货币金融和其他金融服务	66126
2.利息收入	122	货币金融和其他金融服务	66126
3.汇兑损益	123	货币金融和其他金融服务	66126
4.其他财务费用	124	余额计入货币金融和其他金融服务	66126
其中：支付证券公司手续费	125	资本市场服务	67127

10.3 住宿企业利润表

指标名称	代码	对应投入产出部门	投入产出部门代码
甲	乙		
一、损益及分配	—	—	—
1.营业收入	01	—	—
其中:主营业务收入	02	—	—
其中:住宿收入	03	总产出	
其中:新经济活动营业收入	04	—	—
2.营业成本	05		
其中:主营业务成本	06		—
3.税金及附加	07	按"住宿收入/主营业务收入"的比例计入生产税	
4.销售费用	08	—	—
5.管理费用	09	—	—
6.财务费用	10	—	—
7.资产减值损失	11	—	—
8.公允价值变动收益(亏损以"－"号填列)	12	以负数计入营业盈余	
9.投资收益(亏损以"－"号填列)	13	以负数计入营业盈余	
10.其他收益	14	生产补贴	
11.营业利润	15	营业盈余	
二、补充指标	—		—
1.从业人员平均人数(人)	16	—	—
2.应付职工薪酬(本年贷方累计发生额)	17		
3.应交增值税	18	—	—

11.1 餐饮企业营业成本构成

指标名称	代码	对应的投入产出部门	投入产出部门代码
甲	乙		
营业成本	01	—	—
（一）直接材料消耗及销售商品的进价成本	02	余额计入其他制造产品	41095
农产品	03	农产品	01001
林产品	04	林产品	02002
饲养动物及其产品	05	畜牧产品	03003
渔产品	06	渔产品	04004
谷物磨制品	07	谷物磨制品	13012
植物油及其制品	08	植物油加工品	13014
糖、加工糖及制糖副产品	09	糖及糖制品	13015
屠宰及肉类加工品	10	屠宰及肉类加工品	13016
水产加工品	11	水产加工品	13017
其他农副食品加工品	12	蔬菜、水果、坚果和其他农副食品加工品	13018
方便食品	13	方便食品	14019
乳制品	14	乳制品	14020
调味品、发酵类制品	15	调味品、发酵制品	14021
其他食品	16	其他食品	14022
酒	17	酒精和酒	15023
软饮料	18	饮料	15024
精制茶及茶制品	19	精制茶	15025
烟草制品	20	烟草制品	16026
纸及纸制品	21	造纸和纸制品	22037
石油加工品	22	精炼石油和核燃料加工品	25041
塑料制品	23	塑料制品	29053
燃气	24	燃气生产和供应	45099
煤制品	25	煤炭加工品	25042
（二）租赁费	26	余额计入租赁	71130
其中：房屋租赁费	27	房地产	70129
（三）其他成本	28	按上述中间投入比例分摊	

11.2 餐饮企业期间费用构成

指 标 名 称	代 码	对应的投入产出部门	投入产出部门代码
甲	乙		
一、销售费用	001	—	—
1.工资	002	劳动者报酬	
2.福利费	003	劳动者报酬	
3.运输费	004	余额计入汽车零部件及配件	36078
其中:对外支付的运杂费	005	20%铁路货物运输和运输辅助活动	53108
		50%道路货物运输和运输辅助活动	54110
		20%水上货物运输和运输辅助活动	55112
		10%航空货物运输和运输辅助活动	56114
燃料费	006	燃气生产和供应	45099
保险费	007	保险	68128
4.住房公积金和住房补贴	008	劳动者报酬	
5.社保费	009	劳动者报酬	
6.各项津贴补贴、科技奖励等	010	劳动者报酬	
7.工会经费	011	60%劳动者报酬	
		40%营业盈余	
8.职工教育经费	012	教育	83140
9.办公费	013	2012年典型调查	
10.劳务费	014	—	—
(1)劳务派遣费	015	商务服务	72131
工资、社保费	016	—	—
劳务管理费	017	—	—
(2)劳务工资	018	劳动者报酬	
11.装卸费	019	装卸搬运和仓储	59117
12.包装费	020	75%造纸和纸制品	22037
		25%塑料制品	29053
13.保管费	021	装卸搬运和仓储	59117
14.保险费	022	保险	68128
15.燃料费	023	—	—
(1)原煤	024	煤炭开采和洗选产品	06006
(2)煤制品	025	其他制造产品	41095
(3)煤气	026	燃气生产和供应	45099
(4)天然气	027	燃气生产和供应	45099
(5)液化石油气	028	燃气生产和供应	45099
(6)木柴、炭	029	林产品	02002
(7)酒精	030	酒精和酒	15023
(8)其他	031	燃气生产和供应	45099
16.水电费	032	余额计入电力、热力生产和供应	44098
其中:水费	033	水的生产和供应	46100

续表1

指标名称	代码	对应的投入产出部门	投入产出部门代码
甲	乙		
17.广告费、展览费	034	商务服务	72131
18.宣传费	035	75%印刷和记录媒介复制品	23038
		20%工艺美术品	24039
		5%邮政	60118
19.邮政通信费	036	余额计入电信	63121
其中:邮政费	037	邮政	60118
互联网费	038	互联网和相关服务	64123
20.差旅费	039	2017年典型调查	
21.洗涤费	040	日用化学产品	26049
22.清洁卫生费	041	其他服务	79139
23.招待费	042	5%酒精和酒	15023
		4%工艺美术品	24039
		2%城市公共交通及公路客运	54109
		7%住宿	61119
		70%餐饮	62120
		2%公共设施管理	78137
		10%娱乐	90147
24.低值易耗品摊销	043	2017年典型调查	
25.物料消耗	044	余额计入橡胶制品	29052
其中:餐巾纸、厕纸	045	造纸和纸制品	22037
桌布	046	余额计入纺织制成品	17031
其中:塑料桌布	047	塑料制品	29053
锅、盆、碗、碟、杯子	048	余额计入木材加工和木、竹、藤、棕、草制品	20035
其中:金属锅、盆、碗、碟、杯子	049	金属制品	33066
塑料盆、碗、碟、杯子	050	塑料制品	29053
陶瓷锅、盆、碗、碟、杯子	051	陶瓷制品	30058
玻璃盆、碗、碟、杯子	052	玻璃和玻璃制品	30057
牙签	053	木材加工和木、竹、藤、棕、草制品	20035
筷子	054	60%木材加工和木、竹、藤、棕、草制品	20035
		30%塑料制品	29053
		10%金属制品	33066
洗涤灵、肥皂等洗涤用品	055	日用化学产品	26049

续表2

指标名称	代码	对应的投入产出部门	投入产出部门代码
甲	乙		
办公用品（文具、纸张等）	056	工艺美术品	24039
包装物品	057	40%造纸和纸制品	22037
		60%塑料制品	29053
日常维修材料	058	4%塑料制品	29053
		26%金属制品	33066
		23%其他通用设备	34072
		47%其他专用设备	35076
日常维修零配件	059	95%金属制品	33066
		5%其他电气机械和器材	38087
鲜花和装饰品	060	50%农产品	01001
		50%工艺美术品	24039
26.服装费	061	纺织服装服饰	18032
27.租赁费	062	余额计入租赁	71130
其中：房屋租赁费	063	房地产	70129
28.修理费	064	2012年典型调查	
29.菜单/酒水牌	065	印刷和记录媒介复制品	23038
30.报刊杂志	066	新闻和出版	86143
31.交通费	067	55%精炼石油和核燃料加工品	25041
		10%汽车零部件及配件	36078
		15%城市公共交通及公路客运	54109
		10%保险	68128
		5%其他服务	79139
		5%公共管理和社会组织	91149
32.音乐及娱乐	068	50%广播、电视、电影和影视录音制作	87144
		50%娱乐	90147
33.执照/许可证费	069	生产税	
34.佣金－旅行社/公司	070	商务服务	72131
35.佣金－员工	071	劳动者报酬	
36.折旧费	072	固定资产折旧	
37.取暖费	073	50%电力、热力生产和供应	44098
		50%劳动者报酬	
38.其他销售费用	074	商务服务	72131
二、管理费用	075	—	—
1.工资	076	劳动者报酬	
2.福利费	077	劳动者报酬	
3.折旧费	078	固定资产折旧	
4.差旅费	079	2017年典型调查	
5.办公费	080	2012年典型调查	

续表3

指标名称	代码	对应的投入产出部门	投入产出部门代码
甲	乙		
6.修理费	081	2012年典型调查	
7.物料消耗	082	1%针织或钩针编织及其制品	17030
		1%纺织制成品	17031
		1%纺织服装服饰	18032
		1%鞋	19034
		10%家具	21036
		1%工艺美术品	24039
		7%专用化学产品和炸药、火工、焰火产品	26048
		1%塑料制品	29053
		2%金属制品	33066
		63%文化、办公用机械	34071
		1%其他通用设备	34072
		1%其他专用设备	35076
		1%家用器具	38086
		5%计算机	39088
		1%视听设备	39091
		1%电子元器件	39092
		1%其他电子设备	39093
		1%其他制造产品	41095
8.低值易耗品摊销	083	2017年典型调查	
9.工会经费	084	60%劳动者报酬	
		40%营业盈余	
10.董事会费	085	15%劳动者报酬	
		6%印刷和记录媒介复制品	23038
		4%铁路旅客运输	53107
		4%城市公共交通及公路客运	54109
		7%航空旅客运输	56113
		30%住宿	61119
		25%餐饮	62120
		3%教育	83140
		6%商务服务	72131
11.聘请中介机构费(审计费)	086	商务服务	72131
12.咨询费	087	商务服务	72131
13.诉讼费	088	80%商务服务	72131
		20%公共管理和社会组织	91149
14.招待费	089	5%酒精和酒	15023
		4%工艺美术品	24039
		2%城市公共交通及公路客运	54109

续表4

指标名称	代码	对应的投入产出部门	投入产出部门代码
甲	乙		
14. 招待费	089	7%住宿	61119
		70%餐饮	62120
		2%公共设施管理	78137
		10%娱乐	90147
15. 税金	090	生产税	
16. 技术转让费	091	科技推广和应用服务	75134
17. 职工教育经费	092	教育	83140
18. 技术(研究)开发费	093	—	—
19. 排污费	094	生产税	
20. 绿化费	095	20%林产品	02002
		80%生产税	
21. 坏账准备和存货跌价准备	096	营业盈余	
22. 企业年金	097	劳动者报酬	
23. 印刷费	098	印刷和记录媒介复制品	23038
24. 会议会务费	099	9%印刷和记录媒介复制品	23038
		8%铁路旅客运输	53107
		4%城市公共交通及公路客运	54109
		8%航空旅客运输	56113
		30%住宿	61119
		20%餐饮	62120
		1%软件服务	65124
		5%租赁	71130
		13%商务服务	72131
		2%劳动者报酬	
25. 水电费	100	余额计入电力、热力生产和供应	44098
其中:水费	101	水的生产和供应	46100
26. 外事费	102	余额30%住宿	61119
		余额70%餐饮	62120
其中:出国人员经费	103	3%铁路旅客运输	53107
		2%城市公共交通及公路客运	54109
		1%水上旅客运输	55111
		35%航空旅客运输	56113
		33%住宿	61119
		15%餐饮	62120
		1%保险	68128
		1%商务服务	72131
		1%公共管理和社会组织	91149
		8%劳动者报酬	
27. 警卫消防费	104	商务服务	72131

续表5

指标名称	代码	对应的投入产出部门	投入产出部门代码
甲	乙		
28.仓库经费	105	10%纺织制成品	17031
		10%纺织服装服饰	18032
		20%木材加工和木、竹、藤、棕、草制品	20035
		10%水泥、石灰和石膏	30054
		20%金属制品	33066
		20%其他电气机械和器材	38087
		10%装卸搬运和仓储	59117
29.劳动保护费	106	余额计入纺织服装服饰	18032
其中:保健补贴、洗理费	107	劳动者报酬	
30.上交管理费	108	营业盈余	
31.住房公积金和住房补贴	109	劳动者报酬	
32.广告费、展览费	110	商务服务	72131
33.防洪建设维护费	111	生产税	
34.职工取暖费和防暑降温费	112	劳动者报酬	
35.保险费(不含汽车保险)	113	保险	68128
36.燃料费	114	余额计入精炼石油和核燃料加工品	25041
其中:汽油、柴油	115	精炼石油和核燃料加工品	25041
天然气	116	燃气生产和供应	45099
煤气	117	燃气生产和供应	45099
37.劳务费	118	—	—
(1)劳务派遣费	119	商务服务	72131
工资、社保费	120	—	—
劳务管理费	121	—	—
(2)劳务工资	122	劳动者报酬	
38.制服费	123	纺织服装服饰	18032
39.邮政通信费	124	余额计入电信	63121
其中:邮政费	125	邮政	60118
互联网费	126	互联网和相关服务	64123
40.洗涤费	127	日用化学产品	26049
41.软件维护费	128	软件服务	65124
42.招聘费	129	商务服务	72131
43.执照/许可证费	130	生产税	
44.员工体检费	131	卫生	84141
45.人防基金	132	生产税	
46.社保费	133	劳动者报酬	
47.租赁费	134	余额计入租赁	71130
其中:房屋租赁费	135	房地产	70129
48.环保卫生费	136	公共设施管理	78137

续表6

指 标 名 称	代 码	对应的投入产出部门	投入产出部门代码
甲	乙		
49.协(学)会会费	137	公共管理和社会组织	91149
50.长期待摊费用摊销	138	营业盈余	
51.物业管理费	139	房地产	70129
52.取暖费	140	电力、热力生产和供应	44098
53.其他管理费用	141	商务服务	72131
三、财务费用	142	—	—
1.利息支出	143	货币金融和其他金融服务	66126
2.利息收入	144	货币金融和其他金融服务	66126
3.汇兑损益	145	货币金融和其他金融服务	66126
4.其他财务费用	146	余额计入货币金融和其他金融服务	66126
其中:支付证券公司手续费	147	资本市场服务	67127

11.3 餐饮企业利润表

指 标 名 称	代 码	对应的投入产出部门	投入产出部门代码
甲	乙		
一、损益及分配	—	—	—
1.营业收入	01	总产出	
其中:主营业务收入	02	—	—
其中:新经济活动营业收入	03	—	—
2.营业成本	04	—	—
其中:主营业务成本	05	—	—
3.税金及附加	06	生产税	
4.销售费用	07	—	—
5.管理费用	08	—	—
6.财务费用	09	—	—
7.资产减值损失	10	—	—
8.公允价值变动收益(亏损以"－"号填列)	11	以负数计入营业盈余	
9.投资收益(亏损以"－"号填列)	12	以负数计入营业盈余	
10.其他收益	13	生产补贴	
11.营业利润	14	营业盈余	
二、补充指标	—	—	—
1.从业人员平均人数(人)	15	—	—
2.应付职工薪酬(本年贷方累计发生额)	16	—	—
3.应交增值税	17	—	—

12.1 软件和信息技术服务企业主营业务成本构成

指标名称	代码	对应的投入产出部门	投入产出部门代码
甲	乙		
主营业务成本	01	—	—
1.工资	02	劳动者报酬	
2.福利费	03	劳动者报酬	
3.折旧费	04	固定资产折旧	
4.修理费	05	2012年典型调查	
5.材料费	06	—	—
(1)电子计算机配件	07	计算机	39088
(2)电线、电缆、光缆及电工器材	08	电线、电缆、光缆及电工器材	38084
(3)计算机网络设备及计算机外部设备	09	计算机	39088
(4)计算机专用纸张	10	造纸和纸制品	22037
(5)磁盘、光盘等记录材料	11	专用化学产品和炸药、火工、焰火产品	26048
(6)视听设备	12	视听设备	39091
(7)计算机桌椅	13	家具	21036
(8)五金材料	14	金属制品	33066
(9)其他材料	15	50%计算机	39088
		50%通信设备	39089
6.安装费	16	软件服务	65124
7.项目资料费	17	印刷和记录媒介复制品	23038
8.项目申报费	18	软件服务	65124
9.项目评审费	19	软件服务	65124
10.项目验收费	20	软件服务	65124
11.技术合同登记费	21	公共管理和社会组织	91149
12.信息服务费	22	信息技术服务	65125
13.租赁费	23	余额计入租赁	71130
其中:房屋租赁费	24	房地产	70129
14.差旅费	25	2017年典型调查	
15.保险费	26	保险	68128
16.社保费	27	劳动者报酬	
17.其他成本	28	软件服务	65124

12.2 软件和信息技术服务企业期间费用构成

指标名称	代码	对应的投入产出部门	投入产出部门代码
甲	乙		
一、销售费用	001	—	—
1.经营人员工资	002	劳动者报酬	
2.福利费	003	劳动者报酬	
3.运输费	004	10%精炼石油和核燃料加工品	25041
		20%铁路货物运输和运输辅助活动	53108
		45%道路货物运输和运输辅助活动	54110
		20%水上货物运输和运输辅助活动	55112
		5%航空货物运输和运输辅助活动	56114
4.装卸费	005	装卸搬运和仓储	59117
5.低值易耗品摊销	006	2017年典型调查	
6.包装费	007	1%棉、化纤纺织及印染精加工品	17027
		69%造纸和纸制品	22037
		10%塑料制品	29053
		8%铁路货物运输和运输辅助活动	53108
		8%道路货物运输和运输辅助活动	54110
		4%水上货物运输和运输辅助活动	55112
7.印刷费	008	印刷和记录媒介复制品	23038
8.折旧费	009	固定资产折旧	
9.保险费	010	保险	68128
10.差旅费	011	2017年典型调查	
11.仓储保管费	012	装卸搬运和仓储	59117
12.检验费	013	专业技术服务	74133
13.手续费	014	商务服务	72131
14.水电费	015	余额计入电力、热力生产和供应	44098
其中:水费	016	水的生产和供应	46100
15.会议会务费	017	9%印刷和记录媒介复制品	23038
		8%铁路旅客运输	53107
		4%城市公共交通及公路客运	54109
		8%航空旅客运输	56113
		30%住宿	61119
		20%餐饮	62120
		1%软件服务	65124
		5%租赁	71130
		13%商务服务	72131
		2%劳动者报酬	
16.劳务费	018	—	—
(1)劳务派遣费	019	商务服务	72131
工资、社保费	020	—	—

续表1

指标名称	代码	对应的投入产出部门	投入产出部门代码
甲	乙		
劳务管理费	021	—	—
(2)劳务工资	022	劳动者报酬	
17.广告费	023	商务服务	72131
18.业务宣传费	024	75%印刷和记录媒介复制品	23038
		20%工艺美术品	24039
		5%邮政	60118
19.培训费	025	教育	83140
20.商品损耗	026	计算机	39088
21.交通费	027	55%精炼石油和核燃料加工品	25041
		10%汽车零部件及配件	36078
		15%城市公共交通及公路客运	54109
		10%保险	68128
		5%其他服务	79139
		5%公共管理和社会组织	91149
22.顾问费	028	专业技术服务	74133
23.招待费	029	5%酒精和酒	15023
		4%工艺美术品	24039
		2%城市公共交通及公路客运	54109
		7%住宿	61119
		70%餐饮	62120
		2%公共设施管理	78137
		10%娱乐	90147
24.办公费	030	2012年典型调查	
25.邮政通信费	031	余额计入电信	63121
其中:邮政费	032	邮政	60118
互联网费	033	互联网和相关服务	64123
26.取暖费	034	50%电力、热力生产和供应	44098
		50%劳动者报酬	
27.社保费	035	劳动者报酬	
28.其他销售费用	036	商务服务	72131
二、管理费用	037	—	—
1.工资	038	劳动者报酬	
2.福利费	039	劳动者报酬	
3.折旧费	040	固定资产折旧	
4.差旅费	041	2017年典型调查	
5.办公费	042	2012年典型调查	
6.修理费	043	2012年典型调查	
7.低值易耗品摊销	044	2017年典型调查	
8.工会经费	045	60%劳动者报酬	
		40%营业盈余	

续表 2

指 标 名 称	代 码	对应的投入产出部门	投入产出部门代码
甲	乙		
9.董事会费	046	15％劳动者报酬	
		6％印刷和记录媒介复制品	23038
		4％铁路旅客运输	53107
		4％城市公共交通及公路客运	54109
		7％航空旅客运输	56113
		30％住宿	61119
		25％餐饮	62120
		6％商务服务	72131
		3％教育	83140
10.聘请中介机构费（审计费）	047	商务服务	72131
11.咨询费	048	商务服务	72131
12.诉讼费	049	80％商务服务	72131
		20％公共管理和社会组织	91149
13.招待费	050	5％酒精和酒	15023
		4％工艺美术品	24039
		2％城市公共交通及公路客运	54109
		7％住宿	61119
		70％餐饮	62120
		2％公共设施管理	78137
		10％娱乐	90147
14.税金	051	生产税	
15.技术转让费	052	科技推广和应用服务	75134
16.职工教育经费	053	教育	83140
17.技术（研究）开发费	054	—	—
18.排污费	055	生产税	
19.绿化费	056	20％林产品	02002
		80％生产税	
20.坏账准备和存货跌价准备	057	营业盈余	
21.企业年金	058	劳动者报酬	
22.印刷费	059	印刷和记录媒介复制品	23038
23.会议会务费	060	9％印刷和记录媒介复制品	23038
		8％铁路旅客运输	53107
		4％城市公共交通及公路客运	54109
		8％航空旅客运输	56113
		30％住宿	61119
		20％餐饮	62120

续表3

指标名称	代码	对应的投入产出部门	投入产出部门代码
甲	乙		
23.会议会务费	060	1%软件服务	65124
		5%租赁	71130
		13%商务服务	72131
		2%劳动者报酬	
24.水电费	061	余额计入电力、热力生产和供应	44098
其中:水费	062	水的生产和供应	46100
25.出国人员经费	063	3%铁路旅客运输	53107
		2%城市公共交通及公路客运	54109
		1%水上旅客运输	55111
		35%航空旅客运输	56113
		33%住宿	61119
		15%餐饮	62120
		1%保险	68128
		1%商务服务	72131
		8%劳动者报酬	
		1%公共管理和社会组织	91149
26.警卫消防费	064	商务服务	72131
27.劳动保护费	065	余额计入纺织服装服饰	18032
其中:保健补贴、洗理费	066	劳动者报酬	
28.上交管理费	067	营业盈余	
29.住房公积金和住房补贴	068	劳动者报酬	
30.广告费、展览费	069	商务服务	72131
31.防洪建设维护费	070	生产税	
32.职工取暖费和防暑降温费	071	劳动者报酬	
33.劳务费	072	—	—
(1)劳务派遣费	073	商务服务	72131
工资、社保费	074	—	—
劳务管理费	075	—	—
(2)劳务工资	076	劳动者报酬	
34.邮政通信费	077	余额计入电信	63121
其中:邮政费	078	邮政	60118
互联网费	079	互联网和相关服务	64123
35.人防基金	080	生产税	
36.社保费	081	劳动者报酬	
37.交通费	082	55%精炼石油和核燃料加工品	25041

续表4

指标名称	代码	对应的投入产出部门	投入产出部门代码
甲	乙		
37.交通费	082	10%汽车零部件及配件	36078
		15%城市公共交通及公路客运	54109
		10%保险	68128
		5%其他服务	79139
		5%公共管理和社会组织	91149
38.租赁费	083	余额计入租赁	71130
其中:房屋租赁费	084	房地产	70129
39.保险费	085	保险	68128
40.仓储费	086	装卸搬运和仓储	59117
41.环保卫生费	087	公共设施管理	78137
42.协(学)会会费	088	公共管理和社会组织	91149
43.招聘费	089	商务服务	72131
44.软件使用费	090	软件服务	65124
45.长期待摊费用摊销	091	营业盈余	
46.物业管理费	092	房地产	70129
47.取暖费	093	电力、热力生产和供应	44098
48.其他管理费用	094	商务服务	72131
三、财务费用	095	—	—
1.利息支出	096	货币金融和其他金融服务	66126
2.利息收入	097	货币金融和其他金融服务	66126
3.汇兑损益	098	货币金融和其他金融服务	66126
4.其他财务费用	099	余额计入货币金融和其他金融服务	66126
其中:支付证券公司手续费	100	资本市场服务	67127

12.3 软件和信息技术服务企业利润表

指标名称	代码	对应的投入产出部门	投入产出部门代码
甲	乙		
一、损益及分配	—	—	—
1.营业收入	01	总产出	
其中:主营业务收入	02	—	—
其中:新经济活动营业收入	03	—	—
2.营业成本	04	—	—
其中:主营业务成本	05	—	
3.税金及附加	06	生产税	
4.销售费用	07	—	
5.管理费用	08	—	
6.财务费用	09	—	
7.资产减值损失	10	—	
8.公允价值变动收益(亏损以"－"号填列)	11	以负数计入营业盈余	
9.投资收益(亏损以"－"号填列)	12	以负数计入营业盈余	
10.其他收益	13	生产补贴	
11.营业利润	14	营业盈余	
二、补充指标	—	—	—
1.从业人员平均人数(人)	15	—	—
2.应付职工薪酬(本年贷方累计发生额)	16	—	—
3.应交增值税	17	—	—

13　货币金融服务企业投入构成

指标名称	代码	对应投入产出部门	投入产出部门代码
甲	乙		
一、业务及管理费	001	—	—
1.工资	002	劳动者报酬	
2.福利费	003	劳动者报酬	
3.差旅费	004	2017年典型调查	
4.公杂费	005	2012年典型调查	
5.邮政通信费	006	余额计入电信	63121
其中:邮政费	007	邮政	60118
互联网费	008	互联网和相关服务	64123
6.修理费	009	2012年典型调查	
7.低值易耗品摊销	010	2017年典型调查	
8.长期待摊费用摊销	011	营业盈余	
9.工会经费	012	60%劳动者报酬	
		40%营业盈余	
10.董事会费	013	—	—
董事成员津贴	014	劳动者报酬	
会议费	015	9%印刷和记录媒介复制品	23038
		8%铁路旅客运输	53107
		4%城市公共交通及公路客运	54109
		8%航空旅客运输	56113
		30%住宿	61119
		20%餐饮	62120
		1%软件服务	65124
		5%租赁	71130
		13%商务服务	72131
		2%劳动者报酬	
差旅费	016	2017年典型调查	
其他	017	教育	83140
11.聘请中介机构费(审计费)	018	商务服务	72131
12.咨询费	019	商务服务	72131
13.诉讼费	020	80%商务服务	72131
		20%公共管理和社会组织	91149
14.招待费	021	5%酒精和酒	15023
		4%工艺美术品	24039
		2%城市公共交通及公路客运	54109
		7%住宿	61119
		70%餐饮	62120
		2%公共设施管理	78137
		10%娱乐	90147

续表1

指标名称	代码	对应投入产出部门	投入产出部门代码
甲	乙		
15.税金	022	生产税	
16.技术转让费	023	科技推广和应用服务	75134
17.职工教育经费	024	教育	83140
18.技术(研究)开发费	025	—	—
19.绿化费	026	20%林产品	02002
		80%生产税	
20.坏账损失	027	以负值计入营业盈余	
21.企业年金	028	劳动者报酬	
22.印刷费	029	印刷和记录媒介复制品	23038
23.会议会务费	030	9%印刷和记录媒介复制品	23038
		8%铁路旅客运输	53107
		4%城市公共交通及公路客运	54109
		8%航空旅客运输	56113
		30%住宿	61119
		20%餐饮	62120
		1%软件服务	65124
		5%租赁	71130
		13%商务服务	72131
		2%劳动者报酬	
24.水电费	031	余额计入电力、热力生产和供应	44098
其中:水费	032	水的生产和供应	46100
25.外事费	033	余额4%城市公共交通及公路客运	54109
		余额2%邮政	60118
		余额30%住宿	61119
		余额60%餐饮	62120
		余额4%商务服务	72131
其中:出国人员经费	034	3%铁路旅客运输	53107
		2%城市公共交通及公路客运	54109
		1%水上旅客运输	55111
		35%航空旅客运输	56113
		33%住宿	61119
		15%餐饮	62120
		1%保险	68128
		1%商务服务	72131
		1%公共管理和社会组织	91149
		8%劳动者报酬	
26.安全防卫费	035	余额计入商务服务	72131
其中:防卫设备费	036	其他专用设备	35076
消防器材费	037	其他专用设备	35076

续表2

指标名称	代码	对应投入产出部门	投入产出部门代码
甲	乙		
27.钞币运送费	038	商务服务	72131
28.财产保险费	039	保险	68128
29.仓库经费	040	10%纺织制成品	17031
		10%纺织服装服饰	18032
		20%木材加工和木、竹、藤、棕、草制品	20035
		10%水泥、石灰和石膏	30054
		20%金属制品	33066
		20%其他电气机械和器材	38087
		10%装卸搬运和仓储	59117
30.劳动保护费	041	余额计入纺织服装服饰	18032
其中:保健补贴、洗理费	042	劳动者报酬	
31.上交管理费	043	营业盈余	
32.住房公积金和住房补贴	044	劳动者报酬	
33.广告费、展览费	045	商务服务	72131
34.电子设备运转费	046	余额计入软件服务	65124
其中:购买可携带和移动的存储设备	047	计算机	39088
网络布线	048	信息技术服务	65125
35.防洪建设维护费	049	生产税	
36.职工取暖费和防暑降温费	050	劳动者报酬	
37.劳务费	051	—	—
(1)劳务派遣费	052	商务服务	72131
工资、社保费	053	—	—
劳务管理费	054	—	—
(2)劳务工资	055	劳动者报酬	
38.宣传费	056	75%印刷和记录媒介复制品	23038
		20%工艺美术品	24039
		5%邮政	60118
39.公证费	057	商务服务	72131
40.出纳费	058	劳动者报酬	
41.监管费	059	货币金融和其他金融服务	66126
42.交易席位费摊销	060	营业盈余	
43.交易所会员年费	061	资本市场服务	67127
44.交易所设施使用费	062	资本市场服务	67127
45.银行结算费	063	货币金融和其他金融服务	66126
46.存款保险费	064	保险	68128
47.人防基金	065	生产税	
48.社保费	066	劳动者报酬	

续表3

指 标 名 称	代 码	对应投入产出部门	投入产出部门代码
甲	乙		
49.租赁费(不包括融资租赁费)	067	余额计入租赁	71130
其中:房屋租赁费	068	房地产	70129
50.环保卫生费	069	公共设施管理	78137
51.物业管理费	070	房地产	70129
52.固定资产折旧	071	固定资产折旧	
53.律师费	072	商务服务	72131
54.信息费	073	货币金融和其他金融服务	66126
55.票据交换费用	074	货币金融和其他金融服务	66126
56.银联专业化费用	075	货币金融和其他金融服务	66126
57.交通费	076	55%精炼石油和核燃料加工品	25041
		10%汽车零部件及配件	36078
		15%城市公共交通及公路客运	54109
		10%保险	68128
		5%其他服务	79139
		5%公共管理和社会组织	91149
58.取暖费	077	电力、热力生产和供应	44098
59.其他费用	078	商务服务	72131
二、损益及分配	—	—	—
1.营业收入	079	—	—
其中:利息收入	080	—	—
金融机构往来收入	081	—	
手续费及佣金收入	082	总产出	
租赁收益	083	—	
投资收益	084	以负值计入营业盈余	
公允价值变动收益	085	以负值计入营业盈余	
汇兑净收益	086	总产出	
其他收益	087	生产补贴	
其他业务收入	088	总产出	
其中:新经济活动营业收入	089	—	—
2.营业支出	090	—	—
(1)利息支出	091	—	—
(2)金融机构往来支出	092	—	—
(3)手续费及佣金支出	093	—	—
(4)业务及管理费	094	—	—
(5)税金及附加	095	生产税	
(6)资产减值损失	096	—	—
(7)其他业务支出	097	—	—
3.营业利润	098	营业盈余	
三、补充指标	—	—	—
1.从业人员平均人数(人)	099	—	—
2.应付职工薪酬(本年贷方累计发生额)	100	—	—
3.应交增值税	101	—	—

14　资本市场服务企业投入构成

指 标 名 称	代　码	对应投入产出部门	投入产出部门代码
甲	乙		
一、运营费用	01	—	—
1.办公费	02	2012年典型调查	
2.广告费、展览费	03	商务服务	72131
3.宣传费	04	75%印刷和记录媒介复制品	23038
		20%工艺美术品	24039
		5%邮政	60118
4.差旅费	05	2017年典型调查	
5.会议会务费	06	9%印刷和记录媒介复制品	23038
		8%铁路旅客运输	53107
		4%城市公共交通及公路客运	54109
		8%航空旅客运输	56113
		30%住宿	61119
		20%餐饮	62120
		1%软件服务	65124
		5%租赁	71130
		13%商务服务	72131
		2%劳动者报酬	
6.招待费	07	5%酒精和酒	15023
		4%工艺美术品	24039
		2%城市公共交通及公路客运	54109
		7%住宿	61119
		70%餐饮	62120
		2%公共设施管理	78137
		10%娱乐	90147
7.邮政通信费	08	余额计入电信	63121
其中:邮政费	09	邮政	60118
互联网费	10	互联网和相关服务	64123
8.税金	11	生产税	
9.监管费	12	生产税	
10.水电费	13	余额计入电力、热力生产和供应	44098
其中:水费	14	水的生产和供应	46100
11.绿化费	15	20%林产品	02002
		80%生产税	
12.外事费	16	余额4%城市公共交通及公路客运	54109
		余额30%住宿	61119
		余额60%餐饮	62120
		余额4%商务服务	72131
		余额2%邮政	60118

续表1

指标名称	代码	对应投入产出部门	投入产出部门代码
甲	乙		
其中:出国人员经费	17	3%铁路旅客运输	53107
		2%城市公共交通及公路客运	54109
		1%水上旅客运输	55111
		35%航空旅客运输	56113
		33%住宿	61119
		15%餐饮	62120
		1%保险	68128
		1%商务服务	72131
		1%公共管理和社会组织	91149
		8%劳动者报酬	
13.诉讼费	18	80%商务服务	72131
		20%公共管理和社会组织	91149
14.公证费	19	商务服务	72131
15.咨询费	20	商务服务	72131
16.聘请中介机构费(审计费)	21	商务服务	72131
17.董事会费	22	—	—
董事成员津贴	23	劳动者报酬	
会议费	24	9%印刷和记录媒介复制品	23038
		8%铁路旅客运输	53107
		4%城市公共交通及公路客运	54109
		8%航空旅客运输	56113
		30%住宿	61119
		20%餐饮	62120
		1%软件服务	65124
		5%租赁	71130
		13%商务服务	72131
		2%劳动者报酬	
差旅费	25	2017年典型调查	
其他	26	教育	83140
18.上交管理费	27	营业盈余	
19.防洪建设维护费	28	生产税	
20.交易席位费摊销	29	营业盈余	
21.交易所会员年费	30	资本市场服务	67127
22.交易所设施使用费	31	资本市场服务	67127
23.银行结算费	32	货币金融和其他金融服务	66126
24.印刷费	33	印刷和记录媒介复制品	23038
25.安全防卫费	34	余额计入商务服务	72131
其中:防卫设备费	35	其他专用设备	35076
消防器材费	36	其他专用设备	35076

续表2

指 标 名 称	代 码	对应投入产出部门	投入产出部门代码
甲	乙		
26.电子设备运转费	37	余额计入软件服务	65124
其中:购买可携带和移动的存储设备	38	计算机	39088
网络布线	39	信息技术服务	65125
27.交通费	40	55%精炼石油和核燃料加工品	25041
		10%汽车零部件及配件	36078
		15%城市公共交通及公路客运	54109
		10%保险	68128
		5%其他服务	79139
		5%公共管理和社会组织	91149
28.取暖费	41	电力、热力生产和供应	44098
29.其他运营费用	42	商务服务	72131
二、物业及设备费用	43	—	
1.折旧费用	44	固定资产折旧	
2.维护费(修理费)	45	2012典型调查	
3.物业管理费	46	房地产	70129
4.资产保险费	47	保险	68128
5.租赁费(不包括融资租赁费)	48	余额计入租赁	71130
其中:房屋租赁费	49	房地产	70129
6.摊销费用	50	营业盈余	
其中:租赁房产装修改良	51	—	—
7.其他物业及设备费用	52	房地产	70129
三、人工费用	53	—	—
1.工资及附加费	54	劳动者报酬	
2.住房公积金和住房补贴	55	劳动者报酬	
3.社保费	56	劳动者报酬	
4.劳务费	57	—	
(1)劳务派遣费	58	商务服务	72131
工资、社保费	59	—	
劳务管理费	60	—	
(2)劳务工资	61	劳动者报酬	
5.工会经费	62	60%劳动者报酬	
		40%营业盈余	
6.职工教育经费	63	教育	83140
7.企业年金	64	劳动者报酬	
8.劳动保护费	65	余额计入纺织服装服饰	18032
其中:保健补贴、洗理费	66	劳动者报酬	
9.职工取暖费和防暑降温费	67	劳动者报酬	
10.福利费	68	劳动者报酬	

续表3

指标名称	代 码	对应投入产出部门	投入产出部门代码
甲	乙		
11.其他人工费用	69	劳动者报酬	
四、其他营业费用	70	—	—
1.技术(研究)开发费	71	—	—
2.技术转让费	72	科技推广和应用服务	75134
3.证券投资者保护基金	73	营业盈余	
4.人防基金	74	生产税	
5.交通费	75	55%精炼石油和核燃料加工品	25041
		10%汽车零部件及配件	36078
		15%城市公共交通及公路客运	54109
		10%保险	68128
		5%其他服务	79139
		5%公共管理和社会组织	91149
6.环保卫生费	76	公共设施管理	78137
7.长期待摊费用摊销	77	营业盈余	
8.其他	78	商务服务	72131
五、损益及分配	—	—	—
1.营业收入	79	总产出	
其中:手续费及佣金净收入	80	—	—
利息净收入	81	以负数计入营业盈余	
投资收益	82	以负数计入总产出	
		以负数计入营业盈余	
公允价值变动净收益	83	以负数计入总产出	
		以负数计入营业盈余	
汇兑净收益	84	—	—
其他收益	85	生产补贴	
其他业务收入	86	—	—
其中:新经济活动营业收入	87	—	—
2.营业支出	88	—	—
(1)税金及附加	89	生产税	
(2)业务及管理费	90	—	—
(3)资产减值损失	91	—	—
(4)投资性房地产摊销	92	—	—
(5)其他业务成本	93	—	—
3.营业利润	94	营业盈余	
六、补充指标	—	—	—
1.从业人员平均人数(人)	95	—	—
2.应付职工薪酬(本年贷方累计发生额)	96	—	—
3.应交增值税	97	—	—

15 保险企业投入构成

指标名称	代码	对应投入产出部门	投入产出部门代码
甲	乙		
一、手续费及佣金支出	001	—	—
1.手续费支出	002	保险	68128
2.佣金支出	003	劳动者报酬	
二、业务及管理费	004	—	—
1.职工工资及福利费	005	劳动者报酬	
2.折旧费	006	固定资产折旧	
3.差旅费	007	2017年典型调查	
4.公杂费	008	2012年典型调查	
5.邮政通信费	009	余额计入电信	63121
其中:邮政费	010	邮政	60118
互联网费	011	互联网和相关服务	64123
6.修理费	012	2012年典型调查	
7.低值易耗品摊销	013	2017年典型调查	
8.无形资产摊销	014	50%固定资产折旧	
		50%营业盈余	
9.长期待摊费用摊销	015	营业盈余	
10.工会经费	016	60%劳动者报酬	
		40%营业盈余	
11.董事会费	017	—	—
董事会成员津贴	018	劳动者报酬	
会议费	019	9%印刷和记录媒介复制品	23038
		8%铁路旅客运输	53107
		4%城市公共交通及公路客运	54109
		8%航空旅客运输	56113
		30%住宿	61119
		20%餐饮	62120
		1%软件服务	65124
		5%租赁	71130
		13%商务服务	72131
		2%劳动者报酬	
差旅费	020	2017年典型调查	
其他	021	教育	83140
12.聘请中介机构费(审计费)	022	商务服务	72131
13.咨询费	023	商务服务	72131
14.诉讼费	024	80%商务服务	72131
		20%公共管理和社会组织	91149
15.招待费	025	5%酒精和酒	15023
		4%工艺美术品	24039

续表1

指标名称	代码	对应投入产出部门	投入产出部门代码
甲	乙		
15.招待费	025	2%城市公共交通及公路客运	54109
		7%住宿	61119
		70%餐饮	62120
		2%公共设施管理	78137
		10%娱乐	90147
16.税金	026	生产税	
17.技术转让费	027	科技推广和应用服务	75134
18.职工教育经费	028	教育	83140
19.技术(研究)开发费	029	—	—
20.绿化费	030	20%林产品	02002
		80%生产税	
21.企业年金	031	劳动者报酬	
22.印刷费	032	印刷和记录媒介复制品	23038
23.会议会务费	033	9%印刷和记录媒介复制品	23038
		8%铁路旅客运输	53107
		4%城市公共交通及公路客运	54109
		8%航空旅客运输	56113
		30%住宿	61119
		20%餐饮	62120
		1%软件服务	65124
		5%租赁	71130
		13%商务服务	72131
		2%劳动者报酬	
24.水电费	034	余额计入电力、热力生产和供应	44098
其中:水费	035	水的生产和供应	46100
25.外事费	036	余额4%城市公共交通及公路客运	54109
		余额2%邮政	60118
		余额30%住宿	61119
		余额60%餐饮	62120
		余额4%商务服务	72131
其中:出国人员经费	037	3%铁路旅客运输	53107
		2%城市公共交通及公路客运	54109
		1%水上旅客运输	55111
		35%航空旅客运输	56113
		33%住宿	61119
		15%餐饮	62120

续表 2

指 标 名 称	代 码	对应投入产出部门	投入产出部门代码
甲	乙		
其中:出国人员经费	037	1%保险	68128
		1%商务服务	72131
		1%公共管理和社会组织	91149
		8%劳动者报酬	
26.安全防卫费	038	余额计入商务服务	72131
其中:防卫设备费	039	其他专用设备	35076
消防器材费	040	其他专用设备	35076
27.财产保险费	041	保险	68128
28.劳动保护费	042	余额计入纺织服装服饰	18032
其中:保健补贴、洗理费	043	劳动者报酬	
29.上交管理费	044	营业盈余	
30.住房公积金和住房补贴	045	劳动者报酬	
31.电子设备运转费	046	余额计入软件服务	65124
其中:购买可携带和移动的存储设备	047	计算机	39088
网络布线	048	信息技术服务	65125
32.防洪建设维护费	049	生产税	
33.职工取暖费和防暑降温费	050	劳动者报酬	
34.劳务费	051	—	—
(1)劳务派遣费	052	商务服务	72131
工资、社保费	053	—	—
劳务管理费	054	—	—
(2)劳务工资	055	劳动者报酬	
35.广告费	056	商务服务	72131
36.宣传费	057	75%印刷和记录媒介复制品	23038
		20%工艺美术品	24039
		5%邮政	60118
37.公证费	058	商务服务	72131
38.席位费用	059	资本市场服务	67127
39.同业公会会费	060	公共管理和社会组织	91149
40.银行结算费	061	货币金融和其他金融服务	66126
41.人防基金	062	生产税	
42.社保费	063	劳动者报酬	
43.租赁费	064	余额计入租赁	71130
其中:房屋租赁费	065	房地产	70129
44.环保卫生费	066	公共设施管理	70129
45.调查费	067	保险	68128
46.防预费	068	商务服务	72131
47.委托管理费	069	50%保险	68128

续表3

指标名称	代 码	对应投入产出部门	投入产出部门代码
甲	乙		
47.委托管理费	069	50%商务服务	72131
48.托管费	070	货币金融和其他金融服务	66126
49.提取保险保障基金	071	营业盈余	
50.物业管理费	072	房地产	70129
51.交通费	073	55%精炼石油和核燃料加工品	25041
		10%汽车零部件及配件	36078
		15%城市公共交通及公路客运	54109
		10%保险	68128
		5%其他服务	79139
		5%公共管理和社会组织	91149
52.取暖费	074	电力、热力生产和供应	44098
53.培训费	075	教育	83140
54.汽车费用	076	55%精炼石油和核燃料加工品	25041
		10%汽车零部件及配件	36078
		15%城市公共交通及公路客运	54109
		10%保险	68128
		5%其他服务	79139
		5%公共管理和社会组织	91149
55.交强险救助基金	077	营业盈余	
56.其他费用	078	商务服务	72131
三、损益及分配	—	—	—
1.营业收入	079	总产出	
其中:公允价值变动收益	080	以负值计入总产出	
		以负值计入营业盈余	
利息收入	081	货币金融和其他金融服务	66126
其他收益	082	生产补贴	
2.营业支出	083	—	—
(1)退保金	084	以负值计入总产出	
(2)赔付支出	085	以负值计入总产出	
减:摊回赔付支出	086	总产出	
(3)提取未决赔款准备金	087	以负值计入总产出	
减:摊回未决赔款准备金	088	总产出	
(4)提取寿险责任准备金	089	以负值计入总产出	
减:摊回寿险责任准备金	090	总产出	
(5)提取长期健康险责任准备金	091	以负值计入总产出	
减:摊回长期健康险责任准备金	092	总产出	
(6)保单红利支出	093	—	—
(7)分保费用	094	保险	68128

续表4

指标名称	代码	对应投入产出部门	投入产出部门代码
甲	乙		
（8）税金及附加	095	生产税	
（9）手续费及佣金支出	096	—	—
（10）营销费用（养老）	097	5％饮料	15024
		5％精制茶	15025
		10％烟草制品	16026
		5％纺织服装服饰	18032
		10％造纸和纸制品	22037
		30％印刷和记录媒介复制品	23038
		30％文教、体育和娱乐用品	24040
		5％陶瓷制品	30058
（11）业务及管理费	098	—	—
减：摊回分保费用	099	以负值计入保险	68128
（12）利息支出	100	货币金融和其他金融服务	66126
（13）其他业务成本	101	—	—
其中：提取未到期的责任准备	102	—	—
提取担保赔偿准备	103	—	—
（14）资产减值损失	104	—	—
3.营业利润	105	营业盈余	
四、补充指标	—		
1.从业人员平均人数（人）	106	—	—
2.应付职工薪酬（本年贷方累计发生额）	107	—	—
3.应交增值税	108	—	—

16.1 房地产开发经营企业期间费用构成

指标名称	代码	对应的投入产出部门	投入产出部门代码
甲	乙		
一、销售费用	001	—	—
1.职工薪酬	002	—	—
（1）工资	003	劳动者报酬	
（2）福利费	004	劳动者报酬	
（3）社保费	005	劳动者报酬	
（4）住房公积金和住房补贴	006	劳动者报酬	
（5）工会经费	007	60%劳动者报酬	
		40%营业盈余	
（6）职工教育经费	008	教育	83140
（7）非货币性福利	009	劳动者报酬	
（8）辞退福利	010	劳动者报酬	
（9）股份支付	011	劳动者报酬	
2.广告费、展览费	012	商务服务	72131
3.差旅费	013	2017年典型调查	
4.代理服务费及佣金	014	房地产	70129
5.经营性租赁费	015	余额计入租赁	71130
其中:房屋租赁费	016	房地产	70129
6.邮政通信费	017	余额计入电信	63121
其中:邮政费	018	邮政	60118
互联网费	019	互联网和相关服务	64123
7.诉讼费	020	80%商务服务	72131
		20%公共管理和社会组织	91149
8.宣传费	021	75%印刷和记录媒介复制品	23038
		20%工艺美术品	24039
		5%邮政	60118
9.物料消耗	022	1%针织或钩针编织及其制品	17030
		1%纺织制成品	17031
		1%纺织服装服饰	18032
		1%鞋	19034
		11%家具	21036
		1%工艺美术品	24039
		7%专用化学产品和炸药、火工、焰火产品	26048
		1%塑料制品	29053
		2%金属制品	33066
		62%文化、办公用机械	34071
		1%其他通用设备	34072
		1%其他专用设备	35076

续表1

指标名称	代码	对应的投入产出部门	投入产出部门代码
甲	乙		
9.物料消耗	022	1%家用器具	38086
		5%计算机	39088
		1%视听设备	39091
		1%电子元器件	39092
		1%其他电子设备	39093
		1%其他制造产品	41095
10.办公费	023	2012年典型调查	
11.印刷费	024	印刷和记录媒介复制品	23038
12.过路过桥费	025	道路货物运输和运输辅助活动	54110
13.修理费	026	2012年典型调查	
14.低值易耗品摊销	027	2017年典型调查	
15.水电费	028	余额计入电力、热力生产和供应	44098
其中:水费	029	水的生产和供应	46100
16.装饰费	030	建筑装饰、装修和其他建筑服务	50104
17.会议会务费	031	9%印刷和记录媒介复制品	23038
		8%铁路旅客运输	53107
		4%城市公共交通及公路客运	54109
		8%航空旅客运输	56113
		30%住宿	61119
		20%餐饮	62120
		1%软件服务	65124
		5%租赁	71130
		13%商务服务	72131
		2%劳动者报酬	
18.燃料费	032	余额计入精炼石油和核燃料加工品	25041
其中:汽油、柴油	033	精炼石油和核燃料加工品	25041
天然气	034	燃气生产和供应	45099
煤气	035	燃气生产和供应	45099
19.劳务费	036	—	—
(1)劳务派遣费	037	商务服务	72131
工资、社保费	038	—	—
劳务管理费	039	—	—
(2)劳务工资	040	劳动者报酬	
20.折旧费	041	固定资产折旧	
21.安全防卫费	042	商务服务	72131
22.取暖费	043	50%电力、热力生产和供应	44098
		50%劳动者报酬	
23.运输费	044	7%精炼石油和核燃料加工品	25041
		20%铁路货物运输和运输辅助活动	53108

续表2

指标名称	代码	对应的投入产出部门	投入产出部门代码
甲	乙		
23.运输费	044	45%道路货物运输和运输辅助活动	54110
		20%水上货物运输和运输辅助活动	55112
		5%航空货物运输和运输辅助活动	56114
		3%多式联运和运输代理	58116
24.客户服务费	045	70%餐饮	62120
		30%娱乐	90147
25.仓储费	046	装卸搬运和仓储	59117
26.其他销售费用	047	商务服务	72131
二、管理费用	048	—	—
1.工资	049	劳动者报酬	
2.福利费	050	劳动者报酬	
3.折旧费	051	固定资产折旧	
4.住房公积金和住房补贴	052	劳动者报酬	
5.职工教育经费	053	教育	83140
6.工会经费	054	60%劳动者报酬	
		40%营业盈余	
7.办公费	055	2012年典型调查	
8.招聘费	056	5%酒精和酒	15023
		4%工艺美术品	24039
		2%城市公共交通及公路客运	54109
		7%住宿	61119
		70%餐饮	62120
		2%公共设施管理	78137
		10%娱乐	90147
9.邮政通信费	057	余额计入电信	63121
其中:邮政费	058	邮政	60118
互联网费	059	互联网和相关服务	64123
10.会议会务费	060	9%印刷和记录媒介复制品	23038
		8%铁路旅客运输	53107
		4%城市公共交通及公路客运	54109
		8%航空旅客运输	56113
		30%住宿	61119
		20%餐饮	62120
		1%软件服务	65124
		5%租赁	71130
		13%商务服务	72131
		2%劳动者报酬	
11.差旅费	061	2017年典型调查	
12.招待费	062	5%酒精和酒	15023

续表3

指标名称	代 码	对应的投入产出部门	投入产出部门代码
甲	乙		
12.招待费	062	4%工艺美术品	24039
		2%城市公共交通及公路客运	54109
		7%住宿	61119
		70%餐饮	62120
		2%公共设施管理	78137
		10%娱乐	90147
13.修理费	063	2012年典型调查	
14.运输费	064	7%精炼石油和核燃料加工品	25041
		20%铁路货物运输和运输辅助活动	53108
		45%道路货物运输和运输辅助活动	54110
		20%水上货物运输和运输辅助活动	55112
		5%航空货物运输和运输辅助活动	56114
		3%多式联运和运输代理	58116
15.交通费	065	55%精炼石油和核燃料加工品	25041
		10%汽车零部件及配件	36078
		15%城市公共交通及公路客运	54109
		10%保险	68128
		5%其他服务	79139
		5%公共管理和社会组织	91149
16.绿化费	066	20%林产品	02002
		80%生产税	
17.企业年金	067	劳动者报酬	
18.排污费	068	生产税	
19.水电费	069	余额计入电力、热力生产和供应	44098
其中:水费	070	水的生产和供应	46100
20.印刷费	071	印刷和记录媒介复制品	23038
21.职工取暖费和防暑降温费	072	劳动者报酬	
22.广告费	073	商务服务	72131
23.劳动保护费	074	余额计入纺织服装服饰	18032
其中:保健补贴、洗理费	075	劳动者报酬	
24.租赁费	076	余额计入租赁	71130
其中:房屋租赁费	077	房地产	70129
25.行业会费	078	公共管理和社会组织	91149
26.咨询费	079	商务服务	72131
27.诉讼费	080	80%商务服务	72131
		20%公共管理和社会组织	91149
28.董事会费	081	—	—
董事成员津贴	082	劳动者报酬	
会议费	083	9%印刷和记录媒介复制品	23038

续表4

指标名称	代码	对应的投入产出部门	投入产出部门代码
甲	乙		
会议费	083	8%铁路旅客运输	53107
		4%城市公共交通及公路客运	54109
		8%航空旅客运输	56113
		30%住宿	61119
		20%餐饮	62120
		1%软件服务	65124
		5%租赁	71130
		13%商务服务	72131
		2%劳动者报酬	
差旅费	084	2017年典型调查	
其他	085	教育	83140
29.聘请中介机构费(审计费)	086	商务服务	72131
	087	余额计入精炼石油和核燃料加工品	25041
其中:汽油、柴油	088	精炼石油和核燃料加工品	25041
天然气	089	燃气生产和供应	45099
煤气	090	燃气生产和供应	45099
31.出国人员经费	091	3%铁路旅客运输	53107
		2%城市公共交通及公路客运	54109
		1%水上旅客运输	55111
		35%航空旅客运输	56113
		33%住宿	61119
		15%餐饮	62120
		1%保险	68128
		1%商务服务	72131
		1%公共管理和社会组织	91149
		8%劳动者报酬	
32.警卫消防费	092	商务服务	72131
33.上交管理费	093	营业盈余	
34.物料消耗	094	1%针织或钩针编织及其制品	17030
		1%纺织制成品	17031
		1%纺织服装服饰	18032
		1%鞋	19034
		11%家具	21036
		1%工艺美术品	24039
		7%专用化学产品和炸药、火工、焰火产品	26048
		1%塑料制品	29053
		2%金属制品	33066

续表 5

指标名称	代码	对应的投入产出部门	投入产出部门代码
甲	乙		
34.物料消耗	094	62%文化、办公用机械	34071
		1%其他通用设备	34072
		1%其他专用设备	35076
		1%家用器具	38086
		5%计算机	39088
		1%视听设备	39091
		1%电子元器件	39092
		1%其他电子设备	39093
		1%其他制造产品	41095
35.低值易耗品摊销	095	2017年典型调查	
36.社保费	096	劳动者报酬	
37.财产保险费	097	保险	68128
38.税金	098	生产税	
39.技术转让费	099	科技推广和应用服务	75134
40.无形资产摊销	100	50%固定资产折旧	
		50%营业盈余	
41.劳务费	101	—	—
（1）劳务派遣费	102	商务服务	72131
工资、社保费	103	—	—
劳务管理费	104	—	—
（2）劳务工资	105	劳动者报酬	
42.防洪建设维护费	106	生产税	
43.人防基金	107	生产税	
44.环保卫生费	108	公共设施管理	78137
45.长期待摊费用摊销	109	营业盈余	
46.物业管理费	110	房地产	70129
47.取暖费	111	电力、热力生产和供应	44098
48.其他管理费用	112	商务服务	72131
三、财务费用	113	—	—
1.利息支出	114	货币金融和其他金融服务	66126
2.利息收入	115	货币金融和其他金融服务	66126
3.汇兑损益	116	货币金融和其他金融服务	66126
4.坏账损失	117	货币金融和其他金融服务	66126
5.其他财务费用	118	余额计入货币金融和其他金融服务	66126
其中:支付证券公司手续费	119	资本市场服务	67127

16.2 房地产开发经营企业利润表

指标名称	代码	对应的投入产出部门	投入产出部门代码
甲	乙		
一、损益及分配	—	—	—
1.营业收入	01	总产出	
其中:主营业务收入	02	—	—
其中:土地转让收入	03	以负值计入总产出	
其中:新经济活动营业收入	04	—	—
2.营业成本	05	以负值计入总产出	
其中:主营业务成本	06	—	—
3.税金及附加	07	生产税	
4.销售费用	08	—	—
5.管理费用	09	—	—
6.财务费用	10	—	—
7.资产减值损失	11	—	—
8.公允价值变动收益(亏损以"－"号填列)	12	以负值计入营业盈余	
9.投资收益(亏损以"－"号填列)	13	以负值计入营业盈余	
10.其他收益	14	生产补贴	
11.营业利润	15	营业盈余	
二、补充指标	—	—	—
1.从业人员平均人数(人)	16	—	—
2.应付职工薪酬(本年贷方累计发生额)	17	—	—
3.应交增值税	18	—	—

17 卫生单位收入和支出构成

指标名称	代码	对应投入产出部门	投入产出部门代码
甲	乙		
一、本年收入合计	001	—	—
其中:医疗收入	002	—	—
（1）门诊收入	003	—	—
（2）住院收入	004	—	—
财政补助收入	005	—	—
（1）基本支出	006	—	—
（2）项目支出	007	—	—
科教项目收入	008	—	—
其他收入	009	—	—
其中:新经济活动营业收入	010	—	—
二、医疗业务成本	011	总产出	
1.人员经费	012	—	—
（1）基本工资	013	劳动者报酬	
（2）津贴补贴	014	劳动者报酬	
（3）社会保障缴费	015	劳动者报酬	
（4）伙食补助费	016	劳动者报酬	
（5）绩效工资	017	劳动者报酬	
（6）其他工资福利支出	018	劳动者报酬	
（7）住房公积金	019	劳动者报酬	
（8）提租补贴	020	劳动者报酬	
（9）购房补贴	021	劳动者报酬	
（10）医疗费	022	劳动者报酬	
（11）抚恤金	023	—	—
（12）生活补助	024	—	—
（13）奖励金	025	劳动者报酬	
（14）退职费	026	劳动者报酬	
（15）其他补助支出	027	劳动者报酬	
2.药品费	028	医药制品	27050
（1）西药	029	—	—
（2）中成药	030	—	—
（3）中草药	031	—	—
3.卫生材料费	032	90%医药制品	27050
		10%其他专用设备	35076
（1）血费	033	—	—
（2）氧气费	034	—	—
（3）放射材料费	035	—	—
（4）化验材料费	036	—	—
（5）其他卫生材料费	037	—	—

续表1

指标名称	代码	对应投入产出部门	投入产出部门代码
甲	乙		
4.固定资产折旧	038	固定资产折旧	
5.无形资产摊销	039	50%固定资产折旧	
		50%营业盈余	
6.提取医疗风险金	040	营业盈余	
7.办公费	041	2012年典型调查	
8.印刷费	042	印刷和记录媒介复制品	23038
9.咨询费	043	商务服务	72131
10.手续费	044	货币金融和其他金融服务	66126
11.水费	045	水的生产和供应	46100
12.电费	046	电力、热力生产和供应	44098
13.邮政通信费	047	余额计入电信	63121
其中:邮政费	048	邮政	60118
互联网费	049	互联网和相关服务	64123
14.取暖费	050	—	—
其中:取暖用燃料费	051	90%煤炭开采和洗选产品	06006
		10%石油和天然气开采产品	07007
热力费	052	电力、热力生产和供应	44098
职工宿舍取暖费	053	劳动者报酬	
其他	054	劳动者报酬	
15.物业管理费	055	房地产	70129
16.差旅费	056	2017年典型调查	
17.因公出国(境)费	057	3%铁路旅客运输	53107
		2%城市公共交通及公路客运	54109
		1%水上旅客运输	55111
		35%航空旅客运输	56113
		33%住宿	61119
		15%餐饮	62120
		1%商务服务	72131
		1%保险	68128
		1%公共管理和社会组织	91149
		8%劳动者报酬	
18.维修(护)费	058	2012年典型调查	
19.租赁费	059	余额计入租赁	71130
其中:房屋租赁费	060	房地产	70129
20.会议会务费	061	9%印刷和记录媒介复制品	23038
		8%铁路旅客运输	53107
		4%城市公共交通及公路客运	54109
		8%航空旅客运输	56113
		30%住宿	61119

续表 2

指标名称	代码	对应投入产出部门	投入产出部门代码
甲	乙		
20.会议会务费	061	20%餐饮	62120
		1%软件服务	65124
		5%租赁	71130
		13%商务服务	72131
		2%劳动者报酬	
21.职工教育经费	062	教育	83140
22.技术(研究)开发费	063	—	—
23.公务接待费	064	5%酒精和酒	15023
		4%工艺美术品	24039
		2%城市公共交通及公路客运	54109
		7%住宿	61119
		70%餐饮	62120
		2%公共设施管理	78137
		10%娱乐	90147
24.其他材料费	065	医药制品	27050
25.专用燃料费	066	精炼石油和核燃料加工品	25041
26.劳务费	067	—	—
(1)劳务派遣费	068	商务服务	72131
工资、社保费	069	—	—
劳务管理费	070	—	—
(2)劳务工资	071	劳动者报酬	
27.委托业务费	072	卫生	84141
28.车辆运行维护费	073	10%汽车零部件及配件	36078
		55%精炼石油和核燃料加工品	25041
		15%城市公共交通及公路客运	54109
		10%保险	68128
		5%其他服务	79139
		5%公共管理和社会组织	91149
29.工会经费	074	60%劳动者报酬	
		40%营业盈余	
30.福利费	075	劳动者报酬	
31.广告费	076	商务服务	72131
32.宣传费	077	75%印刷和记录媒介复制品	23038
		20%工艺美术品	24039
		5%邮政	60118
33.会员费	078	公共管理和社会组织	91149
34.赔偿和诉讼费	079	16%商务服务	72131
		8%公共管理和社会组织	91149
35.中介服务费	080	商务服务	72131

续表3

指 标 名 称	代 码	对应投入产出部门	投入产出部门代码
甲	乙		
36.税费	081	生产税	
37.医疗垃圾处置费	082	生态保护和环境治理	77136
38.生活垃圾处置费	083	生态保护和环境治理	77136
39.洗涤费	084	居民服务	80138
40.计量检测费	085	专业技术服务	74133
41.其他公用经费	086	劳动者报酬	
三、财政项目补助支出	087	59%总产出	
四、科教项目支出	088	—	—
五、管理费用	089	总产出	
1.人员经费	090	—	—
（1）基本工资	091	劳动者报酬	
（2）津贴补贴	092	劳动者报酬	
（3）社会保障缴费	093	劳动者报酬	
（4）伙食补助费	094	劳动者报酬	
（5）绩效工资	095	劳动者报酬	
（6）其他工资福利支出	096	劳动者报酬	
（7）住房公积金	097	劳动者报酬	
（8）提租补贴	098	劳动者报酬	
（9）购房补贴	099	劳动者报酬	
（10）医疗费	100	劳动者报酬	
（11）抚恤金	101	—	—
（12）生活补助	102	—	—
（13）奖励金	103	劳动者报酬	
（14）退职费	104	劳动者报酬	
（15）离休费	105	劳动者报酬	
（16）退休费	106	劳动者报酬	
（17）其他补助支出	107	劳动者报酬	
2.固定资产折旧	108	固定资产折旧	
3.无形资产摊销	109	50%固定资产折旧	
		50%营业盈余	
4.办公费	110	2012年典型调查	
5.印刷费	111	印刷和记录媒介复制品	23038
6.咨询费	112	商务服务	72131
7.手续费	113	货币金融和其他金融服务	66126
8.水费	114	水的生产和供应	46100
9.电费	115	电力、热力生产和供应	44098
10.邮政通信费	116	余额计入电信	63121
其中:邮政费	117	邮政	60118
互联网费	118	互联网和相关服务	64123

续表 4

指 标 名 称	代 码	对应投入产出部门	投入产出部门代码
甲	乙		
11.取暖费	119	—	—
其中:取暖用燃料费	120	90%煤炭开采和洗选产品	06006
		10%石油和天然气开采产品	07007
热力费	121	电力、热力生产和供应	44098
职工宿舍取暖费	122	劳动者报酬	
其他	123	劳动者报酬	
12.物业管理费	124	房地产	70129
13.差旅费	125	2017年典型调查	
14.因公出国(境)费	126	3%铁路旅客运输	53107
		2%城市公共交通及公路客运	54109
		1%水上旅客运输	55111
		35%航空旅客运输	56113
		33%住宿	61119
		15%餐饮	62120
		1%保险	68128
		1%商务服务	72131
		1%公共管理和社会组织	91149
		8%劳动者报酬	
15.维修(护)费	127	2012年典型调查	
16.租赁费	128	余额计入租赁	71130
其中:房屋租赁费	129	房地产	70129
17.会议会务费	130	9%印刷和记录媒介复制品	23038
		8%铁路旅客运输	53107
		4%城市公共交通及公路客运	54109
		8%航空旅客运输	56113
		30%住宿	61119
		20%餐饮	62120
		1%软件服务	65124
		5%租赁	71130
		13%商务服务	72131
		2%劳动者报酬	
18.职工教育经费	131	教育	83140
19.技术(研究)开发费	132	—	—
20.公务接待费	133	5%酒精和酒	15023
		4%工艺美术品	24039
		2%城市公共交通及公路客运	54109
		7%住宿	61119
		70%餐饮	62120
		2%公共设施管理	78137

续表5

指标名称	代码	对应投入产出部门	投入产出部门代码
甲	乙		
20.公务接待费	133	10%娱乐	90147
21.其他材料费	134	25%棉、化纤纺织及印染精加工品	17027
		25%橡胶制品	29052
		25%塑料制品	29053
		25%玻璃和玻璃制品	30057
22.专用燃料费	135	50%酒精和酒	15023
		50%精炼石油和核燃料加工品	25041
23.劳务费	136	—	—
（1）劳务派遣费	137	商务服务	72131
工资、社保费	138	—	—
劳务管理费	139	—	—
（2）劳务工资	140	劳动者报酬	
24.委托业务费	141	卫生	84141
25.车辆运行维护费	142	55%精炼石油和核燃料加工品	25041
		10%汽车零部件及配件	36078
		15%城市公共交通及公路客运	54109
		10%保险	68128
		5%其他服务	79139
		5%公共管理和社会组织	91149
26.工会经费	143	60%劳动者报酬	
		40%营业盈余	
27.广告费	144	商务服务	72131
28.宣传费	145	50%印刷和记录媒介复制品	23038
		50%商务服务	72131
29.会员费	146	公共管理和社会组织	91149
30.赔偿和诉讼费	147	16%商务服务	72131
		8%公共管理和社会组织	91149
31.中介服务费	148	商务服务	72131
32.税费	149	生产税	
33.坏账准备	150	营业盈余	
34.企业年金	151	劳动者报酬	
35.财务费用	152	货币金融和其他金融服务	66126
其中：支付证券公司手续费	153	—	—
36.离休公用经费	154	劳动者报酬	
37.退休公用经费	155	劳动者报酬	
38.其他公用经费	156	劳动者报酬	
六、其他支出	157	35%总产出	
1.进修培训支出	158	教育	83140

续表6

指标名称	代码	对应投入产出部门	投入产出部门代码
甲	乙		
2.食堂服务支出	159	劳动者报酬	
3.出租支出	160	固定资产折旧	
4.资产处置净损失	161	—	—
5.捐赠支出	162	—	—
6.罚没支出	163	—	—
7.其他支出	164	—	—
七、本年收支结余	165	50%计入营业盈余及总产出	
八、补充指标	—		—
1.从业人员平均人数(人)	166	—	—
2.应付职工薪酬(本年贷方累计发生额)	167	—	—
3.应交增值税	168	—	—

18 新闻出版企业收入和支出构成

指标名称	代 码	对应的投入产出部门	投入产出部门代码
甲	乙		
一、营业收入	001	—	—
其中:主营业务收入	002	总产出	
其中:新经济活动营业收入	003	—	—
二、营业成本	004	—	—
1.工资	005	劳动者报酬	
2.福利费	006	劳动者报酬	
3.印刷用纸	007	造纸和纸制品	22037
4.物料消耗	008	—	—
(1)农产品类	009	农产品	01001
(2)纺织品类	010	纺织制成品	17031
(3)服装鞋帽类	011	80%纺织服装服饰	18032
		20%鞋	19034
(4)皮革类	012	皮革、毛皮、羽毛及其制品	19033
(5)化学品类	013	15%基础化学原料	26043
		40%涂料、油墨、颜料及类似产品	26046
		40%专用化学产品和炸药、火工、焰火产品	26048
		5%日用化学产品	26049
(6)橡胶制品类	014	橡胶制品	29052
(7)塑料制品类	015	塑料制品	29053
(8)金属制品类	016	金属制品	33066
(9)电线、电缆、光缆及电工器材	017	电线、电缆、光缆及电工器材	38084
(10)计算机网络设备及计算机外部设备	018	计算机	39088
(11)复印纸、打印纸、纸张材料等	019	造纸和纸制品	22037
(12)磁盘、光盘等记录材料	020	印刷和记录媒介复制品	23038
(13)视听设备	021	视听设备	39091
(14)仪器仪表类	022	仪器仪表	40094
(15)其他	023	其他制造产品	41095
5.办公费	024	2012年典型调查	
6.差旅费	025	2017年典型调查	
7.交通费	026	55%精炼石油和核燃料加工品	25041
		10%汽车零部件及配件	36078
		15%城市公共交通及公路客运	54109
		10%保险	68128
		5%其他服务	79139

续表1

指 标 名 称	代　码	对应的投入产出部门	投入产出部门代码
甲	乙		
7. 交通费	026	5%公共管理和社会组织	91149
8. 修理费	027	2012年典型调查	
9. 折旧费	028	固定资产折旧	
10. 保管费	029	装卸搬运和仓储	59117
11. 会议会务费	030	9%印刷和记录媒介复制品	23038
		8%铁路旅客运输	53107
		4%城市公共交通及公路客运	54109
		8%航空旅客运输	56113
		30%住宿	61119
		20%餐饮	62120
		1%软件服务	65124
		5%租赁	71130
		13%商务服务	72131
		2%劳动者报酬	
12. 租赁费	031	余额计入租赁	71130
其中:房屋租赁费	032	房地产	70129
13. 招待费	033	5%酒精和酒	15023
		4%工艺美术品	24039
		2%城市公共交通及公路客运	54109
		7%住宿	61119
		70%餐饮	62120
		2%公共设施管理	78137
		10%娱乐	90147
14. 保险费	034	保险	68128
15. 燃料费	035	余额计入精炼石油和核燃料加工品	25041
其中:汽油、柴油	036	精炼石油和核燃料加工品	25041
天然气	037	燃气生产和供应	45099
煤气	038	燃气生产和供应	45099
16. 水电费	039	余额计入电力、热力生产和供应	44098
其中:水费	040	水的生产和供应	46100
17. 印刷费	041	印刷和记录媒介复制品	23038
18. 稿费(稿酬)	042	以负数计入营业盈余	
19. 社保费	043	劳动者报酬	
20. 工会经费	044	60%劳动者报酬	
		40%营业盈余	
21. 运输费	045	7%精炼石油和核燃料加工品	25041
		20%铁路货物运输和运输辅助活动	53108
		45%道路货物运输和运输辅助活动	54110
		20%水上货物运输和运输辅助活动	55112

续表2

指标名称	代码	对应的投入产出部门	投入产出部门代码
甲	乙		
21.运输费	045	5%航空货物运输和运输辅助活动	56114
		3%多式联运和运输代理	58116
22.搬运费	046	多式联运和运输代理	58116
23.取暖费	047	50%电力、热力生产和供应	44098
		50%劳动者报酬	
24.住房公积金	048	劳动者报酬	
25.其他成本	049	按上述中间投入比例分摊	
三、销售费用	050	—	—
1.工资	051	劳动者报酬	
2.福利费	052	劳动者报酬	
3.劳动保护费	053	余额计入纺织服装服饰	18032
其中:保健补贴、洗理费	054	劳动者报酬	
4.办公费	055	2012年典型调查	
5.邮政通信费	056	余额计入电信	63121
其中:邮政费	057	邮政	60118
互联网费	058	互联网和相关服务	64123
6.交通费	059	55%精炼石油和核燃料加工品	25041
		10%汽车零部件及配件	36078
		15%城市公共交通及公路客运	54109
		10%保险	68128
		5%其他服务	79139
		5%公共管理和社会组织	91149
7.修理费	060	2012年典型调查	
8.低值易耗品摊销	061	2017年典型调查	
9.水电费	062	余额计入电力、热力生产和供应	44098
其中:水费	063	水的生产和供应	46100
10.装饰费	064	建筑装饰、装修和其他建筑服务	50104
11.广告费、展览费	065	商务服务	72131
12.宣传费	066	75%印刷和记录媒介复制品	23038
		20%工艺美术品	24039
		5%邮政	60118
13.差旅费	067	2017年典型调查	
14.会议会务费	068	9%印刷和记录媒介复制品	23038
		8%铁路旅客运输	53107
		4%城市公共交通及公路客运	54109
		8%航空旅客运输	56113
		30%住宿	61119
		20%餐饮	62120
		1%软件服务	65124

续表3

指标名称	代码	对应的投入产出部门	投入产出部门代码
甲	乙		
14.会议会务费	068	5%租赁	71130
		13%商务服务	72131
		2%劳动者报酬	
15.租赁费	069	余额计入租赁	71130
其中:房屋租赁费	070	房地产	70129
16.燃料费	071	余额计入精炼石油和核燃料加工品	25041
其中:汽油、柴油	072	精炼石油和核燃料加工品	25041
天然气	073	燃气生产和供应	45099
煤气	074	燃气生产和供应	45099
17.劳务费	075	—	—
(1)劳务派遣费	076	商务服务	72131
工资、社保费	077	—	—
劳务管理费	078	—	—
(2)劳务工资	079	劳动者报酬	
18.折旧费	080	固定资产折旧	
19.安全防卫费	081	商务服务	72131
20.取暖费	082	50%电力、热力生产和供应	44098
		50%劳动者报酬	
21.运输费	083	7%精炼石油和核燃料加工品	25041
		20%铁路货物运输和运输辅助活动	53108
		45%道路货物运输和运输辅助活动	54110
		20%水上货物运输和运输辅助活动	55112
		5%航空货物运输和运输辅助活动	56114
		3%多式联运和运输代理	58116
22.招待费	084	5%酒精和酒	15023
		4%工艺美术品	24039
		2%城市公共交通及公路客运	54109
		7%住宿	61119
		70%餐饮	62120
		2%公共设施管理	78137
		10%娱乐	90147
23.仓储费	085	装卸搬运和仓储	59117
24.社保费	086	劳动者报酬	
25.住房公积金和住房补贴	087	劳动者报酬	
26.工会经费	088	60%劳动者报酬	
		40%营业盈余	
27.装卸费	089	装卸搬运和仓储	59117
28.包装费	090	4%棉、化纤纺织及印染精加工品	17027
		1%麻、丝绢纺织及加工品	17029

续表4

指标名称	代码	对应的投入产出部门	投入产出部门代码
甲	乙		
28.包装费	090	11%木材加工和木、竹、藤、棕、草制品	20035
		40%造纸和纸制品	22037
		28%塑料制品	29053
		2%玻璃和玻璃制品	30057
		9%金属制品	33066
		2%铁路货物运输和运输辅助活动	53108
		2%道路货物运输和运输辅助活动	54110
		1%水上货物运输和运输辅助活动	55112
29.委托代销手续费	091	批发	51105
30.委托代销管理费	092	批发	51105
31.书刊商品提成差价	093	批发	51105
32.书刊商品盘亏毁损	094	以负值计入营业盈余	
33.保险费	095	劳动者报酬	
34.职工教育经费	096	教育	83140
35.企业年金	097	劳动者报酬	
36.图书资料费	098	新闻和出版	86143
37.样品赠阅费	099	营业盈余	
38.教材教辅培训费	100	教育	83140
39.发行费	101	商务服务	72131
40.其他销售费用	102	商务服务	72131
四、管理费用	103	—	—
1.工资	104	劳动者报酬	
2.福利费	105	劳动者报酬	
3.折旧费	106	固定资产折旧	
4.差旅费	107	2017年典型调查	
5.办公费	108	2012年典型调查	
6.修理费	109	2012年典型调查	
7.物料消耗	110	1%针织或钩针编织及其制品	17030
		1%纺织制成品	17031
		1%纺织服装服饰	18032
		1%鞋	19034
		11%家具	21036
		1%工艺美术品	24039
		7%专用化学产品和炸药、火工、焰火产品	26048
		1%塑料制品	29053
		2%金属制品	33066
		62%文化、办公用机械	34071

续表5

指 标 名 称	代 码	对应的投入产出部门	投入产出部门代码
甲	乙		
7.物料消耗	110	1％其他通用设备	34072
		1％其他专用设备	35076
		1％家用器具	38086
		5％计算机	39088
		1％视听设备	39091
		1％电子元器件	39092
		1％其他电子设备	39093
		1％其他制造产品	41095
8.低值易耗品摊销	111	2017年典型调查	
9.工会经费	112	60％劳动者报酬	
		40％营业盈余	
10.聘请中介机构费(审计费)	113	商务服务	72131
11.咨询费	114	商务服务	72131
12.诉讼费	115	80％商务服务	72131
		20％公共管理和社会组织	91149
13.招待费	116	5％酒精和酒	15023
		4％工艺美术品	24039
		2％城市公共交通及公路客运	54109
		7％住宿	61119
		70％餐饮	62120
		2％公共设施管理	78137
		10％娱乐	90147
14.税金	117	生产税	
15.技术转让费	118	科技推广和应用服务	75134
16.职工教育经费	119	教育	83140
17.技术(研究)开发费	120	—	—
18.排污费	121	生产税	
19.绿化费	122	20％林产品	02002
		80％生产税	
20.坏账损失	123	以负值计入营业盈余	
21.企业年金	124	劳动者报酬	
22.印刷费	125	印刷和记录媒介复制品	23038
23.会议会务费	126	9％印刷和记录媒介复制品	23038
		8％铁路旅客运输	53107
		4％城市公共交通及公路客运	54109
		8％航空旅客运输	56113
		30％住宿	61119
		20％餐饮	62120
		1％软件服务	65124

续表6

指 标 名 称	代 码	对应的投入产出部门	投入产出部门代码
甲	乙		
23. 会议会务费	126	5％租赁	71130
		13％商务服务	72131
		2％劳动者报酬	
24. 水电费	127	余额计入电力、热力生产和供应	44098
其中:水费	128	水的生产和供应	46100
25. 出国人员经费	129	3％铁路旅客运输	53107
		2％城市公共交通及公路客运	54109
		1％水上旅客运输	55111
		35％航空旅客运输	56113
		33％住宿	61119
		15％餐饮	62120
		1％保险	68128
		1％商务服务	72131
		1％公共管理和社会组织	91149
		8％劳动者报酬	
26. 警卫消防费	130	商务服务	72131
27. 仓库经费	131	10％纺织制成品	17031
		10％纺织服装服饰	18032
		20％木材加工和木、竹、藤、棕、草制品	20035
		10％水泥、石灰和石膏	30054
		20％金属制品	33066
		20％其他电气机械和器材	38087
		10％装卸搬运和仓储	59117
28. 劳动保护费	132	余额计入纺织服装服饰	18032
其中:保健补贴、洗理费	133	劳动者报酬	
29. 上交管理费	134	营业盈余	
30. 住房公积金和住房补贴	135	劳动者报酬	
31. 广告费、展览费	136	商务服务	72131
32. 宣传费	137	75％印刷和记录媒介复制品	23038
		20％工艺美术品	24039
		5％邮政	60118
33. 防洪建设维护费	138	生产税	
34. 职工取暖费和防暑降温费	139	劳动者报酬	
35. 劳务费	140	—	—
(1)劳务派遣费	141	商务服务	72131
工资、社保费	142	—	—
劳务管理费	143	—	—
(2)劳务工资	144	劳动者报酬	

续表 7

指标名称	代码	对应的投入产出部门	投入产出部门代码
甲	乙		
36.邮政通信费	145	余额计入电信	63121
其中:邮政费	146	邮政	60118
互联网费	147	互联网和相关服务	64123
37.运输费	148	7%精炼石油和核燃料加工品	25041
		20%铁路货物运输和运输辅助活动	53108
		45%道路货物运输和运输辅助活动	54110
		20%水上货物运输和运输辅助活动	55112
		5%航空货物运输和运输辅助活动	56114
		3%多式联运和运输代理	58116
38.交通费	149	55%精炼石油和核燃料加工品	25041
		10%汽车零部件及配件	36078
		15%城市公共交通及公路客运	54109
		10%保险	68128
		5%其他服务	79139
		5%公共管理和社会组织	91149
39.燃料费	150	余额计入精炼石油和核燃料加工品	25041
其中:汽油、柴油	151	精炼石油和核燃料加工品	25041
天然气	152	燃气生产和供应	45099
煤气	153	燃气生产和供应	45099
40.财产保险费	154	保险	68128
41.人防基金	155	生产税	
42.社保费	156	劳动者报酬	
43.租赁费	157	余额计入租赁	71130
其中:房屋租赁费	158	房地产	70129
44.环保卫生费	159	公共设施管理	78137
45.行业会费	160	公共管理和社会组织	91149
46.长期待摊费用摊销	161	营业盈余	
47.物业管理费	162	房地产	70129
48.取暖费	163	电力、热力生产和供应	44098
49.无形资产摊销	164	50%固定资产折旧	
		50%营业盈余	
50.存货盘亏及毁损	165	以负值计入营业盈余	
51.资料费	166	新闻和出版	86143
52.代理费	167	批发	51105
53.其他管理费用	168	商务服务	72131
五、财务费用	169	—	—
1.利息支出	170	货币金融和其他金融服务	66126
2.利息收入	171	货币金融和其他金融服务	66126
3.汇兑损益	172	货币金融和其他金融服务	66126

续表8

指标名称	代码	对应的投入产出部门	投入产出部门代码
甲	乙		
4.其他财务费用	173	余额计入货币金融和其他金融服务	66126
其中:支付证券公司手续费	174	资本市场服务	67127
六、其他业务成本	175	—	—
七、税金及附加	176	生产税	
八、资产减值损失	177	—	—
九、公允价值变动收益(亏损以"－"号填列)	178	以负数计入营业盈余	
十、投资收益(亏损以"－"号填列)	179	以负数计入营业盈余	
十一、其他收益	180	生产补贴	
十二、营业利润	181	营业盈余	
十三、补充指标	—	—	—
1.从业人员平均人数(人)	182	—	—
2.应付职工薪酬(本年贷方累计发生额)	183	—	—
3.应交增值税	184	—	—

19.1 娱乐企业主营业务成本构成

指标名称	代码	对应的投入产出部门	投入产出部门代码
甲	乙		
主营业务成本	01	—	—
1.食品销售成本	02	—	—
（1）粮食加工类	03	谷物磨制品	13012
（2）肉禽蛋类	04	屠宰及肉类加工品	13016
（3）水产品类	05	水产加工品	13017
（4）蔬菜类	06	10%农产品	01001
		90%蔬菜、水果、坚果和其他农副食品加工品	13018
（5）糖类	07	其他食品	14022
（6）烟草类	08	烟草制品	16026
（7）酒类	09	酒精和酒	15023
（8）饮料类	10	饮料	15024
（9）其他类食品	11	20%方便食品	14019
		10%乳制品	14020
		70%其他食品	14022
2.其他商品销售成本	12	—	—
（1）服装、鞋帽、针纺织品类	13	10%针织或钩针编织及其制品	17030
		70%纺织服装服饰	18032
		20%鞋	19034
（2）化妆品类	14	日用化学产品	26049
（3）金银珠宝类	15	工艺美术品	24039
（4）日用品类	16	金属制品	33066
（5）五金、电料类	17	金属制品	33066
（6）体育、娱乐用品类	18	工艺美术品	24039
（7）书报杂志类	19	新闻和出版	86143
（8）电子出版物及音像制品类	20	印刷和记录媒介复制品	23038
（9）家用电器和音像器材类	21	50%家用器具	38086
		50%视听设备	39091
（10）中西药品类	22	医药制品	27050
（11）文化办公用品类	23	工艺美术品	24039
（12）棉麻类	24	纺织制成品	17031
（13）其他类	25	其他制造产品	41095
3.租赁费	26	余额计入租赁	71130
其中：房屋租赁费	27	房地产	70129
4.其他成本	28	文教、体育和娱乐用品	24040

19.2 娱乐企业期间费用构成

指标名称	代码	对应的投入产出部门	投入产出部门代码
甲	乙		
一、销售费用	001	—	—
1.工资	002	劳动者报酬	
2.福利费	003	劳动者报酬	
3.运输费	004	10%精炼石油和核燃料加工品	25041
		20%铁路货物运输和运输辅助活动	53108
		45%道路货物运输和运输辅助活动	54110
		20%水上货物运输和运输辅助活动	55112
		5%航空货物运输和运输辅助活动	56114
4.住房公积金和住房补贴	005	劳动者报酬	
5.社保费	006	劳动者报酬	
6.各项津贴补贴、科技奖励等	007	劳动者报酬	
7.工会经费	008	60%劳动者报酬	
		40%营业盈余	
8.职工教育经费	009	教育	83140
9.办公费	010	2012年典型调查	
10.劳务费	011	—	—
（1）劳务派遣费	012	商务服务	72131
工资、社保费	013	—	—
劳务管理费	014	—	—
（2）劳务工资	015	劳动者报酬	
11.招待费	016	5%酒精和酒	15023
		4%工艺美术品	24039
		2%城市公共交通及公路客运	54109
		7%住宿	61119
		70%餐饮	62120
		2%公共设施管理	78137
		10%娱乐	90147
12.装卸费	017	装卸搬运和仓储	59117
13.包装费	018	76%造纸和纸制品	22037
		24%塑料制品	29053
14.保管费	019	装卸搬运和仓储	59117
15.保险费	020	保险	68128
16.燃料费	021	余额计入精炼石油和核燃料加工品	25041
其中：汽油、柴油	022	精炼石油和核燃料加工品	25041
天然气	023	燃气生产和供应	45099
煤气	024	燃气生产和供应	45099

续表1

指标名称	代码	对应的投入产出部门	投入产出部门代码
甲	乙		
17.水电费	025	余额计入电力、热力生产和供应	44098
其中:水费	026	水的生产和供应	46100
18.广告费、展览费	027	商务服务	72131
19.宣传费	028	75%印刷和记录媒介复制品	23038
		20%工艺美术品	24039
		5%邮政	60118
20.邮政通信费	029	余额计入电信	63121
其中:邮政费	030	邮政	60118
互联网费	031	互联网和相关服务	64123
21.差旅费	032	2017年典型调查	
22.洗涤费	033	居民服务	80138
23.低值易耗品摊销	034	2017年典型调查	
24.物料消耗	035	1%针织或钩针编织及其制品	17030
		1%纺织制成品	17031
		1%纺织服装服饰	18032
		1%鞋	19034
		11%家具	21036
		1%工艺美术品	24039
		7%专用化学产品和炸药、火工、焰火产品	26048
		1%塑料制品	29053
		2%金属制品	33066
		62%文化、办公用机械	34071
		1%其他通用设备	34072
		1%其他专用设备	35076
		1%家用器具	38086
		5%计算机	39088
		1%视听设备	39091
		1%电子元器件	39092
		1%其他电子设备	39093
		1%其他制造产品	41095
25.服装费	036	纺织服装服饰	18032
26.租赁费	037	余额计入租赁	71130
其中:房屋租赁费	038	房地产	70129
27.修理费	039	2012年典型调查	
28.交通费	040	55%精炼石油和核燃料加工品	25041
		10%汽车零部件及配件	36078
		15%城市公共交通及公路客运	54109
		10%保险	68128
		5%其他服务	79139

续表2

指标名称	代码	对应的投入产出部门	投入产出部门代码
甲	乙		
28.交通费	040	5%公共管理和社会组织	91149
29.执照/许可证费	041	生产税	
30.折旧费	042	固定资产折旧	
31.取暖费	043	50%电力、热力生产和供应	44098
		50%劳动者报酬	
32.其他销售费用	044	商务服务	72131
二、管理费用	045	—	—
1.员工工资	046	劳动者报酬	
2.员工福利	047	劳动者报酬	
3.折旧费	048	固定资产折旧	
4.差旅费	049	2017年典型调查	
5.办公费	050	2012年典型调查	
6.修理费	051	2012年典型调查	
7.物料消耗	052	1%针织或钩针编织及其制品	17030
		1%纺织制成品	17031
		1%纺织服装服饰	18032
		1%鞋	19034
		11%家具	21036
		1%工艺美术品	24039
		7%专用化学产品和炸药、火工、焰火产品	26048
		1%塑料制品	29053
		2%金属制品	33066
		62%文化、办公用机械	34071
		1%其他通用设备	34072
		1%其他专用设备	35076
		1%家用器具	38086
		5%计算机	39088
		1%视听设备	39091
		1%电子元器件	39092
		1%其他电子设备	39093
		1%其他制造产品	41095
8.低值易耗品摊销	053	2017年典型调查	
9.工会经费	054	60%劳动者报酬	
		40%营业盈余	
10.董事会费	055	6%印刷和记录媒介复制品	23038
		4%铁路旅客运输	53107
		4%城市公共交通及公路客运	54109
		7%航空旅客运输	56113
		30%住宿	61119

续表3

指标名称	代码	对应的投入产出部门	投入产出部门代码
甲	乙		
10.董事会费	055	25%餐饮	62120
		6%商务服务	72131
		3%教育	83140
		15%劳动者报酬	
11.聘请中介机构费(审计费)	056	商务服务	72131
12.咨询费	057	商务服务	72131
13.诉讼费	058	80%商务服务	72131
		20%公共管理和社会组织	91149
14.招待费	059	5%酒精和酒	15023
		4%工艺美术品	24039
		2%城市公共交通及公路客运	54109
		7%住宿	61119
		70%餐饮	62120
		2%公共设施管理	78137
		10%娱乐	90147
15.税金	060	生产税	
16.技术转让费	061	科技推广和应用服务	75134
17.职工教育经费	062	教育	83140
18.技术(研究)开发费	063	—	—
19.排污费	064	生产税	
20.绿化费	065	20%林产品	02002
		80%生产税	
21.坏账准备和存货跌价准备	066	营业盈余	
22.企业年金	067	劳动者报酬	
23.印刷费	068	印刷和记录媒介复制品	23038
24.会议会务费	069	9%印刷和记录媒介复制品	23038
		8%铁路旅客运输	53107
		4%城市公共交通及公路客运	54109
		8%航空旅客运输	56113
		30%住宿	61119
		20%餐饮	62120
		1%软件服务	65124
		5%租赁	71130
		13%商务服务	72131
		2%劳动者报酬	
25.水电费	070	余额计入电力、热力生产和供应	44098
其中:水费	071	水的生产和供应	46100
26.外事费	072	余额的40%住宿	61119

续表4

指 标 名 称	代 码	对应的投入产出部门	投入产出部门代码
甲	乙		
26.外事费	072	余额的60%餐饮	62120
其中:出国人员经费	073	3%铁路旅客运输	53107
		2%城市公共交通及公路客运	54109
		1%水上旅客运输	55111
		35%航空旅客运输	56113
		33%住宿	61119
		15%餐饮	62120
		1%保险	68128
		1%商务服务	72131
		1%公共管理和社会组织	91149
		8%劳动者报酬	
27.警卫消防费	074	商务服务	72131
28.仓库经费	075	10%纺织制成品	17031
		10%纺织服装服饰	18032
		20%木材加工和木、竹、藤、棕、草制品	20035
		10%水泥、石灰和石膏	30054
		20%金属制品	33066
		20%其他电气机械和器材	38087
		10%装卸搬运和仓储	59117
29.劳动保护费	076	余额计入纺织服装服饰	18032
其中:保健补贴、洗理费	077	劳动者报酬	
30.上交管理费	078	营业盈余	
31.住房公积金和住房补贴	079	劳动者报酬	
32.广告费、展览费	080	商务服务	72131
33.防洪建设维护费	081	生产税	
34.职工取暖费和防暑降温费	082	劳动者报酬	
35.保险费	083	保险	68128
36.燃料费	084	余额计入精炼石油和核燃料加工品	25041
其中:汽油、柴油	085	精炼石油和核燃料加工品	25041
天然气	086	燃气生产和供应	45099
煤气	087	燃气生产和供应	45099
37.劳务费	088	—	—
(1)劳务派遣费	089	商务服务	72131
工资、社保费	090	—	—
劳务管理费	091	—	—
(2)劳务工资	092	劳动者报酬	
38.制服费	093	纺织服装服饰	18032
39.邮政通信费	094	余额计入电信	63121

续表5

指标名称	代码	对应的投入产出部门	投入产出部门代码
甲	乙		
其中:邮政费	095	邮政	60118
互联网费	096	互联网和相关服务	64123
40.洗涤费	097	居民服务	80138
41.软件维护	098	软件服务	65124
42.招聘费	099	商务服务	72131
43.执照/许可证费	100	生产税	
44.员工体检费	101	卫生	84141
45.人防基金	102	生产税	
46.社保费	103	劳动者报酬	
47.租赁费	104	余额计入租赁	71130
其中:房屋租赁费	105	房地产	70129
48.环保卫生费	106	公共设施管理	78137
49.协(学)会会费	107	公共管理和社会组织	91149
50.长期待摊费用摊销	108	营业盈余	
51.物业管理费	109	房地产	70129
52.取暖费	110	电力、热力生产和供应	44098
53.其他管理费用	111	商务服务	72131
三、财务费用	112	—	—
1.利息支出	113	货币金融和其他金融服务	66126
2.利息收入	114	货币金融和其他金融服务	66126
3.汇兑损益	115	货币金融和其他金融服务	66126
4.其他财务费用	116	余额计入货币金融和其他金融服务	66126
其中:支付证券公司手续费	117	资本市场服务	67127

19.3 娱乐企业利润表

指 标 名 称	代 码	对应的投入产出部门	投入产出部门代码
甲	乙		
一、损益及分配	—	—	—
1.营业收入	01	—	—
其中:主营业务收入	02	—	—
其中:娱乐收入	03	总产出	
其中:新经济活动营业收入	04	—	—
2.营业成本	05	—	—
其中:主营业务成本	06	—	—
3.税金及附加	07	按"娱乐收入/主营业务收入"的比例计入生产税	
4.销售费用	08	—	—
5.管理费用	09	—	—
6.财务费用	10	—	—
7.资产减值损失	11	—	—
8.公允价值变动收益(亏损以"－"号填列)	12	以负数计入营业盈余	
9.投资收益(亏损以"－"号填列)	13	以负数计入营业盈余	
10.其他收益	14	生产补贴	
11.营业利润	15	营业盈余	
二、补充指标	—	—	—
1.从业人员平均人数(人)	16	—	—
2.应付职工薪酬(本年贷方累计发生额)	17	—	—
3.应交增值税	18	—	—

20.1 其他服务企业主营业务成本构成

指标名称	代码	对应的投入产出部门	投入产出部门代码
甲	乙		
主营业务成本	01	—	—
1.工　资	02	劳动者报酬	
2.福利费	03	劳动者报酬	
3.物料消耗	04	—	—
（1）农产品类	05	农产品	01001
（2）纺织品类	06	纺织制成品	17031
（3）服装鞋帽类	07	80%纺织服装服饰	18032
		20%鞋	19034
（4）皮革类	08	皮革、毛皮、羽毛及其制品	19033
（5）家具类	09	家具	21036
（6）化学品类	10	11%基础化学原料	26043
		1%肥料	26044
		1%农药	26045
		20%涂料、油墨、颜料及类似产品	26046
		2%合成材料	26047
		60%专用化学产品和炸药、火工、焰火产品	26048
		5%日用化学产品	26049
（7）橡胶制品类	11	橡胶制品	29052
（8）塑料制品类	12	塑料制品	29053
（9）金属制品类	13	金属制品	33066
（10）电子计算机配件	14	计算机	39088
（11）电线、电缆、光缆及电工器材	15	电线、电缆、光缆及电工器材	38084
（12）计算机网络设备及计算机外部设备	16	计算机	39088
（13）复印纸、打印纸等	17	造纸和纸制品	22037
（14）磁盘、光盘等记录材料	18	印刷和记录媒介复制品	23038
（15）视听设备	19	视听设备	39091
（16）账簿等本册类	20	印刷和记录媒介复制品	23038
（17）仪器仪表类	21	仪器仪表	40094
（18）其他	22	其他制造产品	41095
4.办公费	23	2012年典型调查	
5.差旅费	24	2017年典型调查	
6.交通费	25	55%精炼石油和核燃料加工品	25041
		10%汽车零部件及配件	36078
		15%城市公共交通及公路客运	54109
		10%保险	68128

续表 1

指 标 名 称	代 码	对应的投入产出部门	投入产出部门代码
甲	乙		
6. 交通费	25	5％其他服务	79139
		5％公共管理和社会组织	91149
7. 修理费	26	2012年典型调查	
8. 折旧费	27	固定资产折旧	
9. 保管费	28	装卸搬运和仓储	59117
10. 会议会务费	29	9％印刷和记录媒介复制品	23038
		8％铁路旅客运输	53107
		4％城市公共交通及公路客运	54109
		8％航空旅客运输	56113
		30％住宿	61119
		20％餐饮	62120
		1％软件服务	65124
		5％租赁	71130
		13％商务服务	72131
		2％劳动者报酬	
11. 租赁费	30	余额计入租赁	71130
其中:房屋租赁费	31	房地产	70129
12. 招待费	32	5％酒精和酒	15023
		4％工艺美术品	24039
		2％城市公共交通及公路客运	54109
		7％住宿	61119
		70％餐饮	62120
		2％公共设施管理	78137
		10％娱乐	90147
13. 保险费	33	保险	68128
14. 燃料费	34	余额计入精炼石油和核燃料加工品	25041
其中:汽油、柴油	35	精炼石油和核燃料加工品	25041
天然气	36	燃气生产和供应	45099
煤气	37	燃气生产和供应	45099
15. 水电费	38	余额计入电力、热力生产和供应	44098
其中:水费	39	水的生产和供应	46100
16. 印刷费	40	印刷和记录媒介复制品	23038
17. 稿费	41	劳动者报酬	
18. 社保费	42	劳动者报酬	
19. 工会经费	43	60％劳动者报酬	
		40％营业盈余	
20. 劳务费	44	—	—
(1)劳务派遣费	45	商务服务	72131
工资、社保费	46	—	—

续表2

指标名称	代码	对应的投入产出部门	投入产出部门代码
甲	乙		
劳务管理费	47	—	—
（2）劳务工资	48	劳动者报酬	
21.运输费	49	7%精炼石油和核燃料加工品	25041
		20%铁路货物运输和运输辅助活动	53108
		45%道路货物运输和运输辅助活动	54110
		20%水上货物运输和运输辅助活动	55112
		5%航空货物运输和运输辅助活动	56114
		3%多式联运和运输代理	58116
22.咨询费	50	商务服务	72131
23.搬运费	51	多式联运和运输代理	58116
24.保洁费	52	房地产	70129
25.土地收购和整治费用	53	—	—
26.取暖费	54	50%电力、热力生产和供应	44098
		50%劳动者报酬	
27.其他成本	55	按上述中间投入比例分摊	

20.2 其他服务企业期间费用构成

指 标 名 称	代 码	对应的投入产出部门	投入产出部门代码
甲	乙		
一、销售费用	001	—	—
1. 工资	002	劳动者报酬	
2. 福利费	003	劳动者报酬	
3. 劳动保护费	004	余额计入纺织服装服饰	18032
其中:保健补贴、洗理费	005	劳动者报酬	
4. 办公费	006	2012年典型调查	
5. 印刷费	007	印刷和记录媒介复制品	23038
6. 邮政通信费	008	余额计入电信	63121
其中:邮政费	009	邮政	60118
互联网费	010	互联网和相关服务	64123
7. 过路过桥费	011	道路货物运输和运输辅助活动	54110
8. 修理费	012	2012年典型调查	
9. 低值易耗品摊销	013	2017年典型调查	
10. 水电费	014	余额计入电力、热力生产和供应	44098
其中:水费	015	水的生产和供应	46100
11. 装饰费	016	建筑装饰、装修和其他建筑服务	50104
12. 广告费	017	商务服务	72131
13. 宣传费	018	75%印刷和记录媒介复制品	23038
		20%工艺美术品	24039
		5%邮政	60118
14. 差旅费	019	2017年典型调查	
15. 会议会务费	020	9%印刷和记录媒介复制品	23038
		8%铁路旅客运输	53107
		4%城市公共交通及公路客运	54109
		8%航空旅客运输	56113
		30%住宿	61119
		20%餐饮	62120
		1%软件服务	65124
		5%租赁	71130
		13%商务服务	72131
		2%劳动者报酬	
16. 租赁费	021	余额计入租赁	71130
其中:房屋租赁费	022	房地产	70129
17. 燃料费	023	余额计入精炼石油和核燃料加工品	25041
其中:汽油、柴油	024	精炼石油和核燃料加工品	25041
天然气	025	燃气生产和供应	45099
煤气	026	燃气生产和供应	45099
18. 折旧费	027	固定资产折旧	

续表1

指标名称	代码	对应的投入产出部门	投入产出部门代码
甲	乙		
19.电子设备运转维护费	028	余额计入软件服务	65124
其中:购买可携带和移动的存储设备	029	计算机	39088
网络布线	030	信息技术服务	65125
20.安全防卫费	031	商务服务	72131
21.取暖费	032	50%电力、热力生产和供应	44098
		50%劳动者报酬	
22.运输费	033	7%精炼石油和核燃料加工品	25041
		20%铁路货物运输和运输辅助活动	53108
		45%道路货物运输和运输辅助活动	54110
		20%水上货物运输和运输辅助活动	55112
		5%航空货物运输和运输辅助活动	56114
		3%多式联运和运输代理	58116
23.客户服务费	034	70%餐饮	62120
		30%娱乐	90147
24.仓储费	035	装卸搬运和仓储	59117
25.社保费	036	劳动者报酬	
26.住房公积金和住房补贴	037	劳动者报酬	
27.工会经费	038	60%劳动者报酬	
		40%营业盈余	
28.劳务费	039	—	—
(1)劳务派遣费	040	商务服务	72131
工资、社保费	041	—	—
劳务管理费	042	—	—
(2)劳务工资	043	劳动者报酬	
29.其他销售费用	044	商务服务	72131
二、管理费用	045	—	—
1.工资	046	劳动者报酬	
2.福利费	047	劳动者报酬	
3.折旧费	048	固定资产折旧	
4.差旅费	049	2017年典型调查	
5.办公费	050	2012年典型调查	
6.修理费	051	2012年典型调查	
7.物料消耗	052	1%针织或钩针编织及其制品	17030
		1%纺织制成品	17031
		1%纺织服装服饰	18032
		1%鞋	19034
		11%家具	21036
		1%工艺美术品	24039

续表2

指标名称	代码	对应的投入产出部门	投入产出部门代码
甲	乙		
7.物料消耗	052	7%专用化学产品和炸药、火工、焰火产品	26048
		1%塑料制品	29053
		2%金属制品	33066
		62%文化、办公用机械	34071
		1%其他通用设备	34072
		1%其他专用设备	35076
		1%家用器具	38086
		5%计算机	39088
		1%视听设备	39091
		1%电子元器件	39092
		1%其他电子设备	39093
		1%其他制造产品	41095
8.低值易耗品摊销	053	2017年典型调查	
9.工会经费	054	60%劳动者报酬	
		40%营业盈余	
10.聘请中介机构费(审计费)	055	商务服务	72131
11.咨询费	056	商务服务	72131
12.诉讼费	057	80%商务服务	72131
		20%公共管理和社会组织	91149
13.招待费	058	5%酒精和酒	15023
		4%工艺美术品	24039
		2%城市公共交通及公路客运	54109
		7%住宿	61119
		70%餐饮	62120
		2%公共设施管理	78137
		10%娱乐	90147
14.税金	059	生产税	
15.技术转让费	060	科技推广和应用服务	75134
16.职工教育经费	061	教育	83140
17.技术(研究)开发费	062	—	—
18.排污费	063	生产税	
19.绿化费	064	20%林产品	02002
		80%生产税	
20.坏账损失	065	以负值计入营业盈余	
21.企业年金	066	劳动者报酬	
22.印刷费	067	印刷和记录媒介复制品	23038
23.会议会务费	068	9%印刷和记录媒介复制品	23038

续表3

指标名称	代码	对应的投入产出部门	投入产出部门代码
甲	乙		
23.会议会务费	068	8%铁路旅客运输	53107
		4%城市公共交通及公路客运	54109
		8%航空旅客运输	56113
		30%住宿	61119
		20%餐饮	62120
		1%软件服务	65124
		5%租赁	71130
		13%商务服务	72131
		2%劳动者报酬	
24.水电费	069	余额计入电力、热力生产和供应	44098
其中:水费	070	水的生产和供应	46100
25.出国人员经费	071	3%铁路旅客运输	53107
		2%城市公共交通及公路客运	54109
		1%水上旅客运输	55111
		35%航空旅客运输	56113
		33%住宿	61119
		15%餐饮	62120
		1%保险	68128
		1%商务服务	72131
		1%公共管理和社会组织	91149
		8%劳动者报酬	
26.警卫消防费	072	商务服务	72131
27.仓库经费	073	10%纺织制成品	17031
		10%纺织服装服饰	18032
		20%木材加工和木、竹、藤、棕、草制品	20035
		10%水泥、石灰和石膏	30054
		20%金属制品	33066
		20%其他电气机械和器材	38087
		10%装卸搬运和仓储	59117
28.劳动保护费	074	余额计入纺织服装服饰	18032
其中:保健补贴、洗理费	075	劳动者报酬	
29.上交管理费	076	营业盈余	
30.住房公积金和住房补贴	077	劳动者报酬	
31.广告费、展览费	078	商务服务	72131
32.宣传费	079	75%印刷和记录媒介复制品	23038
		20%工艺美术品	24039
		5%邮政	60118

续表4

指 标 名 称	代 码	对应的投入产出部门	投入产出部门代码
甲	乙		
33.防洪建设维护费	080	生产税	
34.职工取暖费和防暑降温费	081	劳动者报酬	
35.劳务费	082	—	—
（1）劳务派遣费	083	商务服务	72131
工资、社保费	084	—	—
劳务管理费	085	—	—
（2）劳务工资	086	劳动者报酬	
36.邮政通信费	087	余额计入电信	63121
其中：邮政费	088	邮政	60118
互联网费	089	互联网和相关服务	64123
37.运输费	090	7％精炼石油和核燃料加工品	25041
		20％铁路货物运输和运输辅助活动	53108
		45％道路货物运输和运输辅助活动	54110
		20％水上货物运输和运输辅助活动	55112
		5％航空货物运输和运输辅助活动	56114
		3％多式联运和运输代理	58116
38.交通费	091	55％精炼石油和核燃料加工品	25041
		10％汽车零部件及配件	36078
		15％城市公共交通及公路客运	54109
		10％保险	68128
		5％其他服务	79139
		5％公共管理和社会组织	91149
39.燃料费	092	余额计入精炼石油和核燃料加工品	25041
其中：汽油、柴油	093	精炼石油和核燃料加工品	25041
天然气	094	燃气生产和供应	45099
煤气	095	燃气生产和供应	45099
40.财产保险费	096	保险	68128
41.人防基金	097	生产税	
42.社保费	098	劳动者报酬	
43.租赁费	099	余额计入租赁	71130
其中：房屋租赁费	100	房地产	70129
44.环保卫生费	101	公共设施管理	78137
45.行业会费	102	公共管理和社会组织	91149
46.长期待摊费用摊销	103	营业盈余	
47.物业管理费	104	房地产	70129
48.取暖费	105	电力、热力生产和供应	44098
49.其他管理费用	106	商务服务	72131
三、财务费用	107	—	—

续表5

指标名称	代码	对应的投入产出部门	投入产出部门代码
甲	乙		
1.利息支出	108	货币金融和其他金融服务	66126
2.利息收入	109	货币金融和其他金融服务	66126
3.汇兑损益	110	货币金融和其他金融服务	66126
4.其他财务费用	111	余额计入货币金融和其他金融服务	66126
其中:支付证券公司手续费	112	资本市场服务	67127

20.3 其他服务企业利润表

指 标 名 称	代 码	对应的投入产出部门	投入产出部门代码
甲	乙		
一、损益及分配	—	—	—
1.营业收入	01	总产出	
其中:主营业务收入	02	—	—
其中:新经济活动营业收入	03	—	—
2.营业成本	04	—	—
其中:主营业务成本	05	—	—
3.税金及附加	06	生产税	
4.销售费用	07	—	—
5.管理费用	08	—	—
6.财务费用	09	—	—
7.资产减值损失	10	—	—
8.公允价值变动收益(亏损以"－"号填列)	11	以负数计入营业盈余	
9.投资收益(亏损以"－"号填列)	12	以负数计入营业盈余	
10.其他收益	13	生产补贴	
11.营业利润	14	营业盈余	
二、补充指标	—	—	—
1.从业人员平均人数(人)	15	—	—
2.应付职工薪酬(本年贷方累计发生额)	16	—	—
3.应交增值税	17	—	—

21 行政事业单位收入和支出构成

指标名称	代码	对应投入产出部门	投入产出部门代码
甲	乙		
一、固定资产原价	01	4%同时计入固定资产折旧和总产出	
二、本年收入合计	02	—	—
其中:财政拨款	03	—	—
事业收入	04	—	—
经营收入	05	—	—
三、本年支出合计	06	—	—
1.工资福利支出	07	同时计入劳动者报酬和总产出	
(1)基本工资	08	—	—
(2)津贴补贴	09	—	—
(3)奖金	10	—	—
(4)其他社会保障缴费	11	—	—
(5)伙食补助费	12	—	—
(6)绩效工资	13	—	—
(7)机关事业单位基本养老保险缴费	14	—	—
(8)职业年金缴费	15	—	—
(9)其他工资福利支出	16	—	—
2.商品和服务支出	17	总产出	
(1)办公费	18	2012年典型调查	
(2)印刷费	19	印刷和记录媒介复制品	23038
(3)咨询费	20	商务服务	72131
(4)手续费	21	货币金融和其他金融服务	66126
(5)水费	22	水的生产和供应	46100
(6)电费	23	电力、热力生产和供应	44098
(7)邮政通信费	24	余额计入电信	63121
其中:邮政费	25	邮政	60118
互联网费	26	互联网和相关服务	64123
(8)取暖费	27	—	—
其中:取暖用燃料费	28	90%煤炭开采和洗选产品	06006
		10%石油和天然气开采产品	07007
热力费	29	电力、热力生产和供应	44098
职工宿舍取暖费	30	劳动者报酬	
其他	31	劳动者报酬	
(9)物业管理费	32	房地产	70129
(10)差旅费	33	2017年典型调查	
(11)因公出国(境)费用	34	3%铁路旅客运输	53107
		2%城市公共交通及公路客运	54109

续表1

指标名称	代码	对应投入产出部门	投入产出部门代码
甲	乙		
(11)因公出国(境)费用	34	1％水上旅客运输	55111
		35％航空旅客运输	56113
		33％住宿	61119
		15％餐饮	62120
		1％保险	68128
		1％商务服务	72131
		1％公共管理和社会组织	91149
		8％劳动者报酬	
(12)维修(护)费	35	2012年典型调查	
(13)租赁费	36	余额计入租赁	71130
其中:房屋租赁费	37	房地产	70129
(14)会议费	38	9％印刷和记录媒介复制品	23038
		8％铁路旅客运输	53107
		4％城市公共交通及公路客运	54109
		8％航空旅客运输	56113
		30％住宿	61119
		20％餐饮	62120
		1％软件服务	65124
		5％租赁	71130
		13％商务服务	72131
		2％劳动者报酬	
(15)培训费	39	教育	83140
(16)公务接待费	40	5％酒精和酒	15023
		4％工艺美术品	24039
		2％城市公共交通及公路客运	54109
		7％住宿	61119
		70％餐饮	62120
		2％公共设施管理	78137
		10％娱乐	90147
(17)专用材料费	41	余额10％酒精和酒	15023
		余额10％皮革、毛皮、羽毛及其制品	19033
		余额10％木材加工和木、竹、藤、棕、草制品	20035
		余额10％家具	21036
		余额10％造纸和纸制品	22037
		余额20％涂料、油墨、颜料及类似产品	26046
		余额10％合成材料	26047

续表2

指标名称	代码	对应投入产出部门	投入产出部门代码
甲	乙		
(17)专用材料费	41	余额20%日用化学产品	26049
其中:药品及医疗耗材	42	80%医药制品	27050
		20%其他专用设备	35076
农用材料	43	塑料制品	29053
兽医用品	44	医药制品	27050
实验室用品	45	3%酒精和酒	15023
		20%基础化学原料	26043
		15%专用化学产品和炸药、火工、焰火产品	26048
		25%玻璃和玻璃制品	30057
		7%其他通用设备	34072
		30%仪器仪表	40094
专用服装	46	70%纺织服装服饰	18032
		30%鞋	19034
消耗性体育用品	47	文教、体育和娱乐用品	24040
专用工具和仪器	48	50%金属制品	33066
		50%仪器仪表	40094
艺术部门专用材料和用品	49	10%棉、化纤纺织及印染精加工品	17027
		10%毛纺织及染整精加工品	17028
		10%麻、丝绢纺织及加工品	17029
		10%针织或钩针编织及其制品	17030
		50%文教、体育和娱乐用品	24040
		10%文化、办公用机械	34071
广播电视台发射台发射机的电力、材料	50	广播电视设备和雷达及配套设备	39090
(18)被装购置费	51	纺织制成品	17031
(19)专用燃料费	52	精炼石油和核燃料加工品	25041
(20)劳务费	53	—	—
①劳务派遣费	54	商务服务	72131
工资、社保费	55	—	—
劳务管理费	56	—	—
②劳务工资	57	劳动者报酬	
(21)委托业务费	58	计入本部门消耗	
(22)工会经费	59	60%劳动者报酬	
		40%营业盈余	
(23)福利费	60	劳动者报酬	
(24)公务用车运行维护费	61	55%精炼石油和核燃料加工品	25041
		10%汽车零部件及配件	36078

续表3

指标名称	代码	对应投入产出部门	投入产出部门代码
甲	乙		
(24)公务用车运行维护费	61	15%道路货物运输和运输辅助活动	54110
		10%保险	68128
		5%其他服务	79139
		5%公共管理和社会组织	91149
(25)其他交通费用	62	道路货物运输和运输辅助活动	54110
(26)税金及附加费用	63	生产税	
(27)其他商品和服务支出	64	50%其他服务	79139
		50%居民服务	80138
3.对个人和家庭的补助	65	参与转换分解的项目总和计入总产出	
(1)离休费	66	劳动者报酬	
(2)退休费	67	劳动者报酬	
(3)退职(役)费	68	劳动者报酬	
(4)抚恤金	69	—	—
(5)生活补助	70	—	—
(6)救济费	71	—	—
(7)医疗费	72	劳动者报酬	
(8)助学金	73	—	—
(9)奖励金	74	劳动者报酬	
(10)生产补贴	75	生产税	
(11)住房公积金	76	劳动者报酬	
(12)提租补贴	77	劳动者报酬	
(13)购房补贴	78	劳动者报酬	
(14)采暖补贴	79	劳动者报酬	
(15)物业服务补贴	80	劳动者报酬	
(16)其他对个人和家庭的补助支出	81	劳动者报酬	
4.对企事业单位的补贴	82	—	—
5.转移性支出	83	—	—
6.债务利息支出	84	—	—
7.债务还本支出	85	—	—
8.基本建设支出	86	—	—
9.其他资本性支出	87	—	—
10.其他支出	88	—	—
四、经营税金	89	生产税及总产出	
五、本年收支结余	90	50%计入营业盈余及总产出	
六、补充指标	—	—	—
1.从业人员平均人数(人)	91	—	—
2.应付职工薪酬(本年贷方累计发生额)	92	—	—
3.应交增值税	93	—	—
4.新经济活动营业收入	94	—	—

22.1 运输费构成

指标名称	代码	支付运输费	铁路运输	道路运输	水上运输	航空运输	管道运输	多式联运和运输代理	装卸搬运和仓储	支付运输费的货物价值（含运费）	对应的投入产出部门	投入产出部门代码
甲	乙	1	2	3	4	5	6	7	8	9		
合　计	01											
（按工业企业材料消耗分类目录填报）	—	—	—	—	—	—	—	—	—	—	—	—
（工业企业材料消耗分类目录名称）	—	—	—	—	—	—	—	—	—	—	—	—
…												

22.2 差旅费构成

指标名称	代码	对应的投入产出部门	投入产出部门代码
甲	乙		
合　计	01	—	—
1.火车费(含空调费、订票费)	02	铁路旅客运输	53107
2.长途汽车费	03	城市公共交通及公路客运	54109
3.轮船费	04	水上旅客运输	55111
4.飞机费	05	航空旅客运输	56113
5.市内交通费	06	城市公共交通及公路客运	54109
6.住宿费	07	住宿	61119
7.伙食费	08	餐饮	62120
8.保险费	09	保险	68128
9.支付个人部分	10	劳动者报酬	
10.会务费	11	9%印刷和记录媒介复制品	23038
		8%铁路旅客运输	53107
		4%城市公共交通及公路客运	54109
		8%航空旅客运输	56113
		30%住宿	61119
		20%餐饮	62120
		1%软件服务	65124
		5%租赁	71130
		13%商务服务	72131
		2%劳动者报酬	
11.资料费	12	印刷和记录媒介复制品	23038
12.过路过桥费	13	道路货物运输和运输辅助活动	54110
13.汽油费	14	精炼石油和核燃料加工品	25041
14.电话费	15	电信	63121
15.其他	16	劳动者报酬	

22.3 机物料消耗构成

指标名称	代码	对应的投入产出部门	投入产出部门代码
甲	乙		
合　计	01		
（按工业企业材料消耗分类目录填报）	—	—	—
（工业企业材料消耗分类目录名称）	—	—	—
…			

22.4 研究与开发费构成

指标名称	代码	对应的投入产出部门	投入产出部门代码
甲	乙		
合　计	01	—	—
1.直接材料	02	—	—
（按工业企业材料消耗分类目录填报）	—	—	—
（工业企业材料消耗分类目录名称）	—	—	—
…			
2.职工薪酬	03	劳动者报酬	
3.折旧费	04	固定资产折旧	
4.租赁费	05	余额计入租赁	71130
其中：房屋租赁费	06	房地产	70129
5.无形资产摊销	07	营业盈余	
6.新产品试制费和中间试验费用	08	按"直接材料(02)"比例分摊	
7.合同费	09	商务服务	72131
8.申请注册费	10	公共管理和社会组织	91149
9.其他	11	劳动者报酬	

22.5 低值易耗品摊销构成

指标名称	代　码	对应的投入产出部门	投入产出部门代码
甲	乙		
合　计	01	—	—
针织或钩针编织及其制品	02	针织或钩针编织及其制品	17030
纺织制成品	03	纺织制成品	17031
纺织服装服饰	04	纺织服装服饰	18032
皮革、皮毛、羽毛及其制品	05	皮革、毛皮、羽毛及其制品	19033
鞋	06	鞋	19034
家具	07	家具	21036
专业化学产品和炸药、火工、焰火产品	08	专用化学产品和炸药、火工、焰火产品	26048
橡胶制品	09	橡胶制品	29052
塑料制品	10	塑料制品	29053
金属制品	11	金属制品	33066
文化、办公用机械	12	文化、办公用机械	34071
其他通用设备	13	其他通用设备	34072
其他专用设备	14	其他专用设备	35076
汽车零部件及配件	15	汽车零部件及配件	36078
其他交通运输设备	16	其他交通运输设备	37081
电机	17	电机	38082
家用器具	18	家用器具	38086
其他电气机械和器材	19	其他电气机械和器材	38087
计算机	20	计算机	39088
通信设备	21	通信设备	39089
视听设备	22	视听设备	39091
电子元器件	23	电子元器件	39092
其他电子设备	24	其他电子设备	39093
仪器仪表	25	仪器仪表	40094